股市大赢家的赚钱密码

股票操作三正操盘术

木欣荣 著

人民邮电出版社
北 京

图书在版编目（CIP）数据

股市大赢家的赚钱密码 ：股票操作三正操盘术 / 木欣荣著. -- 北京 ：人民邮电出版社，2016.10
ISBN 978-7-115-43551-4

Ⅰ. ①股… Ⅱ. ①木… Ⅲ. ①股票投资－基本知识 Ⅳ. ①F830.91

中国版本图书馆CIP数据核字(2016)第220673号

内 容 提 要

本书是一本通过实战中学炒股的书。对于各种炒股的理论，本书都配备了大量的实战交易案例来辅助说明。通过这些案例，读者可以更加有效地学习各种炒股理论，更加清楚地认识股票市场。

另外本书也是一本从全新角度学习炒股的书。传统观点里边对于股票市场的认识有很多都存在偏差。要么已经落伍了，要么原本就是错的。本书中就列出了很多这类观点，并且一一指出了其中的错误。相信读完这本书以后，读者可以对股票市场有一个全新的认识。

本书适合那些愿意深入学习炒股，但在学习中一直找不到合适的方法，总是感觉在股市的门槛前徘徊，始终无法找到稳定盈利方法的投资者阅读。

◆ 著　　　木欣荣
责任编辑　李士振
责任印制　周昇亮
◆ 人民邮电出版社出版发行　　北京市丰台区成寿寺路 11 号
邮编　100164　　电子邮件　315@ptpress.com.cn
网址　http://www.ptpress.com.cn
大厂聚鑫印刷有限责任公司印刷
◆ 开本：720×960　1/16
印张：17.5　　　2016 年 10 月第 1 版
字数：368 千字　　　2016 年 10 月河北第 1 次印刷

定价：49.80 元

读者服务热线：(010)81055296　印装质量热线：(010)81055316
反盗版热线：(010)81055315
广告经营许可证：京东工商广字第 8052 号

序

点灯
豁然开朗

回首一路走来，是否还记得无数次的感叹：哦，原来是这样啊？是否还记得曾埋怨自己为啥对行情总是视而不见？是否还记得无数次期盼：要是早知道就好了？“千金难买早知道”，或许只有伤痕累累才能让自己明白，一次次的伤痕，一次次的体悟，一次次的累积，一次次的错误，一次次的止损都不是惩罚，而是一次次对自己的唤醒，然后突然豁然开朗，寻寻觅觅之后，发现原来一切都在这里。

想起了一个印象深刻的上师开示。

夜，上师寮房，请教财富之道。

师不答，把灯关掉，一片漆黑。

师问：请问房间的东西少一样没有？

徒答：没有！

师再问：那在哪里？看得见吗？

徒答：看不见。

师说：看不见就等于没有！

开灯，房间顿时明亮。

师问：房间的东西多一样没有？

徒答：没有。

师说：灯亮，房间里的一切都出现了，我们立刻拥有房间里的一切。如果我们在黑暗中，抓到东西一定是碰巧的和有限的，而在光明中不用抓一切都有了。让心灵从黑暗走向光明，就会发现“原来一切都在这里！”这个“发现”的过程就是“财富之道”！

这是多么智慧的开示，交易的成长之道也是如此，在黑暗中摸索交易的代价是多么昂贵啊，当我们开了灯，原来一切都在那里。

开灯，是发现交易本质，如拨云见日，吹糠见米。

开灯，是交易成长的关键按钮，让交易豁然开朗。

开灯，是启迪交易智慧，提升交易业绩，享受交易人生的起点。

三正股票交易管理系统正是开灯理念的延伸，一切以“你”为核心。秉承着“启迪交易智慧、提升交易业绩、享受交易人生”的支持理念，实践“正己、正人、正略”三正系统交易思想，延着一个交易者的成长路径，实践书中“正己、正人、正略”的系统交易框架，用三大支持系统让交易者得到全方位的支持，减少在黑暗中摸索的时间，用更少得更多。

目录
CONTENTS

第一部分　正人，正确地认识市场

第1章　认识我们所处的时代

第2章 认识我们的A股市场

第3章 认识大趋势的力量

第二部分　正己，正确地认识自己

第4章　投资的十大忠告

第5章　失败投资者的十二个交易“潜规划”

第三部分　正略，系统的交易体系

第7章　指引策略建立的系统交易思想

第8章　建立策略的具体步骤

第一部分
正人，正确地认识市场

我们在这个市场中交易，一定要先认识这个市场。

首先，我们要知道，这个市场是由无数的参与者构成的，认识这个市场，也就是要认识这个市场中各种各样的人。

其次，这个市场的参与者又可以分成很多不同的层次。企业层面为上市公司股东，投资层面为机构投资者、个人交易者，投资者身份层面为境外合格投资者、公募基金、私募基金，此外还包括监管者。

最后，易被忽略的交易规则。规则是市场运行的基础，规则对于市场的影响是深层次的。市场的规则也在不断的完善和演化，认识这个市场的重要目的是为了适应规则的变化。

我们要想认识这个市场，就需要认识这个市场参与者不同的出发点和需求。

在认识市场的基础上，我们应该知道这个股票市场是由无数参与者构成的。我们在市场上做交易本质上就是与无数人在做交易。要想在市场中获利胜出，最关键的就是要明白，我们不是在和电脑做交易，而是和电脑背后的人做交易，这是投资大众的一个盲点。

市场是人的集合

我们的股票市场本质上是人的集合。这就造成这个股票市场走势像人一样，而不是一部机器。在很多时候，市场走势是不讲道理的。不会输入一个利好就得出上涨的走势，也不会输入一个利空就得到下跌的走势。

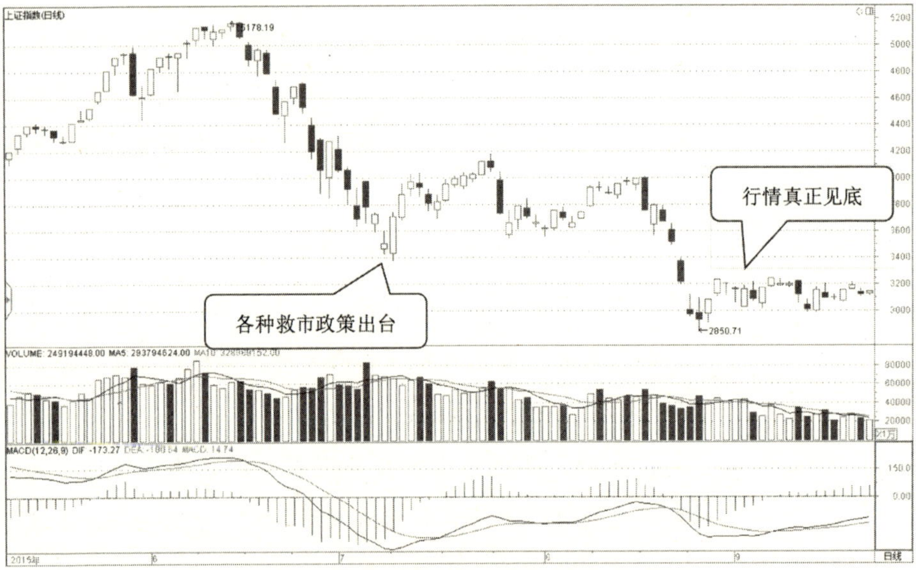

图1-1　上证指数持续下跌

我们以上证指数在2015年6月的暴跌做例子（如图1-1所示）。当指数从5000多点下跌到4000点附近后，监管层就开始频繁发布政策稳定股市。从一行三会、国资委再到公安部，救市政策频频出台，国家队更是拿出了真金白银的“救火工具”，集体进场救火。

可是这些利好政策的效果都是滞后的。大盘经过短暂横盘后还是持续下跌，一直跌破了3000点才见底。可见市场绝对不是机器，不是输入各种利好消息和救市资金后，就能输出上涨的结果。

如果我们把这个市场当成一个人的集合就应该知道，在这么强的下跌趋势里边，就算拥有强大市场影响力的救市政策，也无法马上扭转趋势。就像是一个在气头上的女朋友，我们无论说多少好话，买多少礼物，都没办法让她消气。

这个时候我们应该做的就是在她生气的时候，顺着她的脾气，耐心等待。等她的气自然消掉以后，觉察到自己失态了，再来安慰她往往能起到最好的效果。同样的道理，在股市中，我们等做空的力量完全释放干净后，市场上总会有抄底资金进入，这时候也就是最佳的买入时机。

你在和电脑背后的人做交易

我们在股票市场上，表面上是在电脑上不断买入和卖出股票，实际上是在和电脑背后的人做交易。我们可以把大盘看成是一个人。我们所有的买入，都是这个人卖出，所有的卖出成功，都因为这个人的买入。如果这样考虑，大盘上的很多事就容易看透了。

巴菲特的老师格雷厄姆，把这个与我们做交易的市场叫做市场先生（Mr.Market）。

市场先生是我们私营合伙公司的一位合伙人，和我们一样，持有一定数量这家公司的股份。他非常勤劳，每天都会出现，从不缺勤。当他出现时，会带来一个价格，只要我们同意，就可以按照这个价格购买他持有的股份。按照公平交易原则，我们也可以把股份以同样的价格卖给他。

市场先生患有一种不治之症叫“易动感情”综合症。这种病症使他非常情绪化，直接影响到他的报价。

有时候，一点利好消息就可以让市场先生心情愉快，对公司前途充满信心。这时他带来的价格会很高，目的是怕我们抢夺他手里的股份。

另一些时候，他又极度悲观，认为我们的公司无可救药。这时他带来的价格会很低，目的是怕我们把股票脱手给他。

除了患有“易动感情”综合症外，市场先生几乎是一个完美的人。他非常乐于助人，对朋友始终如一。即使我们很长时间都对他的报价不理不睬，他还是会一如既往地给出价格。

此外，市场先生还非常有演讲的天赋，可以影响我们的情绪。当他对未来看好时，仿佛整个世界都在向好的方向发展，宏观经济日新月异，公司利润节节高升。当他对未来看淡时，仿佛大盘都越来越差，经济发展陷入危机，公司随时都可能破产。

不过市场先生的这种影响力对我们来说并不是什么好事。经过几次交易后，我们会被他吸引住，不自觉地增加交易次数。最终被传染也得上“易动感情”综合症，成为市场先生的一员。

格雷厄姆告诫说，当我们面对市场先生的时候，获利非常简单。只需要看到他表现过分悲观的时候买入股票，过分乐观的时候把股票卖给他就可以了。

其中最关键的问题是，我们必须要与市场先生保持一定的距离，保持自身的判断力和控制力。我们绝对不能被他影响，跟他一起乐观或者悲观，否则后果会不堪设想。

做技术分析同时做心理分析

马尔科姆·格拉德威尔在《异类：不一样的成功启示录》中写道：任何领域中的成功，无论演员、运动员、音乐家、军人，乃至犯罪高手，都需要至少1万小时高度集中投入的练习。假设你一天花8小时，需要4～5年；假设你一天花4小时，需要7～8年。可见任何领域的成功仅仅靠坚持是坚持不住的，必须靠持续热爱才能达到成功的彼岸。

我们做股票交易，就是与市场上所有投资者之间进行股票交易，实质是对市场不同看法的交换。这个过程中，我们需要分析这些投资者的心理变化。因为投资者不是机器，他们不会按照某个机械化的系统做交易，而是会根据自己的心理感受做出交易决策。我们需要从这些投资者的心理变化的角度，去判断未来行情的发展方向，以做好应对下一阶段的行情变化的策略。

这些投资者的心态总结起来就两个字：从众。如果再详细一些，它有两个特点：感性和跟从。

首先是感性。

股票市场上的投资者很难保持客观理性，根据客观规律做出判断，很多时候都会无视市场客观规律。例如前边我们讲过2015年6月的股灾后，国家资金大量入市交易，对股价形成支撑力量。如果客观理性的话，大盘会因此而上涨，吸引更多投资者买入股票，整个大盘也止住跌势。

不过实际情况不是这样，因为投资者都是感性的。就算看到了各种救市消息也选择无视，而是继续被自己的恐慌心理支配，不断卖出股票，导致大盘持续下跌。

其次是跟从。

投资者不会根据客观情况作出判断，他们只会跟从市场上多数人的意见，易受外界影响，忽视客观情况，助长了暴涨暴跌的现象。如果多数人看好后市，大盘大涨，他们就会受到感染，纷纷买入股票。相反，如果多数人都看淡后市，大盘大跌，他们同样会受到感染，纷纷卖出股票。

这种跟从大多数的心理也是造成大盘在强势上涨中会越来越疯狂，在弱势下跌中会越来越恐慌的原因。

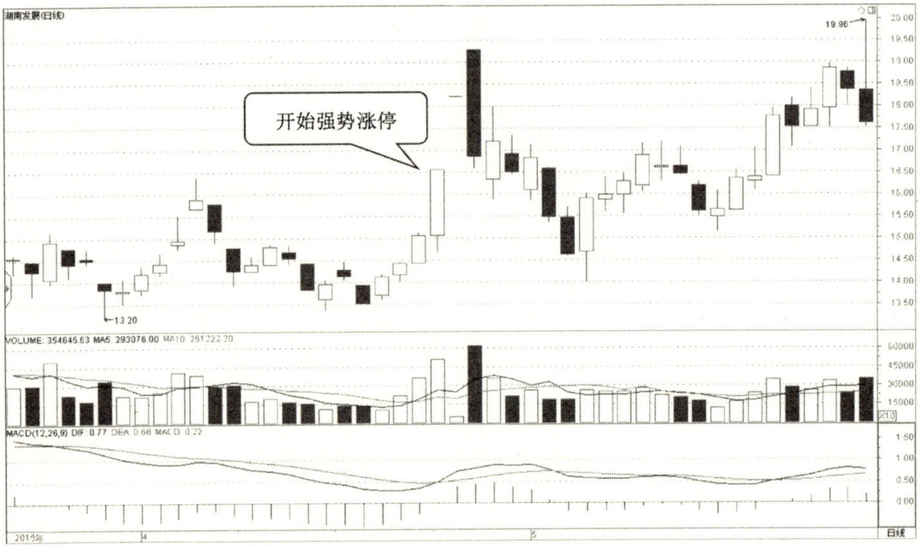

图1-2　湖南发展的消息炒作

2015年4月24日，有内幕人士称湖南发展（000722）有可能收购湖南财富证券，公司有可能在一周内停牌。受这条消息影响，当日湖南发展强势涨停（如图1-2所示）。当天晚间，湖南发展就发布澄清公告称没有重组计划。

不过市场上的投资者选择性忽视了公司的澄清公告，而是跟随市场走势在操作，开始大量追高。之后一个交易日，湖南发展强势一字涨停。

再之后一个交易日，股价大幅高开后回落，很多高位买入的投资者都被套牢。

后来经过证监会查明，这次重组的消息完全是某个个人投资者编造出来，并且在股票论坛上进行散布的。

有时候，市场上的大多数投资者都宁愿相信论坛上编造出来的流言，也不愿意等到公司的正式公告出来后再做决策。他们会盲目跟从炒作热情来操作，而不是客观分析实际情况。他们每隔一段时间就会陷入疯狂，不计成本地追高买入股票，完全不顾风险。

大众的盲点就是利润。

我们分析大众投资者这些盲目跟随的特点，一方面是要告诫自己养成独立操作的习惯，不要盲目跟随别人交易；另一方面则是要利用大众的这种特点来实现自己的交易盈利。大众交易心理的弱点就是我们为什么需要塑造系统的交易思维的原因。

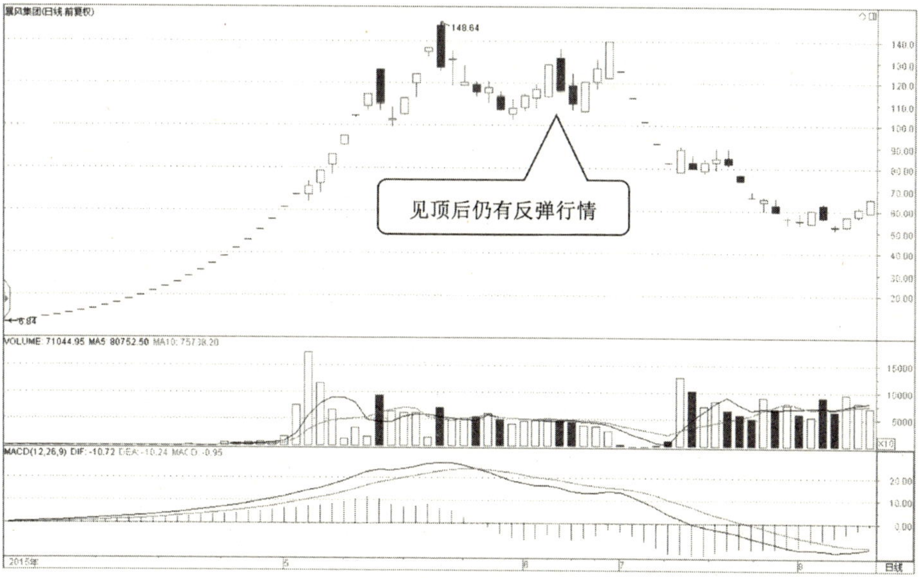

图1-3　暴风集团疯狂上涨

2015年上半年，暴风集团（300431）经过了上市后的疯狂上涨，股票的价格已经虚高了，远远超出了其应有的估值水平。不过我们知道，投资大众不会按照这种客观现象分析市场。大盘暴涨时，他们会陷入疯狂的状态，持续追高买入。即使行情见顶下跌时，也还是会有资金买入，会使行情形成支撑，股价不会马上下跌（如图1-3所示）。

基于这样的分析，我们就可以在上涨的趋势里积极买入股票，不用担心股价太高而不能买入。就算是买在最高点上，之后也有足够多的机会止损卖出。

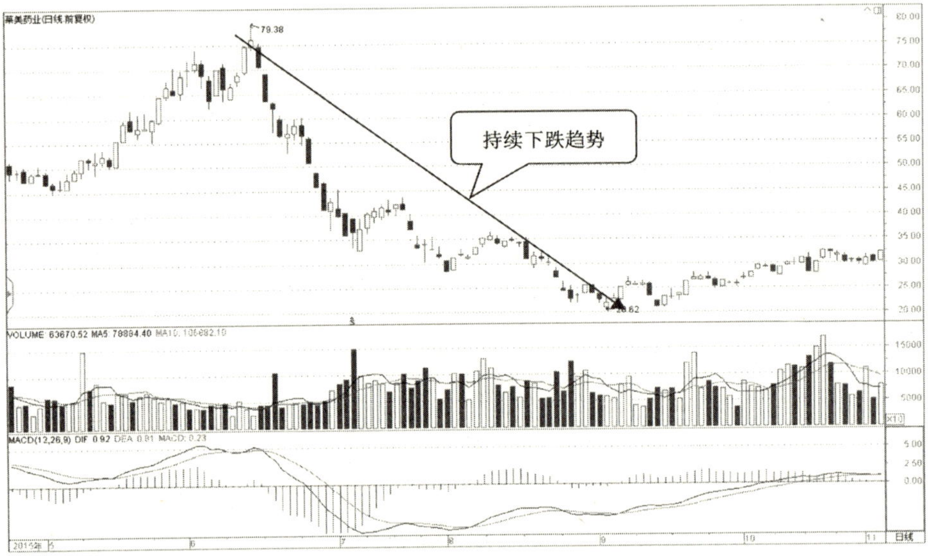

图1-4　莱美药业日K线

如图1-4所示，2015年5月至9月，莱美药业（300006）进入持续的下跌趋势。因为投资者盲从心理的作用，这种持续下跌的走势会在市场上引发恐慌，造成所有投资者都恐慌性地抛出股票，股价很难有反弹。因此我们就算在下跌趋势里看到有救市的利好消息，也不要盲目买入股票。一直等到10月份股价见底上涨时，才是最佳的买入时机。

第1章 认识我们所处的时代

太阳底下没有新鲜事。股票市场上现在发生的事情，过去已经发生过了，而且未来还会继续重演。因此我们在做股票的时候，应该以史为鉴。多研究历史有助于我们更清楚认识当前市场所处的环境，把握住趋势运行的周期。

1.1 中国本身就是大牛股

从宏观的角度看，自1990年国内股票市场设立至今，我们一直都处于一个巨大的牛市行情中。可以说，我们的中国股市，以至于我们整个中国经济，本身就是一只巨大的牛股。

我们之所以下这个结论，是从以下几个角度出发去考虑的。

1.1.1 大盘走势的牛市

从诞生至今，我国股市从宏观来看，一直就处于一个长期上涨的过程中。这个中间的每次小牛市都是对这个宏观大牛市的推动，而中间的小规模熊市只是在这个宏观牛市中的调整行情。下面，我们可以通过几张走势图，来说明我国股票市场这种长期上涨的趋势。

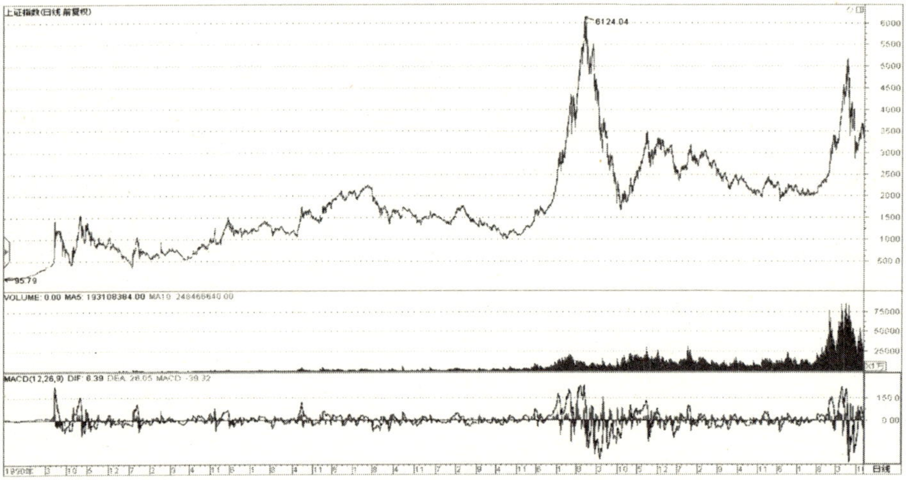

图1-5　中国的大牛市

从我国20多年股票市场的整体走势可以明显看出来，每次牛市都能创出新的高点（2015年以来的牛市还没有完全结束，这里不讨论），熊市回落时又不跌破前次回落的低点。这是大盘一直处于大牛市过程中的显著特征（如图1-5所示）。

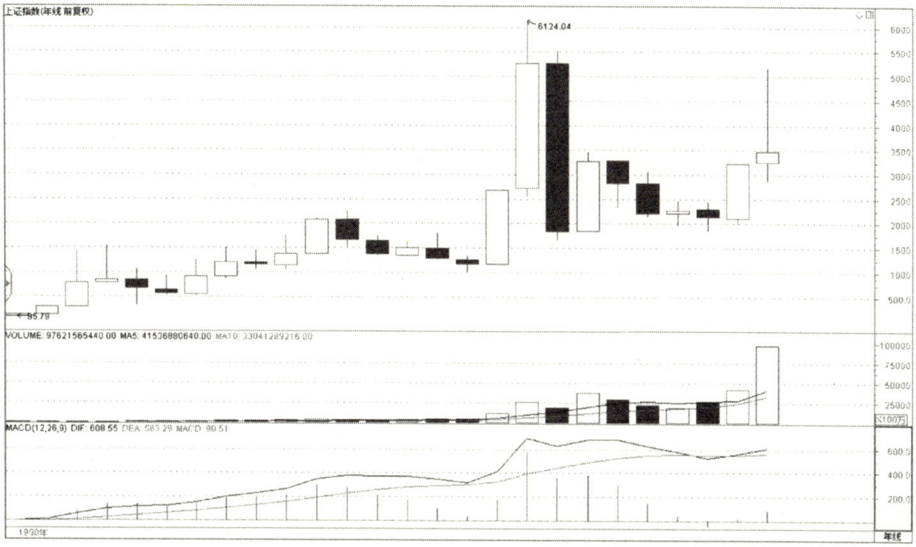

图1-6　从年线走势看大牛市

如果将走势图切换到年K线走势，可以更加清楚地看到我们这样一轮大牛市的发展路径。从1990年至2015年的26根年线，一直保持着稳健上涨的走势（如图1-6所示）。

另外，从最下方的MACD指标中也可以看到，这26根年线的MACD指标柱线只有2013年变成绿色，其余时段一直保持红色柱线。这也是大盘一直处于上涨趋势中的佐证。

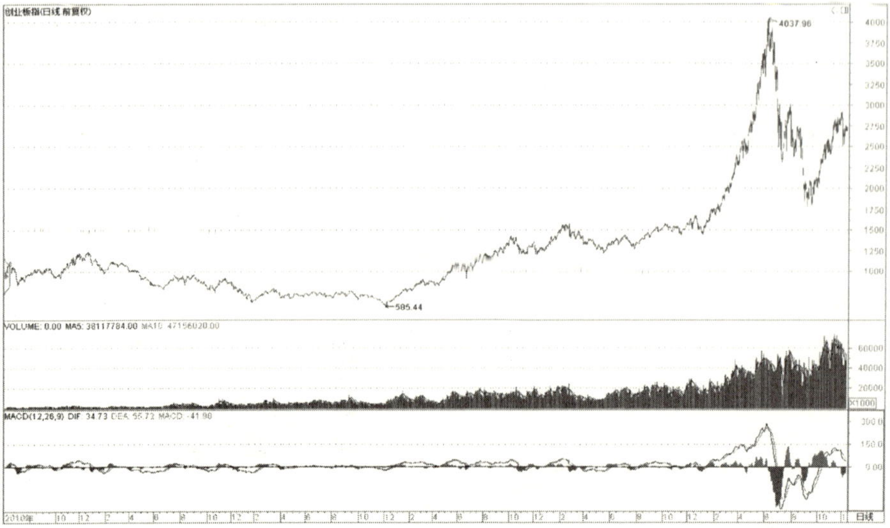

图1-7 创业板指数的牛市

我们之前说过，创业板指数与主板市场有很大不同。从图中可以看到，创业板指数自2010年6月1日设立以来，开始阶段经历了一段持续回落的走势，不过在之后的行情中就一路上涨，同样进入大牛市行情中（如图1-7所示）。

1.1.2 市场资金的牛市

市场行情本质上是由人推动的。牛市行情中，只有不断有新的投资者入市买入股票，市场上的股票交易越来越活跃，大盘才能持续上涨。因此资金的牛市是大盘走势进入牛市的重要因素。

我们通过前边的图1－5至图1－6就能够看出来，在大盘进入牛市的过程中，每张图形中间一栏的成交量柱线也跟随股价的上涨持续放大。我国股市的第一个完整交易年度即1991年，整个上海股市的成交额只有8.07亿元。到2015年，这个数字已经超过了130万亿。

1.1.3 个股层面的牛市

整个股票市场是由几千只股票组成的。正是这些股票的持续上涨才推动了整个指数的牛市行情。图1-8这张表格中，总结了我国股市自1996年初至2015年底20年中，涨幅超过20倍的100只股票。

序号	代码	名称 ●☼	上市日期	阶段涨幅↓	序号	代码	名称 ●☼	上市日期	阶段涨幅↓
1	600697	欧亚集团	19931206	115687.74%	51	600489	中金黄金	20030814	3674.63%
2	600729	重庆百货	19960702	64435.84%	52	600645	中源协和	19930504	3600.82%
3	000513	丽珠集团	19931028	62711.07%	53	000712	锦龙股份	19970415	3504.47%
4	002024	苏宁云商	20040721	38060.56%	54	600150	中国船舶	19980520	3382.04%
5	000636	风华高科	19961129	26904.55%	55	002044	江苏三友	20050518	3311.77%
6	000776	广发证券	19970611	21636.84%	56	002030	达安基因	20040809	3237.77%
7	600570	恒生电子	20031216	20950.18%	57	600271	航天信息	20030711	3226.11%
8	000869	张 裕A BR	20001026	16809.79%	58	600770	综艺股份	19961120	3215.56%
9	600717	天津港 TR	19960614	16242.12%	59	000623	吉林敖东	19961028	3179.11%
10	600547	山东黄金	20030828	14975.74%	60	600673	东阳光科	19930917	3161.84%
11	002038	双鹭药业	20040909	12356.77%	61	000043	中航地产	19940928	3156.54%
12	000503	海虹控股	19921130	12168.19%	62	600675	中华企业	19930924	3112.69%
13	600804	鹏博士 TR	19940103	12008.95%	63	600825	新华传媒	19940204	3011.06%
14	600674	川投能源	19930924	11840.11%	64	000671	阳 光 城 R	19961218	3005.11%
15	000032	深桑达A	19931028	11424.30%	65	600276	恒瑞医药	20001018	2941.32%
16	002007	华兰生物	20040625	11044.44%	66	300104	乐视网 R	20100812	2896.09%
17	600664	哈药股份	19930629	10323.96%	67	300431	暴风集团	20150324	2891.83%
18	600616	金枫酒业	19920929	9863.07%	68	600362	江西铜业	20020111	2875.86%
19	600606	绿地控股	19920327	9696.57%	69	600783	鲁信创投	19961225	2831.11%
20	600111	北方稀土	19970924	9580.30%	70	600787	中储股份	19970121	2803.72%
21	000024	招商地产	19930607	9011.33%	71	000600	建投能源	19960606	2792.83%
22	000626	如意集团	19961128	8652.38%	72	000709	河北钢铁	19970416	2781.29%
23	600446	金证股份	20031224	8568.49%	73	600765	中航重机	19961106	2709.37%
24	600406	国电南瑞	20031016	8367.98%	74	600824	益民集团	19940204	2701.93%
25	000685	中山公用	19970123	6870.84%	75	600048	保利地产	20060731	2610.81%
26	000581	威孚高科	19980924	6037.60%	76	000661	长春高新	19961218	2585.50%
27	002048	宁波华翔	20050603	6022.77%	77	600856	中天能源	19940425	2526.60%
28	600685	中船防务	19931028	5938.67%	78	000983	西山煤电	20000726	2511.93%
29	000050	深天马A	19950315	5730.33%	79	600816	安信信托	19940128	2448.79%
30	600739	辽宁成大	19960819	5649.96%	80	600621	华鑫股份	19921202	2434.85%
31	000786	北新建材	19970606	5513.85%	81	600620	天宸股份	19921117	2425.56%
32	600703	三安光电	19960528	5425.77%	82	600687	刚泰控股	19931108	2419.15%
33	000848	承德露露	19971113	5167.76%	83	000673	当代东方	19970124	2391.14%
34	000511	烯碳新材	19930518	5141.09%	84	000042	中洲控股	19940921	2366.76%
35	000554	泰山石油	19931215	4853.45%	85	600771	广誉远 R	19961105	2359.98%
36	600761	安徽合力	19961009	4800.62%	86	000014	沙河股份	19920602	2310.02%
37	600415	小商品城	20020509	4595.55%	87	600176	中国巨石	19990422	2306.10%
38	600662	强生控股	19930614	4407.31%	88	002252	上海莱士	20080623	2301.52%
39	600635	大众公用	19930304	4406.80%	89	600315	上海家化	20010315	2285.74%
40	002028	思源电气	20040805	4397.02%	90	000584	友利控股	19951128	2249.55%
41	002081	金 螳 螂 R	20061120	4257.34%	91	000061	农 产 品 R	19970110	2237.01%
42	600827	百联股份	19940204	4218.22%	92	600826	兰生股份	19940204	2233.18%
43	000516	国际医学	19930809	4153.16%	93	002035	华帝股份	20040901	2226.17%
44	000625	长安汽车	19970610	3982.13%	94	000425	徐工机械	19960828	2215.18%
45	000028	国药一致	19930809	3908.53%	95	600881	亚泰集团	19951115	2207.17%
46	000566	海南海药	19940525	3862.53%	96	600201	金宇集团	19990115	2199.62%
47	600801	华新水泥	19940103	3796.58%	97	600857	宁波中百	19940425	2195.77%
48	000555	神州信息	19940408	3760.12%	98	600583	海油工程	20020205	2192.84%
49	600862	南通科技	19940520	3757.28%	99	000007	零七股份	19920413	2164.61%
50	000768	中航飞机	19970626	3735.76%	100	600636	三爱富 TR	19930316	2155.77%

图1-8　20年间涨幅排名靠前的股票

从图中可以看到，除了部分因为重组而股价大幅上涨的股票外，这其中存在着很多长线牛股和短线暴涨股。

例如排名第4、2004年上市的苏宁云商（002024），上市后一路上涨，在不到12年的时间里就取得了超过380倍的上涨幅度，图1-9是它这些年的上涨趋势。

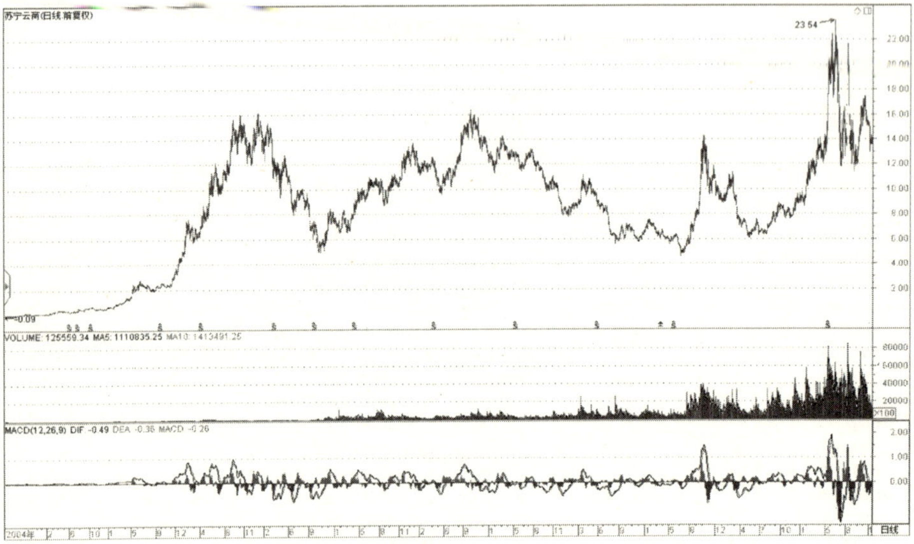

图1-9　苏宁云商12年中持续上涨

排名第67位的是2015年才上市的创业板股票暴风集团（300431）。它也是这张表中上市时间最短的一只股票。这只股票上市后强势上涨，在几个月间就取得了超过28倍的上涨幅度。另外一只与它业务相近、同样是创业板股票的乐视网（300104），也在2010年上市后的不到6年时间里，取得了超过28倍的上涨幅度。这两只股票的大幅上涨将创业板火爆的牛市行情完全显现出来。图1-10和图1-11分别是这两只股票上市后的走势。

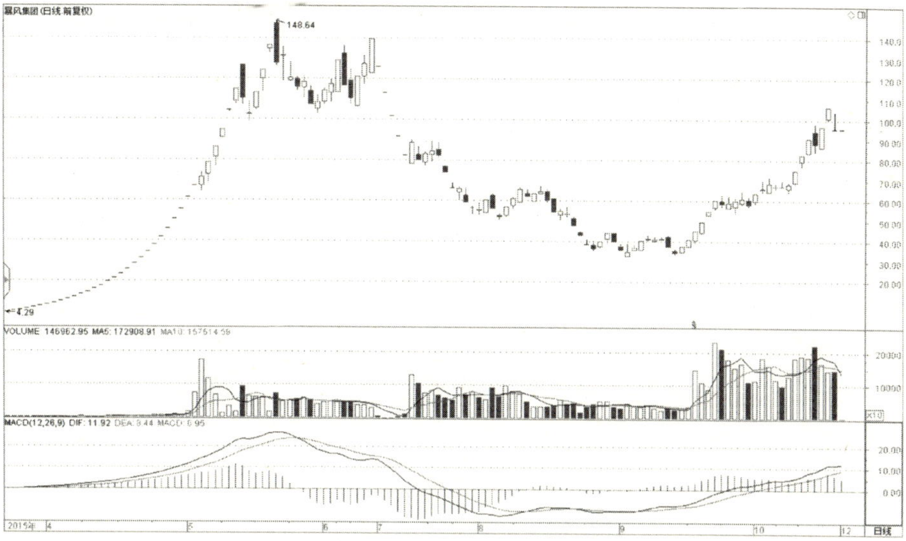

图1-10　暴风集团几个月间强势上涨

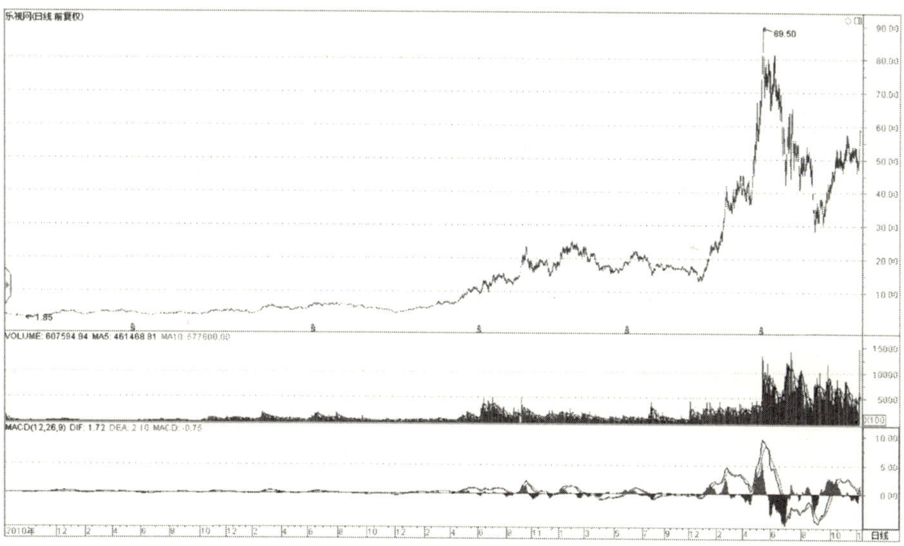

图1-11　乐视网6年间强势上涨

1.1.4 中国经济的牛市

有句话说股票市场是经济发展的晴雨表。从宏观角度来看，我国股票市场这种长期持续上涨与我国经济在几十年中持续的高速发展密不可分。

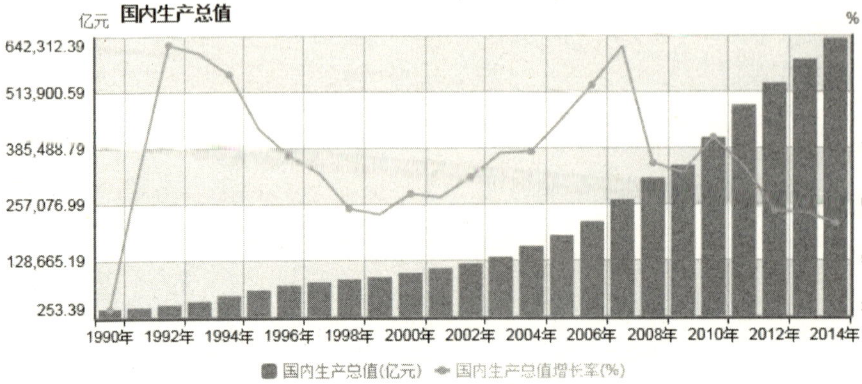

图1-12　我国历年GDP与GDP增速

图1-12显示了我国自1990年以来历年的GDP（国内生产总值）和GDP增速。正是GDP的高速增长，保证了我国股市能够长期处于上涨趋势中。

GDP高速增长对股市的促进作用主要表现在以下几个方面。

首先，GDP增长会使企业获得更高的收益，因此上市公司也就会更加倾向于进行更多的分红。在分红持续增长的条件下，投资者就会对该股给予更高的估值，从而推动股票价格持续上涨。

例如，我们前边讲到的大牛股苏宁云商，上市后连续多年进行大比例分红送股，获得了投资者的普遍认可，也保证了其股价持续上涨（如图1-13所示）。

2008年末期	每10股送2.0股 每10股转增3.0股 每10股分红0.3元/税前	股权登记日 2009年4月9日 除权除息日 2009年4月10日
2008年中期	每10股转增10.0股 每10股分红1.0元/税前	股权登记日 2008年9月25日 除权除息日 2008年9月26日
2007年末期	每10股分红2.0元/税前	股权登记日 2008年3月27日 除权除息日 2008年3月28日
2007年中期	不分配不转增	
2006年末期	每10股转增10.0股	股权登记日 2007年4月5日 除权除息日 2007年4月6日
2006年中期	每10股转增10.0股	股权登记日 2006年9月20日 除权除息日 2006年9月21日
2006年6月22日	增发股份2500.0万股 增发价格48.0元/税前	
2005年末期	不分配不转增	
2005年中期	每10股转增8.0股	股权登记日 2005年10月14日 除权除息日 2005年10月17日
2004年末期	每10股转增10.0股 每10股分红1.0元/税前	股权登记日 2005年6月2日 除权除息日 2005年6月3日

图1-13　苏宁云商上市后连续多年大比例分红送股

其次，GDP增长会使整个社会的财富增加，从而带来更多资金进入股票市场，推动股票市场持续发展。对于老股民来说，对这一点的感受应该特别明显。

20世纪90年代，如果拿1万元炒股，已经算是不少的本金了。如果资金量超过100万元，就会被当成大户看待。而到了现在，拿1万元入市只能算是娱乐性的操作。个人投资者持有的资金普遍都在几十万元到几百万元之间。

1.2 A股历史上的历次牛市和熊市

我们的A股市场自设立至今，经历了交替的多轮大牛市和大熊市行情。通过梳理这些行情，可以帮助我们更加清楚每一次牛市和熊市行情产生的原因，从而判断未来出现牛市或者熊市行情的可能性。

我们可以根据历史图表，和股市成长发展的各个阶段，将我国股市的牛市和熊市行情划分为几个时期。

1.2.1 1990—1994年的前两轮牛市和熊市

第一次牛市：1990年12月19日至1992年5月26日

上海证券交易所正式开业以后，挂牌股票仅有8只，人称“老八股”。当时交易制度实施1%涨跌停板（后改为0.5%）限制，股指从96.05点开始，历时2年半的持续上扬，终于在取消涨跌停板的刺激下，一举达到1429点的高位。

第一次熊市：1992年5月26日至1992年11月17日

冲动过后，市场开始价值回归，不成熟的股市波动极大，仅仅半年时间，股指就从1429点下跌到386点，跌幅高达73%，这样的下跌在现在来看是不可想象的，而在当时，投资者们都自然地接受了，难怪有人说，还是早期的股市炒起来爽。

第二次牛市：1992年11月17日至1993年2月16日

快速下跌爽，快速上涨更爽，半年的跌幅，3个月就全部涨回来。从1992年11月17日的386点开始，到1993年2月16日的1558点，只用了3个月时间，大盘涨幅高达303%。这种行情在现在看来，足以让投资者羡慕不已。

第二次熊市：1993年2月16日至1994年7月29日

快速牛市上涨完成后，股市的大扩容也就开始了，伴随着新股的不断发行，上证指数也逐步走低，进而在777点展开长期拉锯，后来777点位失守，大盘再度一蹶不振，持续探底。到1994年7月29日，股指跌至325点，但这次熊市带来的"成果"是上市公司数量急速膨胀。

图1-14显示了这四年多时间里的牛市和熊市变化。

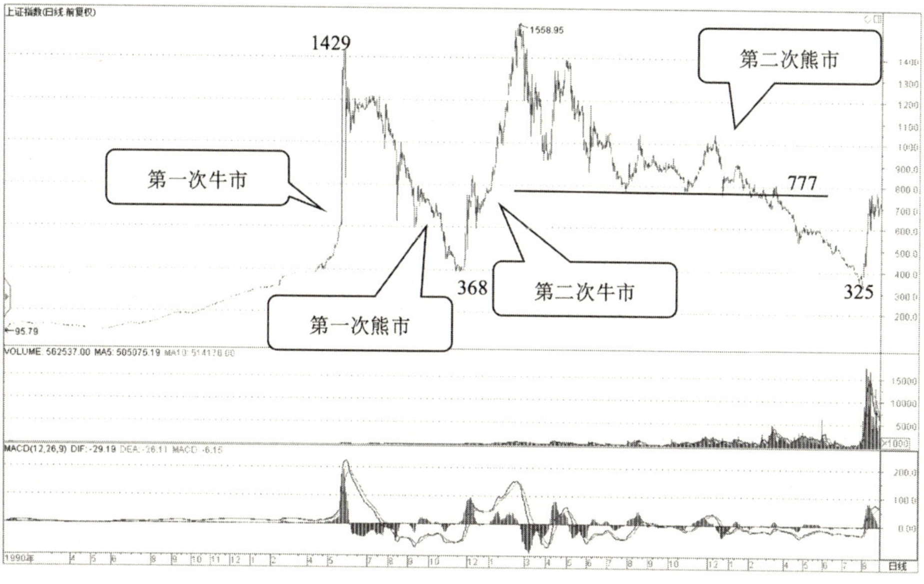

图1-14　我国股市前两轮牛市和熊市

1.2.2 1994—1996年的第三、四轮牛市和熊市

第三次牛市：1994年7月29日至1994年9月13日

证券市场一片萧条，人们对股市信心丧失殆尽，市场中甚至一度传言监管层将关闭股市。为了挽救市场，相关部门出台三大利好救市，股市再度亢奋，1个半月时间，股指涨幅200%，最高达1052点。

第三次熊市：1994年9月13日至1995年5月17日

早期的股市不讲究什么价值投资，业绩好坏也是无所谓，最重要的是流通盘要小，这样好炒。但是随着股价的炒高，总有无形的手将股市打低，在1995年5月17日，股指已经回到577点，跌幅接近50%。

第四次牛市：1995年5月18日至1995年5月22日

这次牛市只有3个交易日！股市受到管理层关闭国债期货消息的影响，全面暴涨，3天时间股指就从582点上涨到926点。本轮行情充分反映了我国股市对相关“政策”的敏感程度，“政策市”的说法也被投资界普遍接受。

第四次熊市：1995年5月22日至1996年1月19日

短暂的牛市过后，股市重新下跌。从1995年的8月开始，当时仅仅3倍市盈率的四川长虹开始悄悄走强，业绩白马股票逐步受到主流资金的关注。至1996年1月19日，股指达到阶段低点512点，绩优股股价普遍超跌，新一行情条件具备。

图1-15显示了1994年至1996年这两年中的牛市和熊市变化。

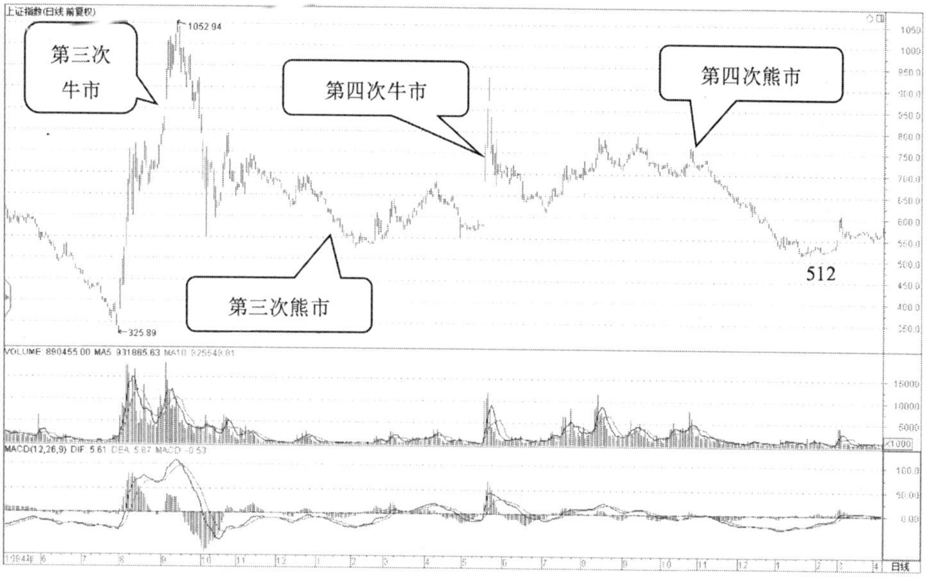

图1-15　第三、四轮牛市和熊市

1.2.3 1996—2001年的第五、六次牛市和第五次熊市

第五次牛市：1996年1月19日至1997年5月12日

崇尚绩优开始成为市场主流投资理念，深发展、四川长虹、深科技、湖北兴化等龙头股均为业绩极佳的绩优成长股，在这些股票的带领下，股指重新回到1510点，这些股票创造的“投资神话”也对当时的普通投资者进行了一场鲜活的投资教育。

第五次熊市：1997年5月12日至1999年5月18日

这轮大调整也是因为过度投机，在绩优股得到了充分炒作之后，到1999年5月18日，股指已经跌至1047点。这两年间，股市的扩容继续疯狂进行，规模达到了难以想象的程度。严重的供需矛盾使二级市场出现极度失血，持续2年的熊市就此展开。

第六次牛市：1999年5月19日至2001年6月14日

这次的牛市俗称“5·19”行情，多数的投资者都记忆犹新，网络概念股的强劲喷发将上证指数推高到2000点以上，并创出2245点的历史最高点。伴随一轮波澜壮阔的大牛市，证券投资基金也出现了历史上罕见的大发展。

图1-16显示了1996年至2001年这五年中的牛市和熊市变化。

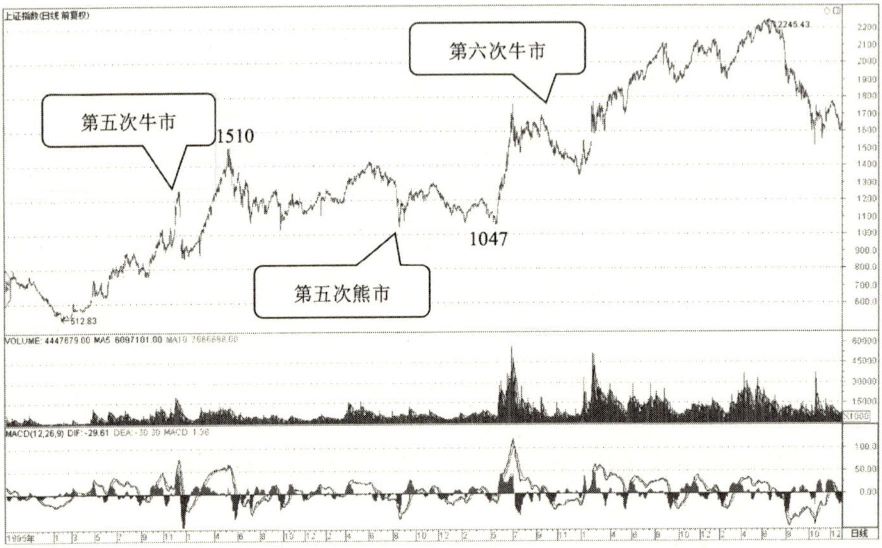

图1-16　第五、六次牛市和第五次熊市

1.2.4 2001—2008年的第七次牛市和第六、七次熊市

第六次熊市：2001年6月14日至2005年6月6日

“5·19”行情过后，市场最关注的就是股权分置改革。投资者普遍认为这是利空因素，解决股权分置也成为股市下跌的理由，股指也从2245点一路下跌到998点。经过这轮历史上最长时间的大调整，A股市场的市盈率降至合理水平，新一轮行情也在悄然酝酿当中。

第七次牛市：2005年6月6日至2007年10月16日

这次行情是最具有基本面支撑的行情，股权分置问题的解决、人民币升值、公司业绩的不断增长、QFII等诸多利好支撑着这轮牛市，从998点开始，创出6124点的历史最高点，整整涨了513.49%，这是中国股市到目前为止最为波澜壮阔的一轮大牛市。

第七次熊市：2007年10月16日至2008年10月28日

全国制造业和地产等支柱产业泡沫显现，危机四伏，在投资者普遍对行情盲目乐观之际，股指则开始一路下跌。随着全球金融危机的爆发，指数随之一泻千里，仅一年时间，股指便从6124点狂跌至1664点。

图1-17显示了2001年至2008年这八年中的牛市和熊市变化。

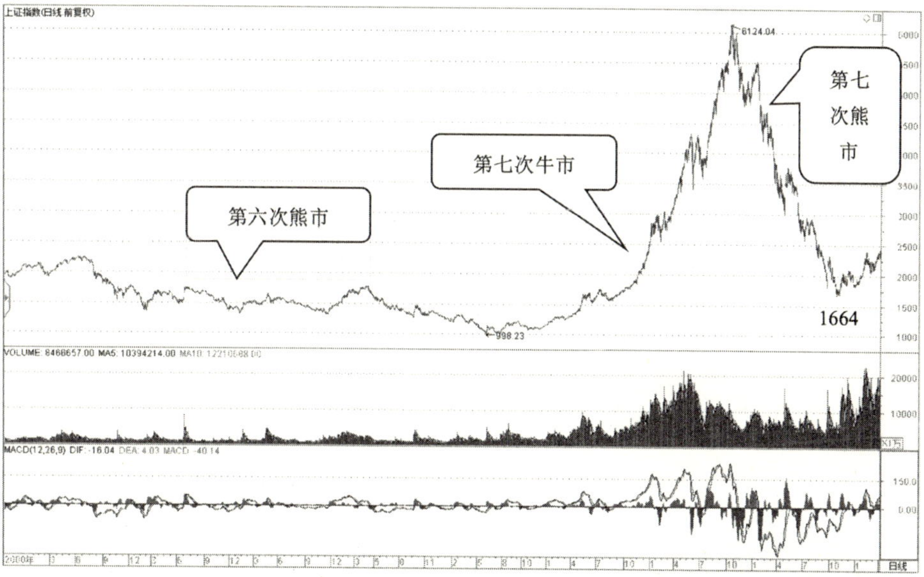

图1-17　第七次大牛市和第六、七次大熊市

1.2.5 2008—2014年的第八次牛市和第八次熊市

第八次牛市：2008年10月29日至2009年8月4日

随着四万亿救市计划、十大产业振兴计划相继推出，大盘资金面空前宽松，大量资金进入股市交易。同时因为之前高位被套牢的很多机构资金也有解套的需求，所以在众多因素的促进下，推动了这一轮牛市行情的发展，上证指数最高上涨到了3478点。

第八次熊市：2009年8月5日至2014年7月21日

当大盘上的资金被耗尽以后，真正漫长的熊市下跌行情逐渐展开。自2009年至2014年，我国股市经历了连续五年的熊市下跌。在下跌趋势中，完全没有像样的反弹行情出现，投资者的交易也极其清淡，大盘都被看空气氛笼罩。

图1-18显示了2008年至2014年这六年中的牛市和熊市变化。

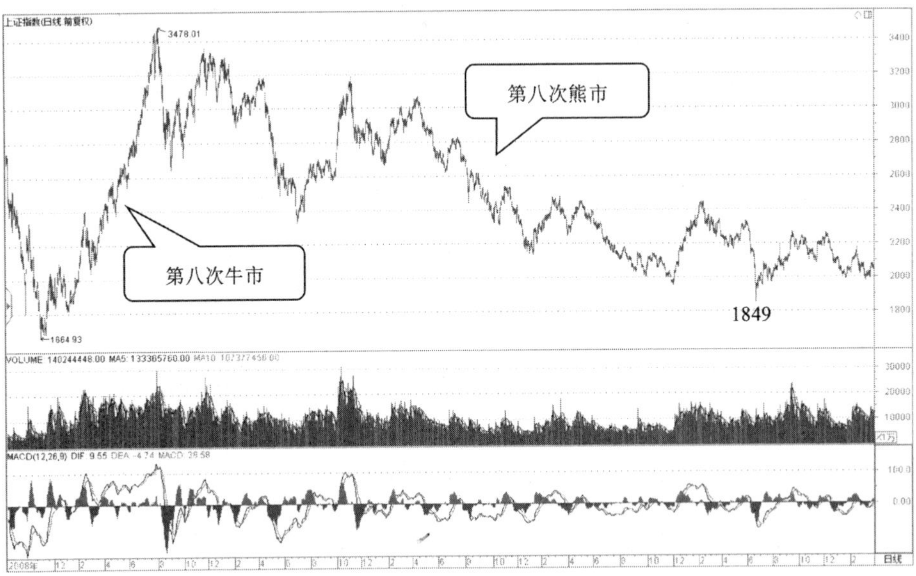

图1-18 第八次大牛市和第八次大熊市

1.2.6 2014—2016年的第九次牛市和第九次熊市

第九次牛市：2014年7月22日至2015年6月12日

当指数跌穿2000点大关后，逐渐有抄底资金开始进入市场。之后伴随着“一带一路”的高调推出，加之国企改革的顺利推进，以南车北车大合并为开端，大盘从2000点左右一路长到5178点，成为2007年以来第二高点，创业板个股疯狂程度和新股得到了疯狂炒作，安硕信息股价涨到474元。此波行情的疯狂程度远远高出以往历次行情，一直到亚投行的顺利成立为终点。

第九次熊市：2015年6月12日至今

熟话说，来得快走得更快。上波牛市后期融资、配资翻倍、翻几倍地入市，泡沫被短时间吹大，后续资金再也无法维持每天一万亿的巨幅成交量。恶性循环从此开始。大盘墙倒众人推，个股7个跌停下挫，无人可逃。之后又是两次快速跌停，基本把这次全民炒股的老中青三代全部套牢，我把它称为“530暴跌+99年千年虫大恐慌”的结合，死伤无数……

图1-19显示了2014年至2016年中的牛市和熊市变化。

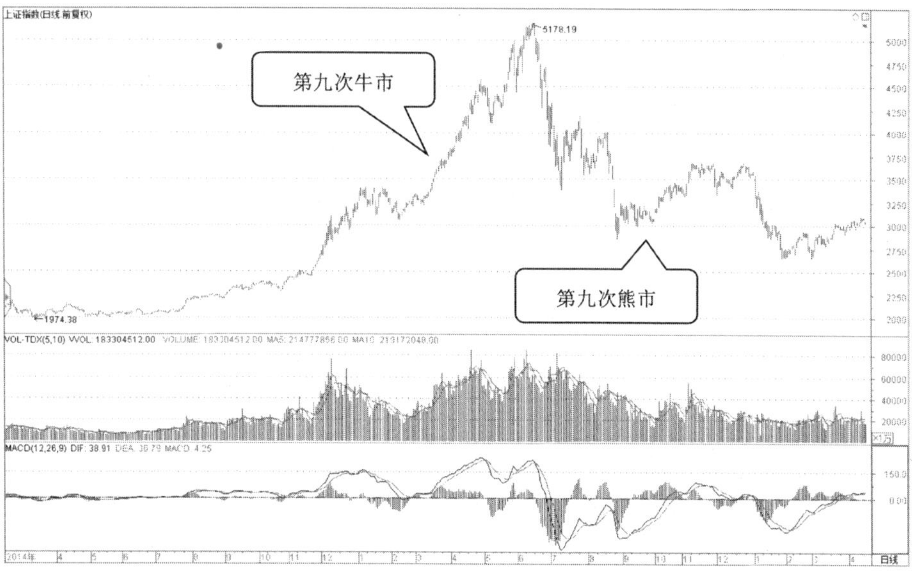

图1-19 第九次大牛市和第九次大熊市

经过以上梳理我们发现，我国股市总是在牛市和熊市中不断轮回，因此我们可以确认第十次牛市一定会来，大家应该期待明天会更好。

1.3 会有慢牛行情出现吗？

慢牛行情是指大盘在连续很多年中一直持续稳健上涨的走势。具体来说，在3~5年的时间里，大盘持续上涨，中间并没有大幅回落的行情出现，股价上涨的速度也一直保持在比较均衡的水平上。

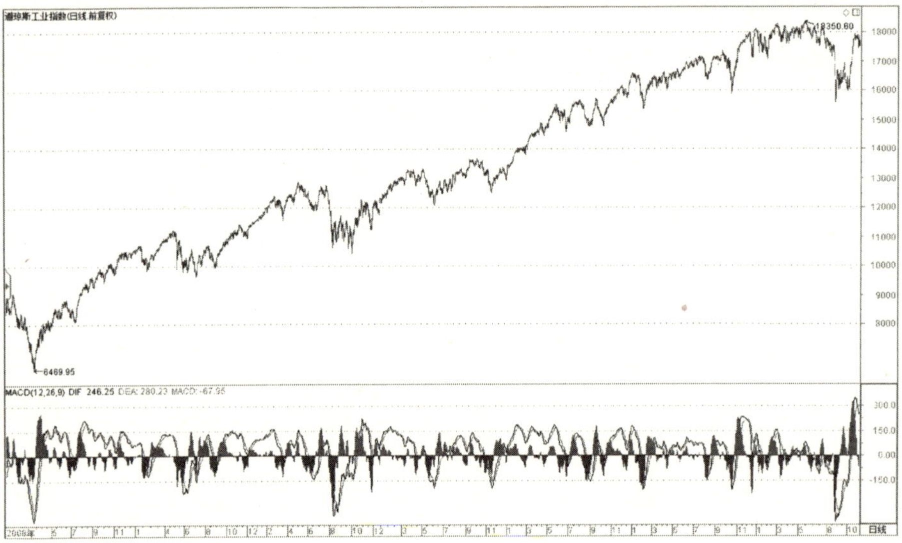

图1-20　道琼斯指数的慢牛走势

美国道琼斯指数自2009年3月一直到2015年6月的这段持续上涨行情，就是一种典型的慢牛走势（如图1-20所示）。

在这样的长期慢牛行情中，大盘上所有股票都会普遍上涨，亏损的风险很小，投资者可以取得非常好的盈利收益。因此我国股市上很多投资者也梦想我们的A股市场能够形成这样一轮持续上涨的慢牛行情。

不过按照目前的情况看我国股市还不具备形成这种慢牛行情的基础。具体原因有三个方面。

1.3.1 中国历史上从没有过慢牛市

通过上一节梳理，我们可以发现我国股市出现过短期暴涨的牛市、短期暴跌的熊市和长期持续下跌的熊市，却唯独没有出现过这样的慢牛行情。虽然我们不能说历史上没有出现过的行情以后就不可能出现，不过“太阳底下没有新鲜事”，过去20多年中从来没有过这样的行情出现，至少能够说明未来短时间内也不太可能出现慢牛行情，但我们也期待慢牛市。

1.3.2 喜欢追涨杀跌的股民

首先我们需要明确一点，“追涨杀跌”绝对不是贬义词。追涨杀跌，也是三正股票交易管理系统策略的一部分。策略本身是中性的，与市场节奏匹配的追涨杀跌，正是我们倡导的追求利润、斩掉亏损的风控思维。

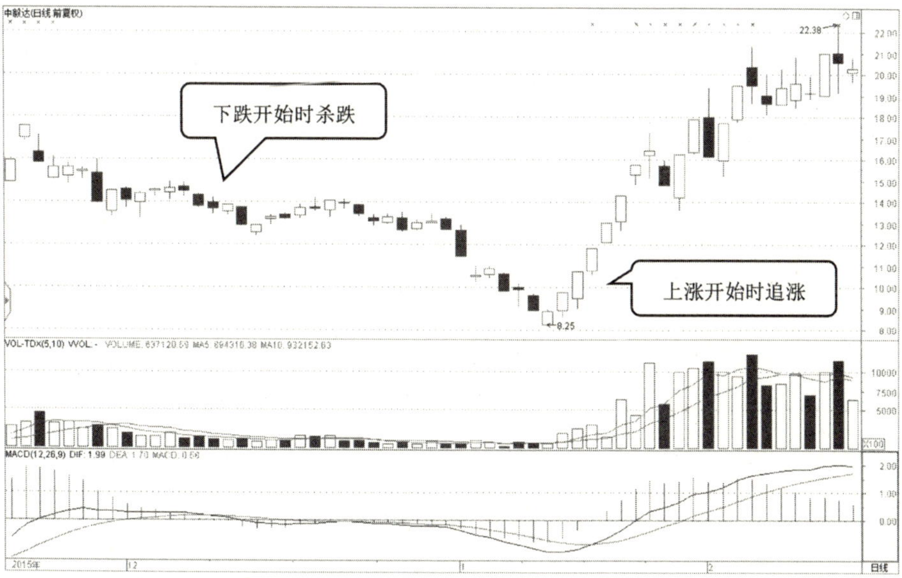

图1-21　中毅达日K线图

以中毅达（600610）的走势为例。如果我们在2015年12月的下跌走势开始时没有果断杀跌，就会在随后承担更大的跌幅。同样，如果到2016年1月中旬开始的上涨行情中我们没有追涨，则无法获得随后行情持续上涨的收益（如图1-21所示）。

“追涨杀跌”这个词被很多投资者误解，是因为周期的错配。也就是大家在不正确的时间进行了追涨杀跌的操作。

我国股市上有着庞大的散户群体。这就决定了在我国股市上，无论牛市还是熊市，从根本上都是由无数散户的群体行为推动的。在牛市行情中，国家政策、机构动向等等，只是对于散户操作的一个引导和催化剂，最终推动行情持续上涨的还是无数散户股民的汹涌买入。需要注意的是，我们这里讲的散户，和传统意义上的散户并不完全一致。因为相对于现在股市的一天成交量，即使一些体量庞大的机构投资者和私募，也都成为散户的一部分。

例如2006年至2007年，当大牛市持续到最火爆的时候，甚至出现了银行储蓄存款大“搬家”的局面。无数散户将银行存款取出来投入股市，甚至造成了银行流动资金不足，另一方面也推动了这次史无前例的巨大牛市。

在2014年下半年至2015年上半年这段时间的大牛市中，同样有大量散户股民进入股票市场，汹涌买入股票，推动了市场行情持续上涨。我们在上一章的图1-18中，可以看到这段时间内伴随着牛市行情推进，新增开户数据大幅飙升，证明了有大量散户在这段时间内新开户买入股票。

我们的市场上以散户资金为主，就导致了大盘走势也体现出了散户操作的特点，即盲目跟随、缺乏计划性、目标短期化。这种一致的特点一旦形成，就更加会相互强化。市场上的牛市趋势一旦形成，就会有投资者不顾风险纷纷追高买入，导致大盘在短期内大幅上涨，透支未来能够持续上涨的区间。而当市场在短期内上涨至高位后，人们又会惧怕市场风险，纷纷卖出股票，导致股价深度回调。在散户资金这种集中追涨杀跌的操作过程中，我国股市自然也就不会出现长时间的慢牛行情。

图1-22就显示了我国这种由散户主导的市场和慢牛市场的重要区别。

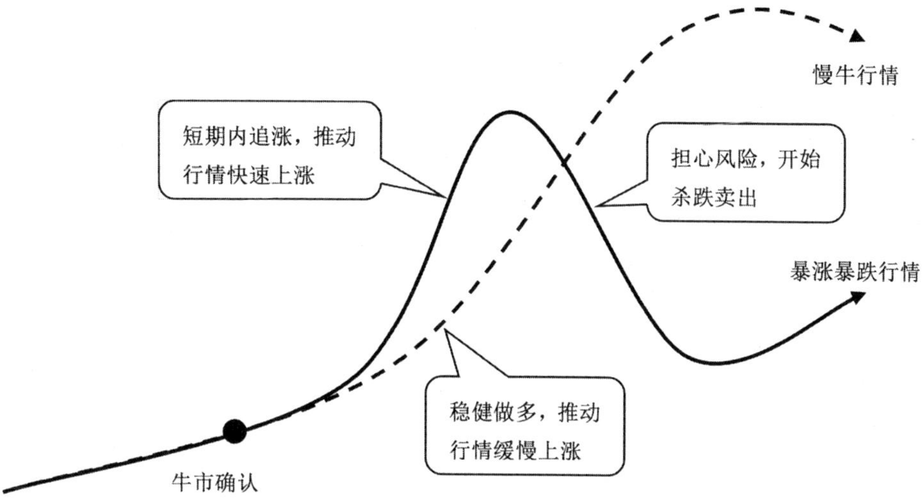

图1-22 不同市场上涨趋势的对比

经历市场洗礼后的一大波投资者，逐渐成熟，发展出系统的交易理念和交易系统，成为专业的散户群体。如我们熟知的很多著名游资，就是从这样的轨迹发展起来的。

第2章 认识我们的A股市场

股票市场在本质上是人的市场。所有股票价格的走势，都是无数交易者在这个市场上用手中资金投票的结果。只有认识了这个市场上形形色色的参与者，才能够真正了解我们所处的股票市场。

2.1 机构和散户

在很多传统的投资理论中，都将这个市场的参与者分成机构和散户两种。这种简单的分类方法已经不太适合我们当前的市场，会导致我们分析过程中的混乱。不过作为这一部分内容的铺垫，我们还是先了解一下这种传统的分类方法。

2.1.1 各种机构投资者

机构投资者是指那些手中握有巨大资金量，能够通过集中买卖操作，影响到股票价格走向的投资者。因此可以知道，即使是个人投资者，只要手中的资金达到一定程度，也可以称为机构。

根据在股票市场上的交易目标和交易手法不同，机构投资者又可以分为超级机构、长线机构、游资机构几种不同的类别。

超级机构多数是拥有国资背景的大型机构，包括中金公司、汇金公司、社保基金等。这些机构投资者入市的目的一方面要稳定盈利，另一方面也要稳定整个股票市场。

当大盘短期内大幅下跌时，为了避免太多投资者陷入恐慌导致崩盘，监管机构就会引导这些资金入市买入。当大盘短期内大幅上涨时，为了避免大盘陷入疯狂导致风险扩大，这些机构又会抛出股票，给市场降温。

因为会在大盘暴跌时逢低买入，大盘疯狂上涨时逢高减持，超级机构虽然以救市为目的，反而能够取得比较好的收益。

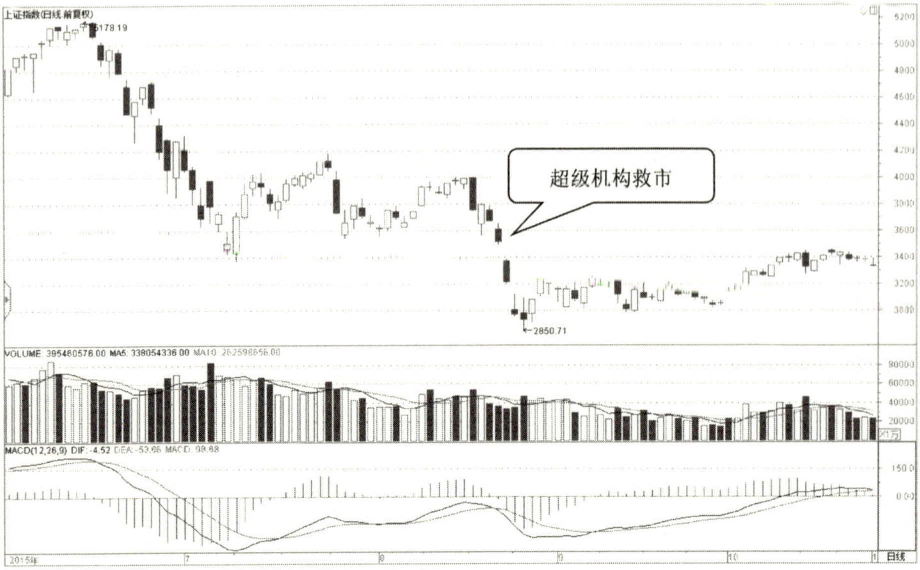

图2-1 “国家队”救市

2015年8月下旬，整个股票市场陷入恐慌，短期内大幅下跌。在这个过程中，为了避免恐慌气氛蔓延，以社保基金、中金公司为代表的“国家队”资金大量入市买入，对大盘起到了支撑稳定作用（如图2-1所示）。

长线机构是指包括公募基金、保险资金、企业年金等在内的大型机构投资者。这些机构投资者受到监管机构的严格限制，导致它们虽然有能力影响股价走向，不过不会利用这种能力来操纵股价，为自己谋利。

这些机构买卖股票都偏向于长期价值投资。每次买入股票前，都会有专门的分析团队对上市公司的资质进行全面调查，选择有长期成长价值的股票在低价买入。未来的行情中，这些股票投资价值提高，股票价格也将因此持续上涨，这些机构投资者就可以因此而获利。

截至日期：2015-05-13 十大股东情况

股东名称（单位:万股）	持股数	占总股本比(%)	股份性质	增减情况
中国平安保险（集团）股份有限公司-集团本级-自有资金	497619.65	34.78	无限售A股	↑21020.67
	211588.10	14.79	限售A股	-
中国平安人寿保险股份有限公司-自有资金	87455.23	6.11	无限售A股	未变
中国平安人寿保险股份有限公司-传统-普通保险产品	32478.00	2.27	无限售A股	未变
葛卫东	31046.53	2.17	无限售A股	↓-1916.24
深圳中电投资股份有限公司	17195.99	1.20	无限售A股	未变
华富基金-浦发银行-华富基金-浦发银行-吉渊投资定增2号资产管理计划	7185.50	0.50	限售A股	新进
易方达资产-浦发银行-易方达资产-浦发银行-吉渊投资定增1号资产管理计划	7185.50	0.50	限售A股	新进
全国社保基金一零二组合	5545.63	0.39	无限售A股	未变
银河资本-渤海银行-银河资本-银河2号资产管理计划	4794.31	0.34	限售A股	新进
全国社保基金一零九组合	4700.00	0.33	无限售A股	↓-299.99

图2-2　平安银行十大股东

平安银行（000001）的发展前景广阔，是目前市场上公认的最具投资价值的股票之一。从该股的十大股东情况可以看出，其中汇集了众多机构投资者（如图2-2所示）。这些机构投资者持有该股，并不是要在短期内操纵股价的涨跌，而是为了追求公司投资价值长期增长带来的投资收益。

游资机构是指那些拥有大量资金，以短期投机为目的，企图在一段时间内影响股价发展，从而获得价差收益的机构投资者。这类机构投资者的监管还在不断完善，例如对发展迅速的私募基金的监管。

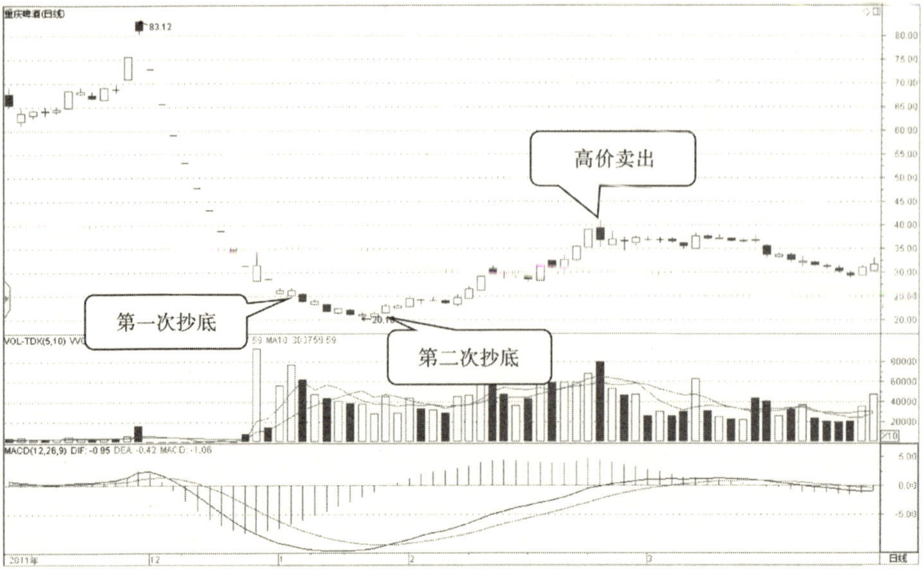

图2-3　重庆啤酒日K线

如图2-3所示，2011年年末，重庆啤酒（600132）乙肝疫苗揭盲数据，之后开始连续11个跌停。当股价下跌至底部后，私募基金经理徐翔连续在24元和20元的位置建仓买入。获得了大买盘的支撑，股价开始见底反弹。之后持续上涨，最高上涨至40元附近。此时徐翔成功卖出股票。

2.1.2 不同类型的散户

散户，典型的股市用语。一般指小额投资者或是个人投资者。散户投资者没有足够的力量影响股票价格走向，因此买卖股票交易时只能被动接受大盘的涨跌，通过买入那些预计未来股价能够上涨的股票，并且在股票上涨后卖出获利。

根据投入股市程度的不同，这些散户可以分为轻度参与者、中度参与者和重度参与者几类。

散户中的轻度参与者会用几万元资金参与股票买卖，盈亏幅度都不大，以娱乐为主。他们会在牛市行情到来，市场最火热时买入股票。买入的目标也十分盲目，多数以别人推荐为主。即使买入的股票被长期套牢，他们也不担心。这些散户的股票投资多数会以深度套牢告终。市场上80%的散户都是这种类型。

散户中的中度参与者投入股市的资金量较大，炒股的盈亏对他们的生活质量会有比较大的影响。因此这些散户会自发学习各种股票分析理论，懂得控制自己的买卖交易，按照自己的交易体系去买卖股票。因为买卖交易都有针对性，这类投资者已经能够获得一定的收益。

散户中的重度参与者会把几乎全部家产投入到股票交易中，并且没有其他职业，完全以股票买卖为生。这些交易者会痴迷于各种分析方法和分析理论。最终，他们中少部分成功者会积累到足够的本金，成为机构投资者。另外大部分则会陷入不断亏损、失败、重新再开始的恶性循环中。

2.2 市场上真正的参与者

以上讲到的是按照市场上普遍观点对市场参与者的分类情况。在我们实际交易的过程中，随着国内资本市场的发展和各类市场参与者的成熟，市场环境已经发生了巨大的改变。这就导致实际交易中的情况要比上边讲到的情况要复杂很多。具体来说，我们目前市场上相关交易者的变化主要集中在以下几个方面。

2.2.1 公募基金经理年轻化

基金经理的新老更替，是时间使然。一些经过市场历炼的成熟基金经理转战私募市场。这也导致一些没有经历牛熊历练的基金经理上岗。这些资历年轻的基金经理手里虽然掌握了大量资金，但是操盘的方法和面对市场时的心态还不够火候，容易犯教条主义的错误。例如突破要加仓，亏损要止损，这些基金经理就会机械地去制订操盘计划并执行。最终这会导致市场上暴涨或者暴跌的现象越来越多。

图2-4　上证指数分时走势图（2016年1月7日）

2016年1月7日，大盘在开盘后迅速下跌，触及了很多基金的止损线。因此这时很多基金经理就纷纷抛出股票止损。巨大的抛盘使行情下跌速度越来越快，进一步加剧了市场的恐慌。在这样的情况下，当日行情连续触发了熔断机制，众多股票都以跌停收盘（如图2-4所示）。

2.2.2 有集中往私募行业发展的趋势

目前，以王亚伟为代表的很多优秀公募基金经理都辞职进入了私募行业。这会促使私募基金的管理水平越来越高，运作也越来越规范。我们原本印象中恶意操纵市场、抬拉和打压股价的私募在市场上已经比较少见了。更多的私募基金都是靠自己超强的管理水平和对趋势的准确判断在赚钱。

因此在未来的市场上，我们可以多考虑私募基金的操盘思路，借鉴他们来完善自己的交易系统。

2.2.3 牛散已经积累了大量资金

我们传统观念上的牛散可能是手中握着不少资金，总是想着低位潜伏，高位套现的大户和庄家。不过随着时代的发展，牛散的情况也发生了巨大改变。

原来的牛散，手中资金还只是处于起步阶段。这时他们的操作思路也只是停留在坐庄一只股票，通过低买高卖来赚钱。

然而随着资金的积累，现在市场上的牛散手中已经有了大量资金。他们的资金规模要求他们不能再做低买高卖的操作。因此，现在很多牛散都在寻求收购上市公司股份，逐步成为上市公司的股东，参与到公司的经营管理决策中。

因此在未来几年中，随着牛散队伍越来越壮大，我们市场上上市公司被举牌的事件可能会越来越多，这也将为我们提供更多的投资机会。

2.2.4 监管层监管理念变化

监管政策一直是影响股市发展的重要因素。十几年前，监管层往往会通过调整印花税率、组织资金入市等方法来直接对市场进行调控。

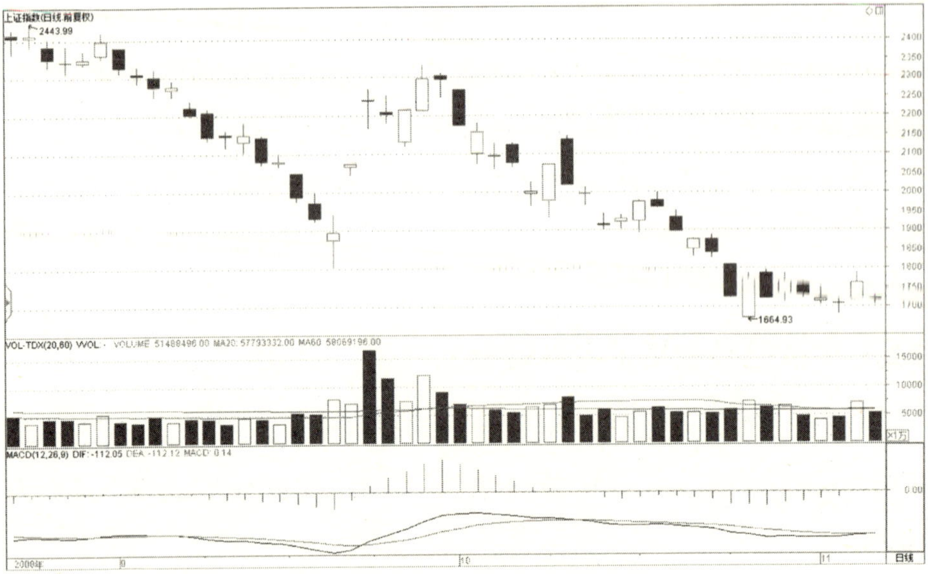

图2-5 “919”救市行情

2008年9月18日晚间，面对持续下跌的市场，监管层组织多方面的力量，推出了“三大救市政策”。其中包括：证券交易印花税改为单边征收，税率保持1‰；汇金公司增持工行、中行、建行三家银行的股票；国资委宣布支持央企增持或回购股票。这一系列政策从短期来看刺激了市场，造成大盘上所有股票在9月19日全部涨停，并且之后一日继续大幅上涨（如图2-5所示）。

不过从长期来看，这一系列政策的作用十分有限。大盘强势上涨两个交易日后，又重新进入持续下跌的熊市趋势中。

现在，监管机构的监管策略也在逐渐发生改变。他们开始更倾向于通过市场化的温和方法来间接影响大盘的发展。

例如2016年4月，证监会将券商净资产比负债指标由不低于20%调至10%。这个政策可以间接影响券商入市的资金数量，对大盘的上涨起到促进作用。

监管层对股票市场进行监管，一方面是为了保护广大中小投资者，另一方面也是为了充分发挥股票市场的融资功能，为各类企业提供一个健康的上市融资场所。

从政策层面上看，我国股市承担着巨大的融资功能。每次当大盘上涨至高位后，都会有大量股票上市和增发融资。这样从好的方面讲，有利于企业在股票市场上筹集更多资金，有利于整个经济的发展。不过从另一个角度去想，则会造成市场上的股票数量持续增加。同样的市场上，如果资金量不变，当交易的股票数量增加时，股价的下跌自然是不可避免的。

实际上，如果我们回顾最近几轮牛市和熊市的行情，也可以发现几乎每次牛市上涨至高位后，都会有大盘股发行，对市场上涨形成压力，引发熊市行情。

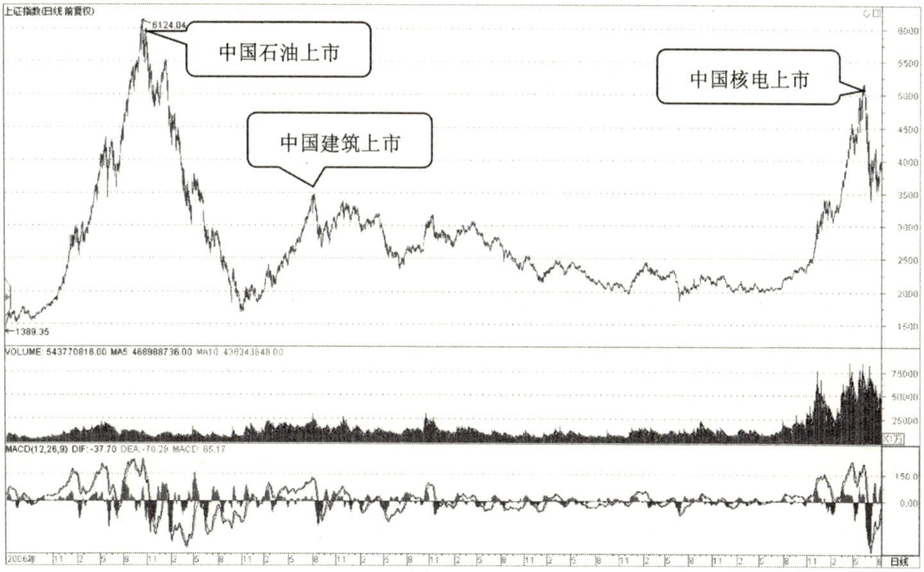

图2-6　牛市顶端的大盘股发行

2007年10月16日上证指数创出6124点高点，中国石油（601857）2007年11月5日上市交易。

中国建筑（601668）2009年7月29日上市交易，2009年8月4日上证指数创出3478点高点。

中国核电（601985）2015年6月10日上市交易，2015年6月12日上证指数创出5178点高点（如图2-6所示）。

2.3 不同参与者带来的题材概念

市场上不同的参与者会给我们带来不同的交易机会。下边我们可以以最近几年市场上的热点炒作概念为基础，梳理出其中的交易思路。

2.3.1 汇金—证金持股概念

中证金被称为中国股市上的“王”。有关部门2015年夏天为它配备了超过4800亿美元资金。此后，这家公司就开始在股票市场上频繁秀肌肉，扛起“救市”和“盈利”的大旗，显示出了改变大盘的力量。

中证金的王者之名绝对不是炒作或者绯闻。它是中国几乎所有大公司的前10大股东之一。它在持股时只投资盈利能力高于平均水平的公司，青睐银行、国企和消费类公司，回避缺乏市场影响力的小盘股。此外，它也是一个战略投资者，在所投资的任何一家公司的持股比例约占已发行股份的3%。

中证金的深厚实力让很多投资者都特别关注它的持股情况，猜测它何时投资或可能买卖哪些股票。一旦某只股票获得了证金持股，就相当于搭上了救市的春风，未来股价也就有了持续上涨的保证。

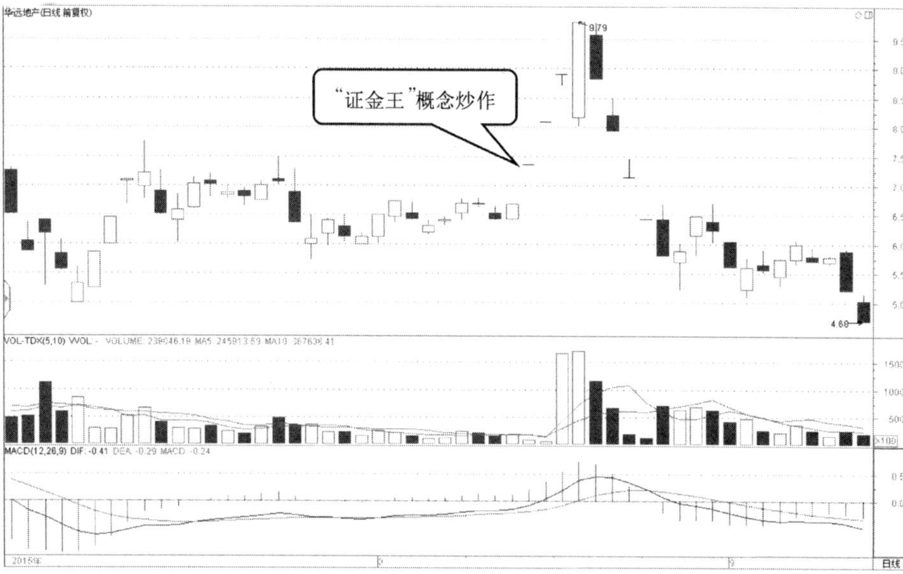

图2-7 华远地产的"证金王"概念炒作

如图2-7所示，2015年8月14日，证监会新闻发言人邓舸在例行发布会上表示，今后若干年，证金公司不会退出，其稳定市场的职能不变。受到这条消息影响，以华远地产（600743）为代表的"证金王"概念股票在随后的一段时间股价持续上涨。

2.3.2 梧桐树——梧桐树概念

2016年年初，随着上市公司2015年年报的披露，具有外汇局背景的梧桐树投资平台，因频繁现身多家金融类上市公司前十大流通股股东行列而受到市场广泛关注。市场上甚至有分析师认为，未来梧桐树将与中央汇金公司、中证金融公司共同构成三角式的证券市场"平准基金"。

受到上一年"证金王"概念炒作火爆的刺激，看到这种大规模基金再度出手，很多投资者就发现了新的投资机会，积极买入梧桐树持股的股票，将梧桐树概念也炒作成了一个新的市场热点。

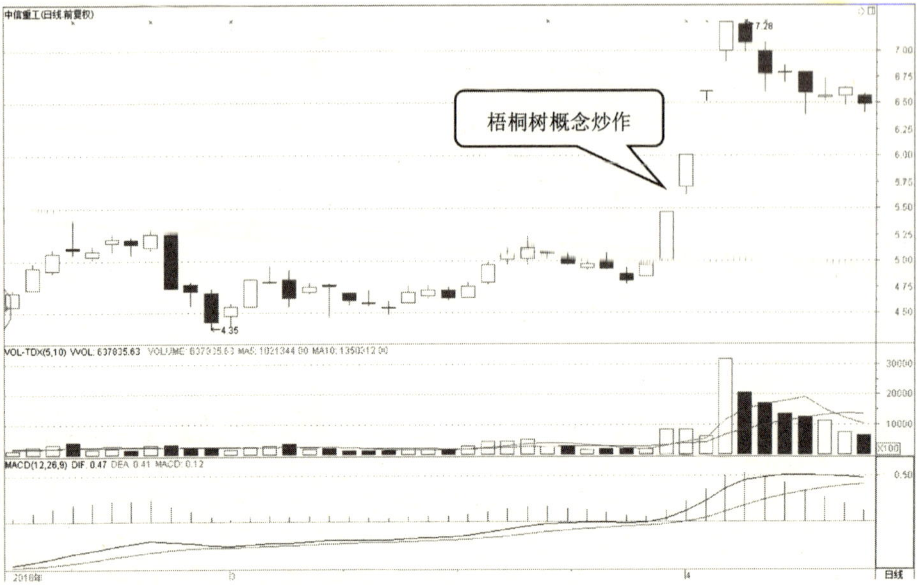

图2-8 中信重工梧桐树概念炒作

2016年3月底，中信重工（601608）因为梧桐树概念的炒作，其股价以连续涨停的形态强势上涨，成为当时市场的领涨龙头（如图2-8所示）。

2.3.3 保险公司——险资举牌概念

首先，我们要弄清楚举牌的概念。如果某个投资者持有一个上市公司已发行股份的5%时，应在该事实发生之日起3日内，向国务院证券监督管理机构、证券交易所作出书面报告，通知该上市公司并予以公告，并且履行有关法律规定的义务。

也就是说，一旦某家机构对公司的持股超过5%，就被认为是它要收购这家公司，需要上报并公示。通俗讲就是：收购可以，但要明着来。

险资举牌，也就是保险公司利用资金收购某家公司股票超过5%后的举牌行为。随着中国经济形势和资本市场变化，保险公司会对大类资产配置进行调整。在市场利率大幅降低的条件下，保险公司加大股票投资的比例是大势所趋。

保险公司举牌上市公司的时候，必然需要买入大量的股票。大量股票的买盘又必然会推动股价向更高的方向上上涨。因此，一旦看到有险资举牌的消息出现，就会有很多投资者预期股价将会持续上涨，积极买入这类股票，将股票炒作成为市场的热点。

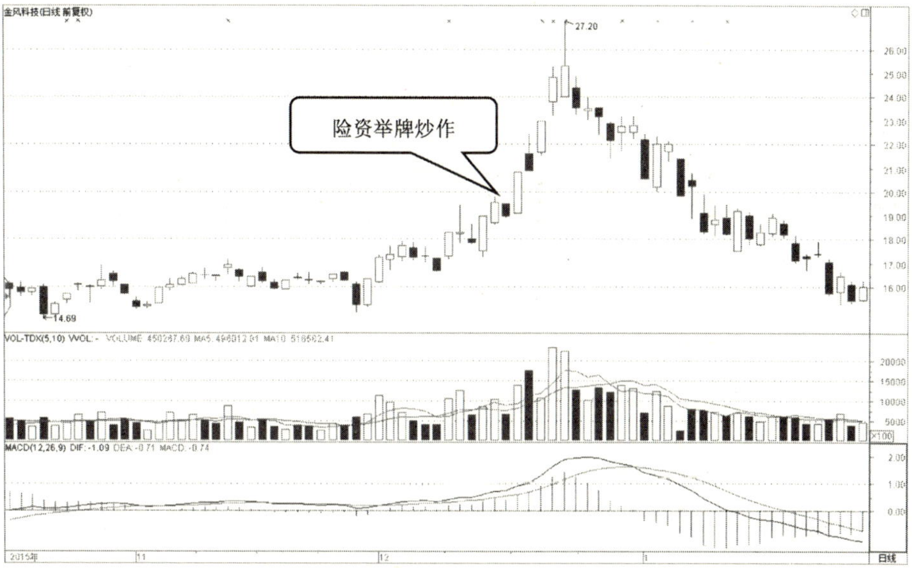

图2-9　金风科技的安邦举牌概念炒作

2015年12月，钜盛华及其一致行动人前海人寿保险股份有限公司合计持有万科股票2 211 038 918股，占万科总股本的20.008%，取代华润成为万科的第一大股东。同时，王石公开表示不欢迎宝能系成为万科第一大股东。作为回应，宝能系发表郑重声明，称集团近期行动恪守法律，尊重规则，相信市场力量。

万科股权之争爆发后，虽然万科A（000002）开始了长时间的停牌，不过这一事件却强化了市场对险资举牌主题的关注。同时，金风科技

（002202）也连续被安邦系险资举牌。受到这条消息影响，该股成为了当时市场追逐的热点品种。整个12月，该股股价持续大幅上涨（如图2-9所示）。

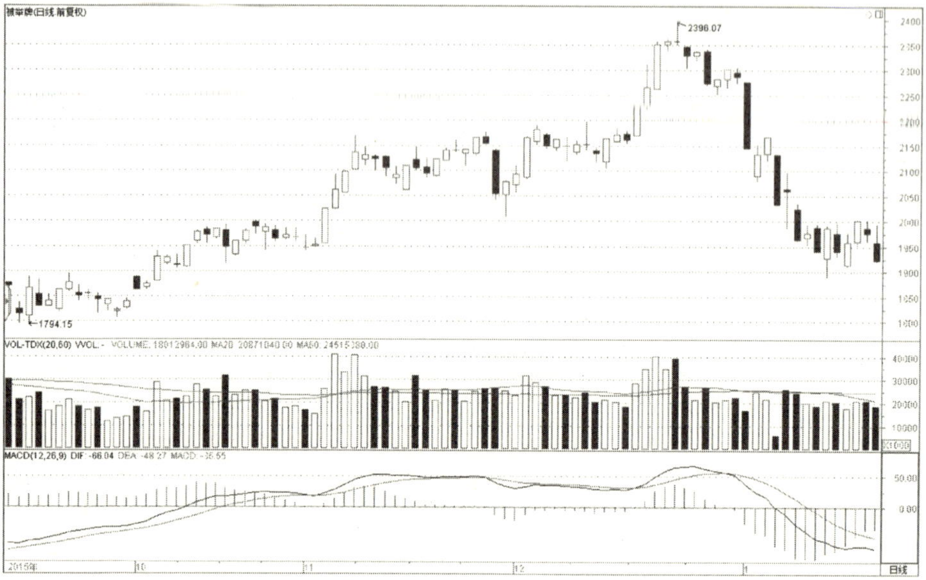

图2-10　被举牌概念股大幅上涨

从被举牌概念股指数的走势我们也可以看到，这个板块中股票的价格在12月普遍大幅上涨（如图2-10所示）。

2.3.4 大型企业——中概股回归概念

2015年，中概股在海外资本市场上的表现差强人意。因此很多原本在美国或者其他海外资本市场上市的中概股就准备回归A股。这些企业回归A股时，往往会采用借壳的办法。一旦借壳成功，原本被借壳的公司股价就会有巨大幅度的上涨。

因此，一旦中概股回归的概念与某个上市公司相关，这家公司的股票也就会受到市场上大量投资者的追逐，成为市场热点。

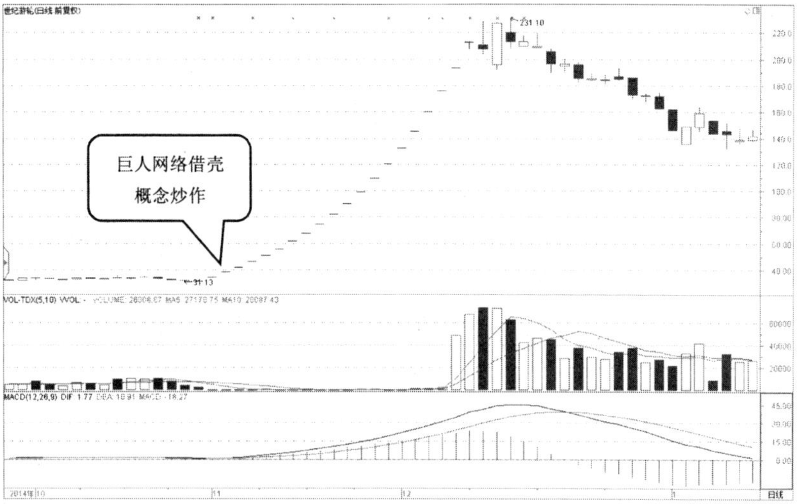

图2-11　世纪游轮的巨人借壳炒作

2015年11月11日，巨人网络借壳世纪游轮（002558）的交易完成，世纪游轮复牌后开始以连续一字涨停的形态持续上涨（如图2-11所示）。这种大幅上涨的行情彻底点燃了投资者对于中概股回归概念的炒作热情。

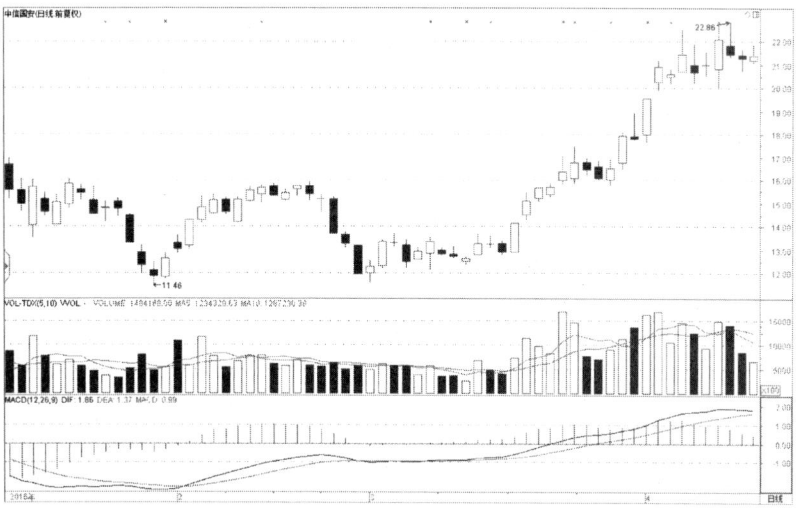

图2-12　中信国安的360概念炒作

2016年3月底至4月，中信国安（000839）因为参与到360回归A股的操作过程中，成为了投资者关注的重点。其股价在这段时间内大幅上涨（如图2-12所示）。

2.4 牛市和熊市的市场氛围

股票市场的牛市和熊市都是由钱来推动的。当股市中资金聚集时，就会推动大盘持续上涨，形成牛市行情。当资金撤离股市时，就会造成大盘持续下跌，进入熊市行情中。

金钱本身是没有思想的。金钱的流动，反应出持有金钱的人的思想。因此这种由钱来推动的牛市和熊市，从本质上看，还是由钱背后的人所推动的。各种各样的交易者在这个市场上不断买进卖出，造成股票市场在牛市和熊市中不断波动。

在不同的市场氛围中，交易者心态会被市场强化，影响着不同的交易行为，进一步加强市场一致性，直到最后的崩溃。为了表达这一现象，我们简要地将牛市和熊市都划分为初期、中期和末期三个阶段来说明。

2.4.1 牛市初期的酝酿阶段

在牛市初期，刚刚经历了之前的熊市行情，大多数投资者并不会马上就意识到上升波段已经开始。所以，在实际走势中，牛市初期的走势大多数以筑底修正形态来完成。

此时因为大盘还在前期下跌趋势的看空氛围笼罩中，市场上的股评家和投资专家往往对未来的行情都会比较谨慎。受到他们的影响，市场上大多数散户投资者此时的操作还是以短线抢反弹为主，发现股价有一定上涨幅度后就马上卖出，避免行情继续进入熊市下跌过程中造成损失。

受到这些短线资金不断买入和抛出的影响，在牛市初始阶段往往股价会形成反复波动的走势，每次上涨一段时间都会遇到阻力，开始调整行情，经过调整后又再次向上。

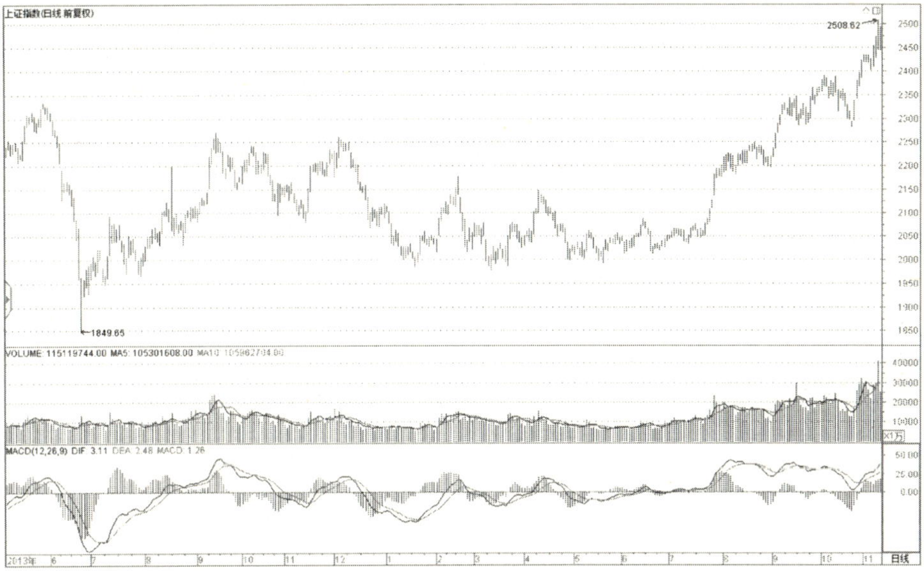

图2-13　上证指数的牛市初期走势

2013年6月25日，上证指数下跌至1849点后结束了熊市，开始见底反弹，并逐步进入牛市行情中。在这次牛市的初始阶段，指数持续反复震荡，表现出了牛市初始阶段的显著特征（如图2-13所示）。

个股方面，在牛市初始阶段市场上的股票走势会表现出明显分化的局面。部分先知先觉的股票已经开始被投资者持续向上拉升，先于大盘进入上涨趋势中。而另一些股票则会在牛市行情的初始阶段仍然持续下跌，延续熊市尾端的走势。

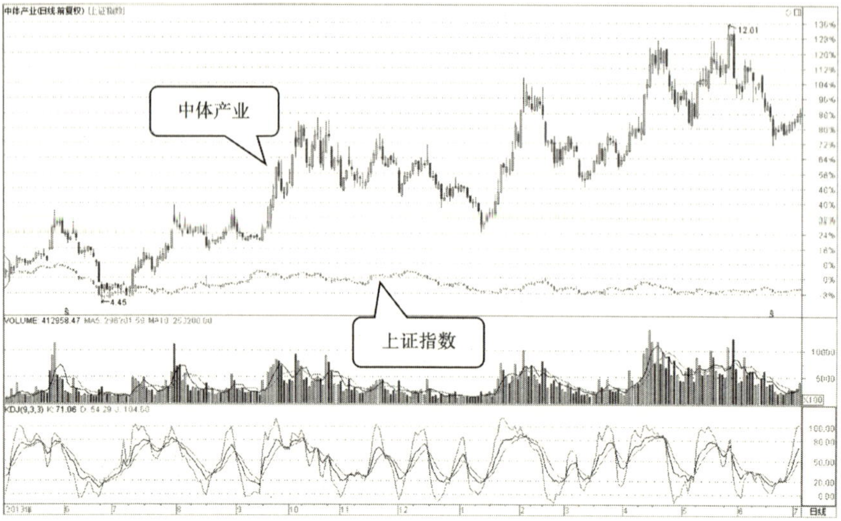

图2-14　中体产业牛市初期走势

中体产业（600158）是这段牛市初期行情中先知先觉的股票代表。2013年7月大盘见底后在底部横盘整理，该股却在之后的一年中持续上涨，取得了巨大涨幅（如图2-14所示）。

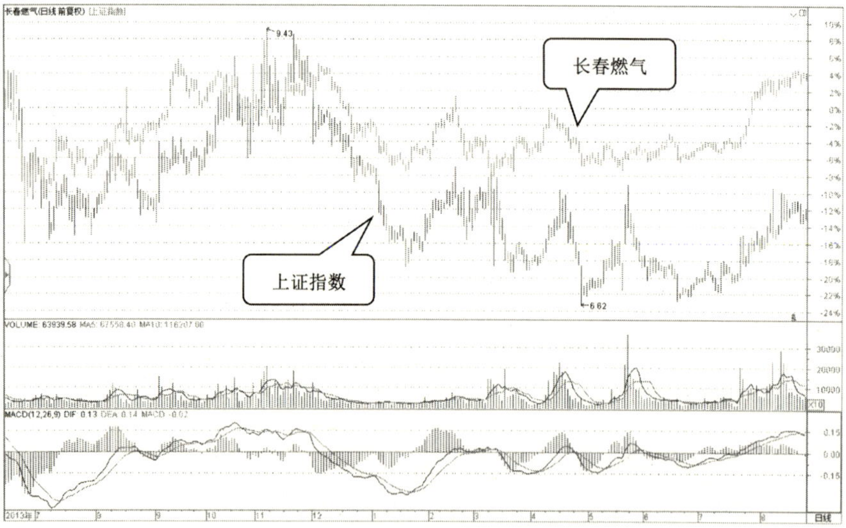

图2-15　长春燃气牛市初期走势

长春燃气（600333）是对牛市行情后知后觉的股票代表。2013年7月大盘见底后这只股票随大盘上涨了一段时间，并在4个月后见顶下跌，继续熊市下跌的行情，创出新低（如图2-15所示）。

牛市行情初期这种市场上股票走势的分歧，代表了投资者对于未来行情发展方向的分歧。股票走势最终是由投资者决定的。

如果主力机构和散户投资者普遍看好一只股票未来的发展，就会在牛市初期持续买入，导致股价持续上涨。中体产业就是因为国家对体育产业的扶持政策，在牛市初期大幅上涨。一旦股价大幅上涨后，又会刺激投资者，导致更多投资者看好这只股票未来的上涨，纷纷买入股票，将股价推升至更高的位置上，从而吸引更多人做多买入。这样的情况下，这只股票就会进入持续上涨的良性循环中。

相反，如果主力机构和散户投资者普遍看淡一只股票的未来走势，就会在牛市初段仍继续熊市操作思路，获得一定盈利后马上将手中的股票卖出，对股价上涨形成压力。长春燃气就是这种例子。一旦股价持续下跌，就会造成更大范围内投资者看空这只股票，更多持股的投资者卖出，导致股价持续下跌。此时，股价就进入了下跌的恶性循环中。

因此我们可以知道，牛市初期市场上的股票有涨有跌，归根结底还是因为投资者对未来行情走向看多或看空造成的。

2.4.2 牛市中段的冲高阶段

在牛市行情的中段，经过牛市初期的酝酿后，大盘已经进入了上涨趋势中。我们前边的内容讲过，上涨趋势是技术分析中的一个重要概念。在这个过程中，信奉技术分析的投资者们会持续追高买入股票，导致大盘在这个阶段内持续上涨。

这个阶段内，市场上所有股票，除了个别有特殊利空消息打压的股票外，其余都会持续上涨。这是牛市中段与牛市初期的一个显著区别。

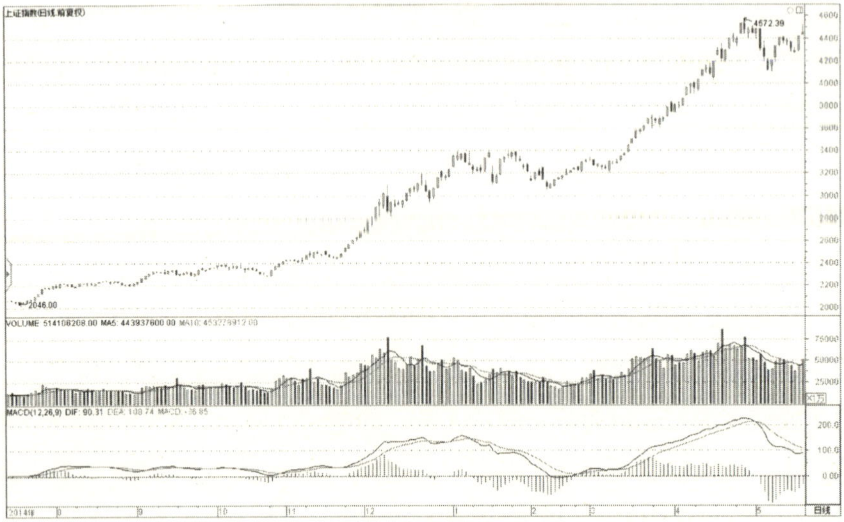

图2-16　上证指数的牛市中段走势

2014年下半年一直到2015年初，上证指数持续上涨。在这个上涨周期内，市场上几乎所有股票都取得了较大的涨幅，并且将整个指数持续向上推升（如图2-16所示）。

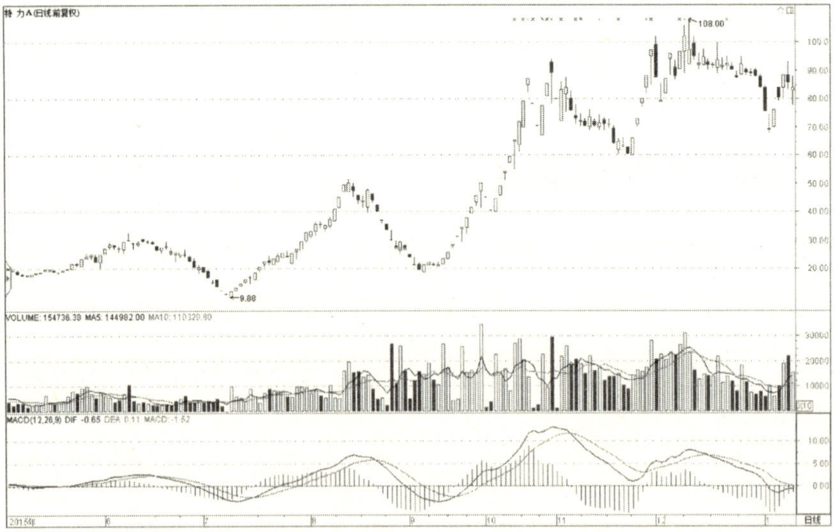

图2-17　特力A日K线图

特力A（000025）的这段走势显示出了股票在牛市中的疯狂上涨趋势。在持续上涨的趋势中，该股虽然发布了多次利空消息，却一直没有阻挡投资者的买入热情。其股价在这段时间内多次以连续涨停的形态强势上涨（如图2-17所示）。

牛市中段这种大盘的普涨行情会制造巨大的看多氛围。无论是机构、散户、股评家、投资专家，都在这个市场上大幅获利，并一致看好后市行情的发展。

受到他们的影响，那些原本不关注股市的人也会开始对这个市场感兴趣，纷纷开户买入股票。同时已经在市场中的交易者，则会进一步加大自己投入股市的资金量。在众多资金进入股市买入的氛围中，大盘会进一步上涨。同时这种上涨行情又会吸引更多增量资金进入股市，推动大盘向更高的方向上涨。

因此我们可以看到牛市中段和牛市初期的第二个显著区别：牛市初段的股价上涨，是由于市场上的存量资金被盘活而带来的。而牛市中段的上涨，则是由于增量资金持续进入股市推动的。

在整个牛市中段的上涨过程中，指数的成交额会持续放大到天量水平上。

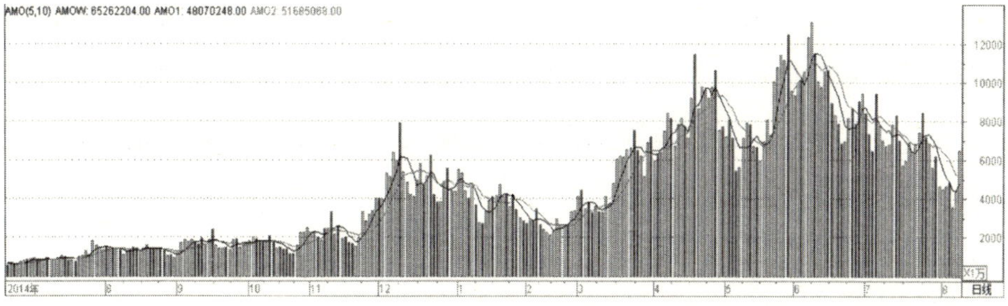

图2-18　上证指数的成交额变化

2014年11月，牛市行情刚刚开始时，上证指数每天的成交额只有2000亿左右，到2015年3月，每天的成交额已经稳定在6000亿以上，最高时的成交额甚至超过了13000亿，大大超过了牛市初期的成交水平（如图2-18所示）。

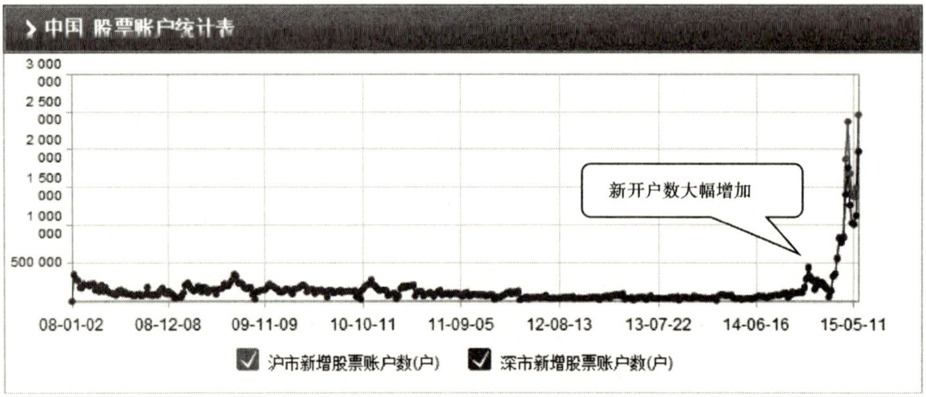

图2-19　沪深两市新增股票账户数

图2-19所示为沪深两市每周新增股票账户数的数据。从这个数据可以看到，从2014年下半年大盘进入牛市中段后，新开户投资者数量大幅增加。这也是大量新增资金进入股票市场的一个证明。

我们在股票操作的过程中，也可以将新增股票账户数当作是一个重要的指标来分析。如果每周新增开户数持续增加，说明大量投资者开始看好后市，纷纷开户进行交易。这个过程中我们就可以积极做多进行交易。如果每周新增开户数持续减少，或者一直维持在很低的水平上，则说明很少有投资者关注这个市场。此时大盘缺少新的资金进入，将会持续走弱。这时我们就应该注意风险，应空仓观望。

2.4.3 牛市尾段的疯狂阶段

当牛市行情进行至尾端后，社会上能够进入股市的资金已经基本都进入市场，新增资金量会逐渐减少，大盘会出现上涨能量不足的走势，其上涨速度越来越慢。

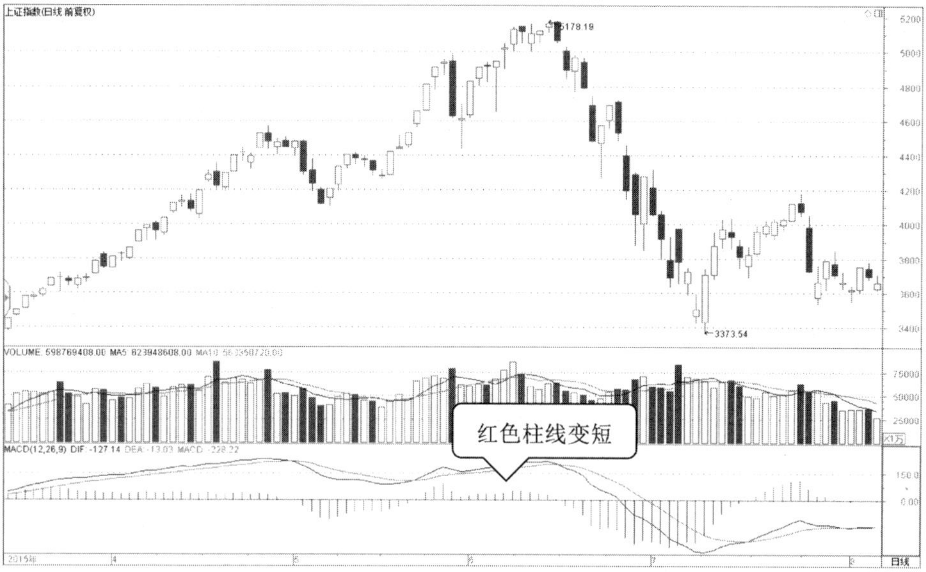

图2-20　上证指数日K线

2015年5月至6月，上证指数上涨至高位后，大盘开始反复震荡，上涨速度越来越慢，进入了牛市的尾端。通过下边的MACD指标，我们可能看到指标里的红色柱线越来越短，这也是大盘上涨速度减慢的证明（如图2-20所示）。

在牛市的尾段中，整个市场会再次陷入分歧中。那些新进入股市的投资者还沉浸在赚钱效应中，会持续买入股票，将指数向上推升。而一些经历过前期熊市的投资者则会在这个阶段内注意到市场的风险，纷纷卖出手中的股票，对市场上涨形成压力。而那些股评家和投资专家则会因为职业原因，在这个阶段内继续寻找大盘能够继续上涨的理由，竭力唱多后市。

从图2-20中我们可以看到，当指数上涨至高位后，反复震荡，中间出现了多次暴跌走势。这就是市场上出现分歧的显著信号。

此外，在牛市尾端的这种分歧还会表现在个股走势方面。部分股票中的投资者已经提前发现行情即将下跌的信号，纷纷卖出手中的股票。导致这些股票在牛市行情尾端，先于指数见顶下跌。而另一些股票中的投资者则会后知后觉，仍然对未来行情抱有幻想，纷纷追高买入，导致股价在牛市的尾端仍持续上涨。

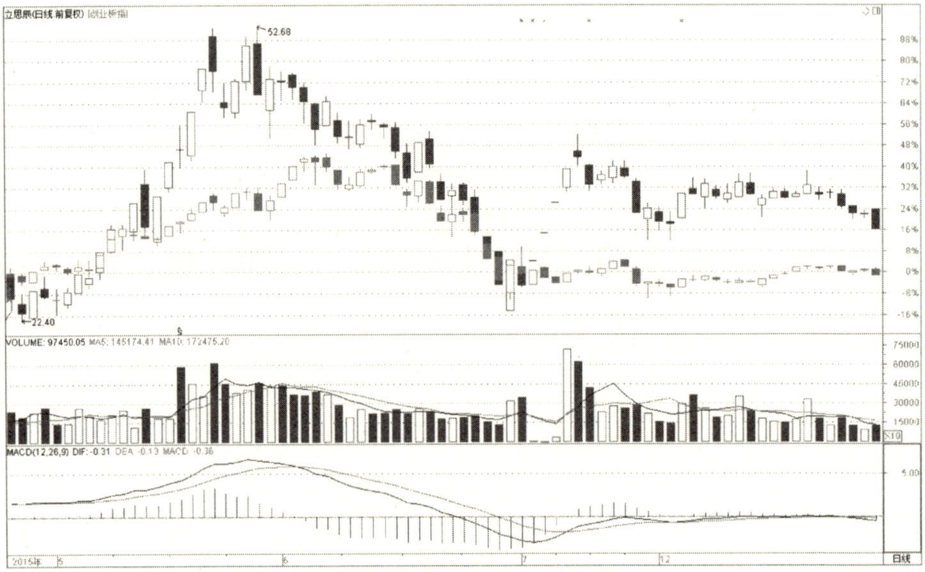

图2-21　立思辰日K线

立思辰（300010）就是先于大盘下跌的股票中的典型代表。2015年5月至6月，大盘还在高位震荡上涨时，这只股票中的投资者因为该股前期的大幅上涨，对风险特别警惕，已经在这个阶段内持续卖出股票，导致股价进入了下跌趋势中（如图2-21所示）。

2.4.4 熊市初期的风险阶段

在熊市行情的初期，大盘会延续之前牛市行情尾端的分歧局面。不同的是，在这个阶段内，市场上看空后市的投资者数量越来越多，已经超过了看好后市发展的投资者数量，导致大盘开始进入下跌趋势中。

一旦大盘进入下跌趋势，就会加速投资者由看多向看空的转变，大量对风险警惕的投资者会在这个过程中抛出股票，造成股价下跌。另一方面，这时仍然会有很多投资者处于牛市行情的幻想中。一旦股价下跌获得支撑，这些投资者就会误认为牛市行情继续，纷纷买入股票，推动股价反弹。

因此在熊市初期，虽然下跌是整个行情的主流，不过中间仍然会形成一些比较强势的反弹行情。

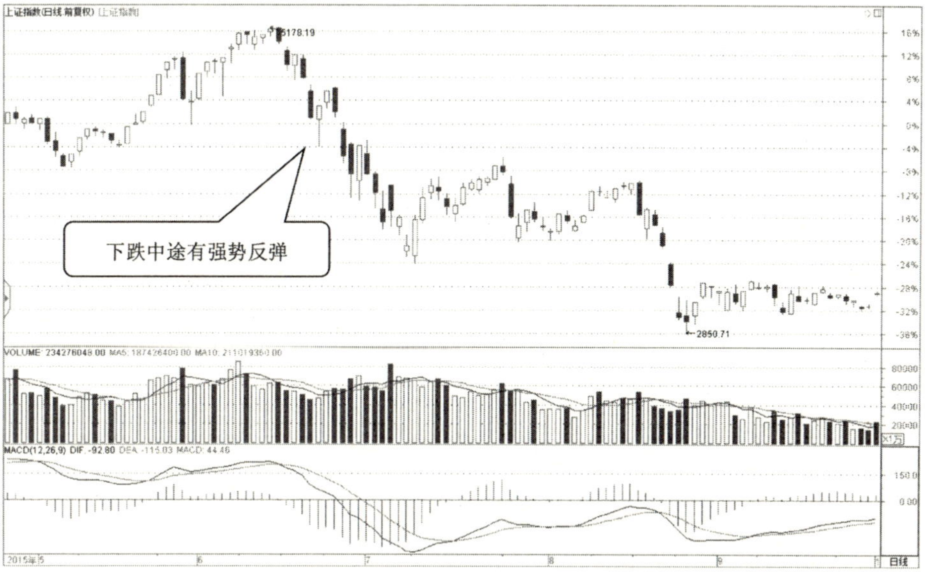

图2-22　上证指数熊市初期走势

2015年6月，上证指数见顶后，迅速进入到快速下跌的行情中。这个过程中股价下跌的速度虽然很快，不过中间也形成了多次明显的反弹行情，这是熊市初期的典型走势（如图2-22所示）。

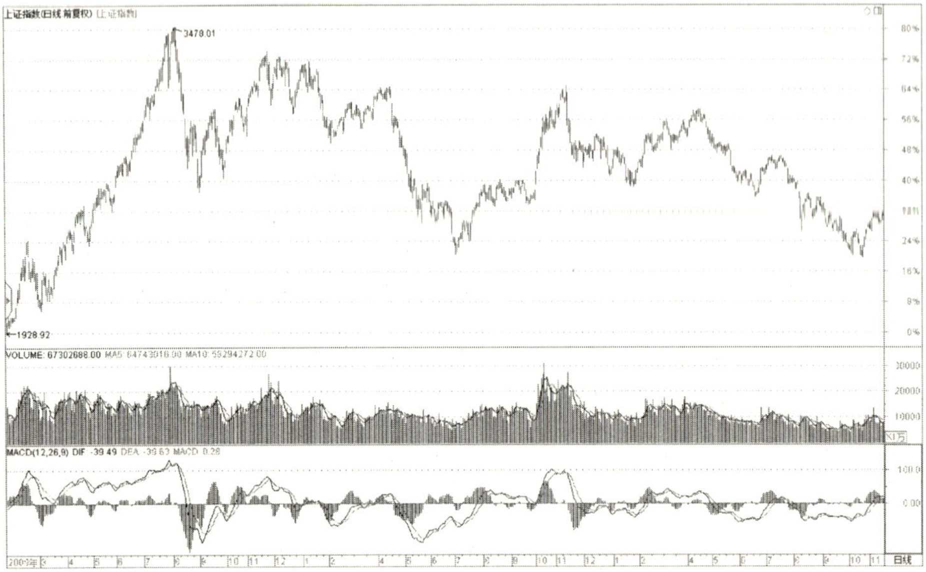

图2-23　上证指数熊市初期走势

从上证指数2009年8月见顶后一直到2011年4月的这段顶部整理行情中，我们可以更加明确地看到熊市初期的走势特点。整个这段行情虽然方向向下，但是中间形成了多次很强的反弹行情，让投资者误认为整理行情结束，市场可能继续牛市行情（如图2-23所示）。

熊市初期市场上投资者的分歧表现在股票走势上，就是在这个阶段内，虽然大多数股票会随着大盘下跌，仍然有部分股票中的投资者会对未来行情抱有希望，纷纷买入股票，推动股票价格持续上涨。

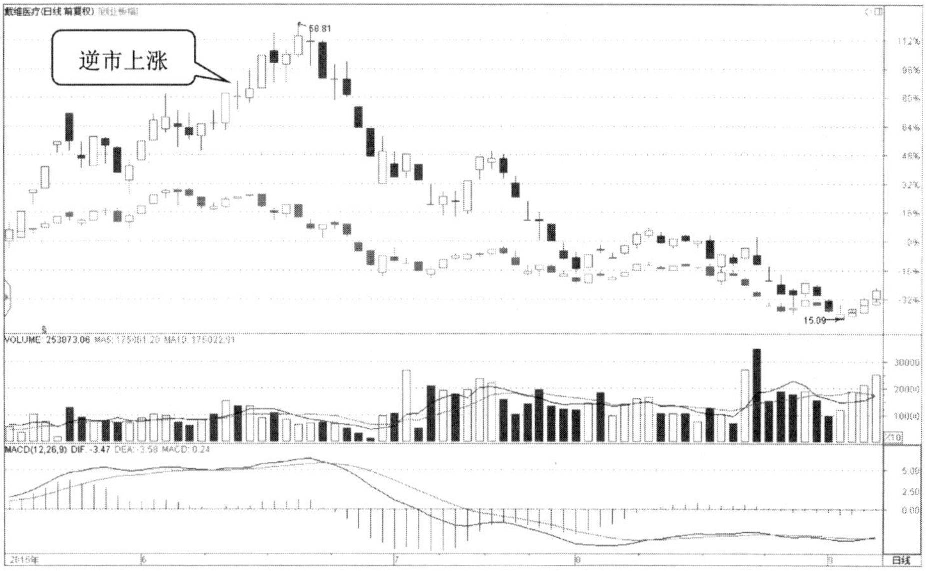

图2-24　戴维医疗日K线

2015年6月，创业板指数见顶下跌的过程中，戴维医疗（300314）股价却在持续买盘的推动下继续上涨，表现出了逆市走势。

2.4.5 熊市中段的杀跌阶段

当行情进行至熊市行情的中段时，大盘会进入投资者普遍看空的弱势下跌趋势中。在这个过程中，随着市场行情持续下跌，投资者已经普遍看空。他们要么已经卖出股票，要么被深度套牢。此时市场上很难再有抄底的买盘资金出现。因此股价在持续下跌的过程中也很难形成强势的反弹行情。

在这个阶段内，市场上的股评家和投资专家们会不断猜测下方股价见底的点位。不过随着他们猜测的低点逐个被跌破，投资者已经不再听信他们的建议，而是陷入一种悲观的情绪中。

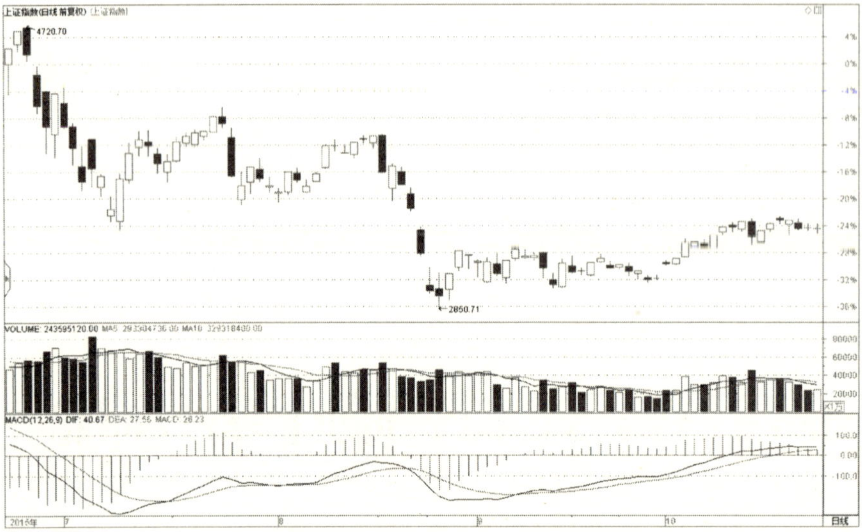

图2-25　上证指数的熊市中段

2015年8月底，上证指数下跌至底部后，进入了熊市中段的持续下跌的行情中。大盘在几个交易日内快速下跌，中间完全没有反弹行情出现（如图2-25所示）。

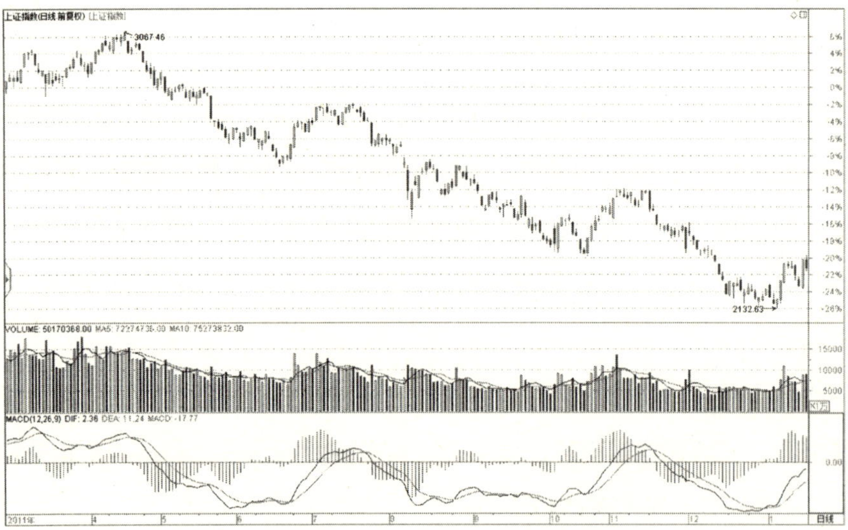

图2-26　上证指数的熊市中段

2011年5月至年底，上证指数进入了熊市下跌中段中。其间虽然有几次弱势反弹行情出现，不过每次反弹都无法突破前次反弹的高点（如图2-26所示）。在整个股价下跌的趋势中，看空气氛一直弥漫在市场上。

2.4.6 熊市末期的筑底阶段

股价在下跌趋势中的反弹行情来自市场上的抄底资金。我们前面讲过，根据价值分析理论，投资者的盈利来自于股票价格与上市公司实际价值的差额。股票价格越低，这种差额带来的盈利幅度就越大。因此每当股价下跌一段时间后，都会有信奉价值投资的投资者认为股价已经下跌到了足够低的位置上，纷纷买入股票。这些买盘就会对股价下跌形成支撑，带来股价的反弹行情。

随着大盘下跌的位置越来越低，这些抄底的买盘也会越来越强。当股价下跌至足够低的位置时，不仅个人投资，甚至很多大型机构包括国家队资金都会在底部寻求买入股票的机会。这样的情况下，未来股价继续下跌的空间就会比较有限，每次反弹的强度越来越强，逐渐止住下跌的趋势。

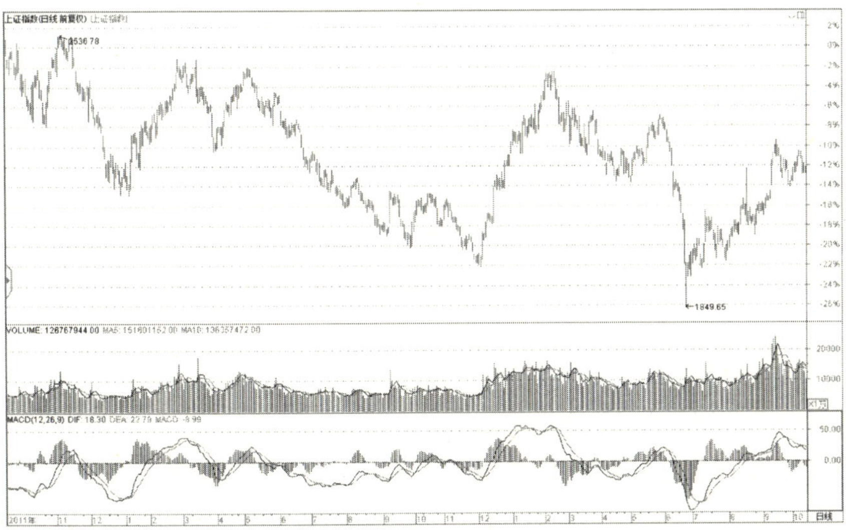

图2-27　上证指数日K线

2012年初一直到2013年上半年，上证指数在底部区域内反复震荡。虽然每次下跌的低点仍不断创新低，不过反弹的趋势也越来越强，形成了熊市末期的筑底阶段（如图2-27所示）。

在熊市末期，很多被投资者普遍看好的股票会先于大盘见底反弹，进入上涨趋势中。

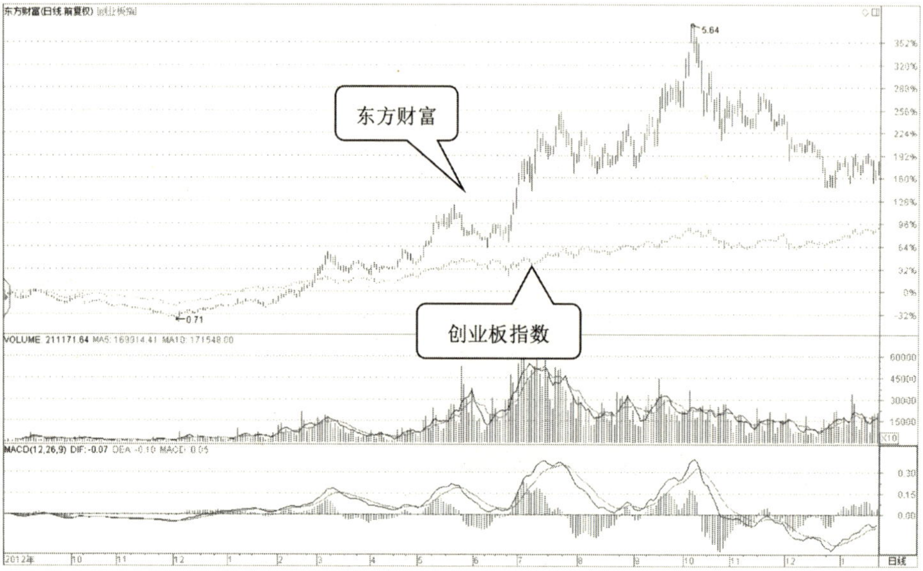

图2-28　东方财富日K线

2013年上半年，当创业板指数在震荡过程中创出新低时，东方财富（300059）作为被投资者普遍认可的蓝筹股，其股价在这段时间内持续上涨，先于大盘进入了上涨趋势中。

2.4.7 实际操作中的牛市和熊市

以上我们讲到的牛市和熊市的三个阶段，只是在股票教科书中存在的一般说法。真正到了实际交易的过程中，我们可能会发现这种划分方法并没有太大的意义。

首先，这些阶段的划分只是一种静态复盘的结果，我们看过去的市场行情总是清楚的。如果是分析正在运行中的市场，我们很难界定当前市场所处的阶段。

其次，我们对自己的分析会有一种替代效应。也就是当我们通过事后分析发现行情的发展阶段后，总是倾向于错误地认为自己当时已经发现，并且按照这样的阶段操作了。这样就会导致虽然我们的交易产生亏损，但是自己还沉浸在判断正确的幻觉中无法走出来。

最后，当我们对历史的K线走势进行分析时，容易陷入误区中。很多时候，我们在历史K线走势图中应用自己的交易方法时，发现正确率很高。于是就误认为自己找到了理想的交易方式。但是在实际交易时，这些方法很可能无法发挥有效的作用。

在心理学名著《乌合之众》里，勒庞认为人们个体的个性会被群众心理所淹没。群众心理诱发出情绪，意识通过情绪感染得到传播。一旦被广泛传播，意识就渗透到群众中个体的心理层次，使个体丧失批判能力，从而影响他们的行为；群众的行为是一致性、情绪性和非理性的。

用我们股市上的例子说，一旦牛市在市场上形成，所有人都会看好未来行情的发展。这种看好后市的意识就会在市场上广泛传播，影响到我们每一个人。我们很难从这种心理层次的看好意识中脱离出来，会盲目地一致看好未来行情。这时就算市场上有明显的风险信号，我们也不会觉察到。

相反，到了熊市行情里边，恐慌的情绪就会在市场上弥漫开。这时我们同样很难避免这些恐慌意识的影响，会从众地看空未来市场行情。就算行情已经出现了明确的筑底信号，我们也很难觉察到。

2.5 A股市场的几个板

在我们的A股市场上，存在着主板、中小板、创业板和新三板几个重要的交易市场，俗称为板。这几个板的产生原因不同，其中股票的走势也各有特点。投资者在交易时，应该使用不同的风格。

我们的三正股票交易管理系统是应对不同市场阶段呈现的综合应对策略。因此投资者在学习的时候，首先应该了解这几个板各自的特点，交易时多加区分。

2.5.1 主板的重要性

主板我国股票市场最核心、最主要、处于整个资本市场最顶端的一个交易板。

主板又分为上海主板和深圳主板。

上海主板市场的股票代码以600、601、603开头。

深圳主板市场的股票代码以000、001开头。

2.5.2 曾经作为过渡品的中小板

2000年10月，深圳主板市场暂停发行新股，其目的是为了筹备设立中国版的纳斯达克市场，也就是建立创业板。不过到2001年，我国的创业板还没有成功设立，美国的纳斯达克市场却发生了崩盘，神话破灭。之后在2002年，我国股市也进入持续的熊市行情中。

受到这些因素影响，如果此时设立创业板，将对市场形成巨大压力，可是此时的深交所作为深圳资金蓄水池的作用已渐渐弱化，深圳证券市场的发展大大放缓，步入困境。于是在2004年5月，经国务院批准，中国证监会批复同意深圳证券交易所在主板市场内设立中小企业板块，股票交易代码以002开头。

说中小板是过渡品，是因为深圳中小板的公司上市流程和准入条件完全参照主板市场设立。这样做一方面杜绝了中小板像纳斯达克市场一样崩盘的风险，另一方面也使很多具备高增长能力的小公司无法获得上市资格，导致整个板块的交易活跃程度不够。

可以说，2004年深证交易所设立的中小板市场，与此时上海交易所的主板市场在本质上是相同的，只是更加偏重于为规模较小的成熟企业服务。因为中小板市场和主板市场的这种相似性，所以中小板设立后，其大盘和上证主板市场表现出了同涨同跌的趋势（如图2-29所示）。

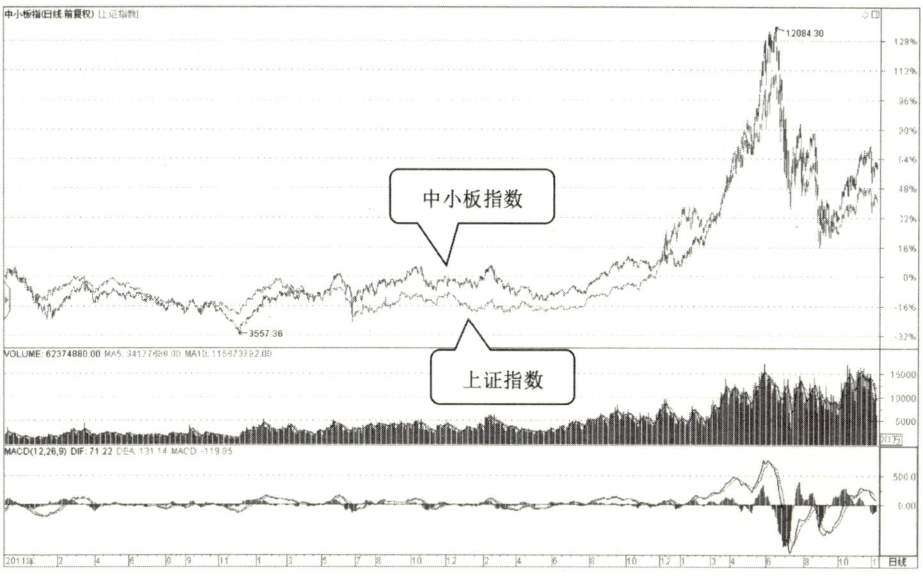

图2-29　中小板指数和上证指数同涨同跌的趋势

经过这么多年的发展，中小板已成为A股市场最活跃的群体之一。自2004年5月第一只股票挂牌到2014年5月10年时间，中小板市场上已经诞生了19只十倍牛股（与发行价比较），同期A股市场上总共才出现了21只涨幅10倍以上的超级大牛股。另外两只涨幅达到10倍的牛股中，一只是2007年底被中国铝业吸收合并后终止上市的包头铝业；另一只是创业板的乐视网。

在这19只中小板超级大牛股中，苏宁云商以26.8倍的涨幅高居榜首，双鹭药业涨22倍多，恒康医疗涨19倍。其中，2004年上市的38只中小板个股中，苏宁云商、双鹭药业、科华生物、大族激光、达安基因、华兰生物、中航机电等7只个股涨幅超过10倍，新和成涨幅也接近10倍。

十年间，中小板总计有719家公司挂牌上市，其中有519家高新技术企业，占比超过七成，民营企业占比更是高达近八成。从公司所属行业看，制造业公司占比超过八成，其他还包括金融保险、房地产、互联网、信息技术、物流服务等行业。

2.5.3 创业板的牛股摇篮

2006年，随着美国纳斯达克市场的回暖和我国股市逐渐进入牛市行情中，筹建创业板计划再次被提上日程。2009年10月23日，创业板首批28家公司上市，创业板正是设立。

创业板市场虽然在上市的流程上与主板市场并没有太大区别，不过企业上市的条件大大放宽。这就给很多处于高速增长期的新兴企业创造了上市的条件。因此在创业板上市的公司其本质上与传统的主板和中小板是有很大差别的。因为这种差别的存在，创业板股票的走势也与主板市场有很大差别，经常会出现独立行情（如图2-30所示）。

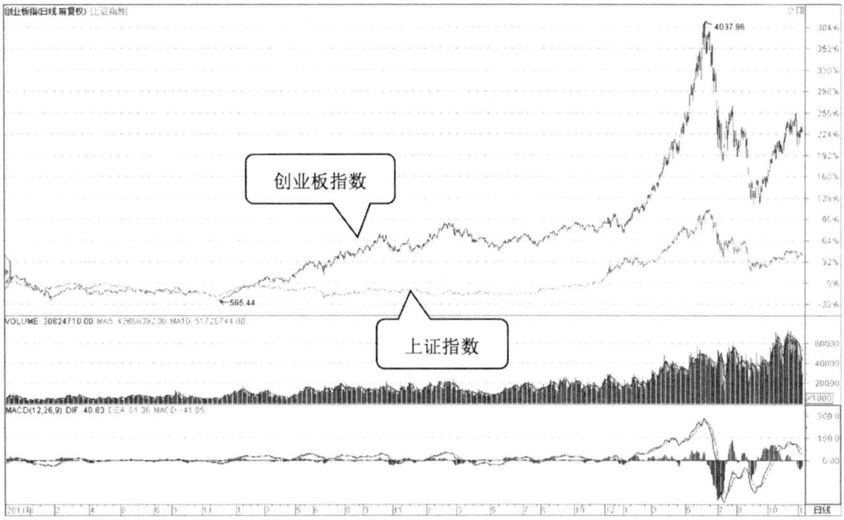

图2-30　创业板经常会表现出独立行情

创业板是高科技企业聚集的板块，代表着未来科技的发展方向，将是未来推动我们经济发展最重要的引擎。因此我们可以预见，未来我国股市的大牛市必然会在创业板中集中爆发。我们在配置自己的投资组合时，可以重点关注创业板中具备牛股基因的股票买入。

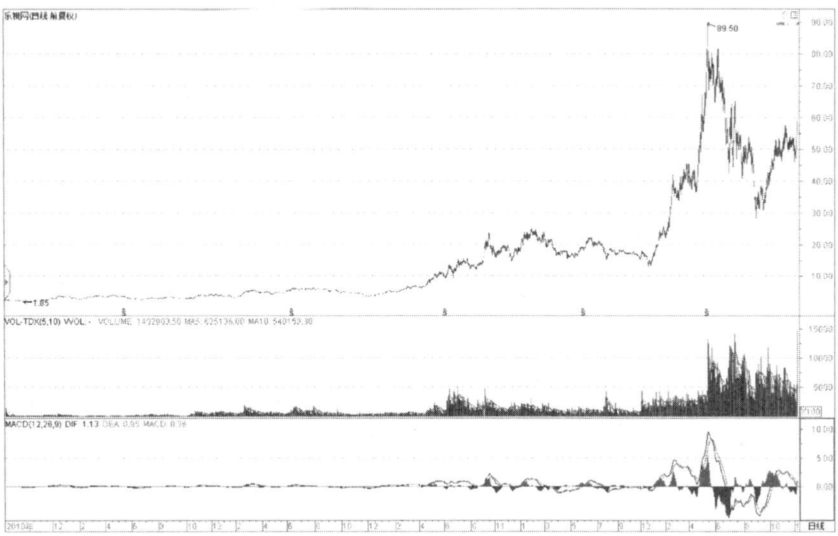

图2-31　乐视网上市以后大幅上涨

乐视网（300104）是创业板股票中高科技股的代表。该股上市以来，也得到了市场上投资者的普遍认可，股价已经翻了几十倍（如图2-31所示）。

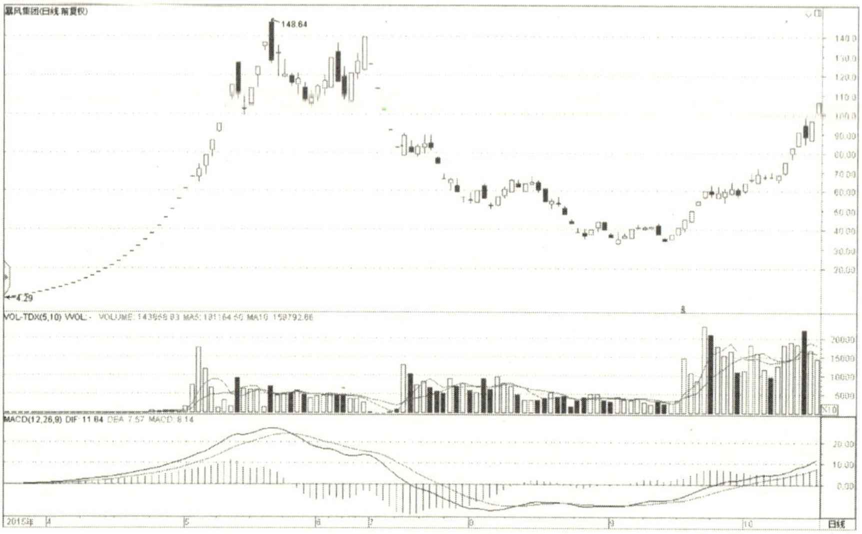

图2-32　暴风集团暴涨暴跌

暴风集团（300431）同样是创业板中高科技股票的代表。虽然被贴上了“妖股”、“暴涨暴跌”的标签，但是仍然不能抹杀它上市一年后几十倍涨幅的事实（如图2-32所示）。

2.5.4 逐步规范的新三板

我国的老三板市场2001年就存在了，主要为两网遗留公司和退市公司提供上市交易服务。不过因为大盘的交易十分冷清，主板退市企业宁愿等待重组也不去老三板挂牌，导致这个市场一直没有受到太多关注。

2006年，新三板设立。在老三板的基础上，开始为中关村科技园区的高新技术企业提供上市融资服务。因为这项服务只局限在中关村内，所以此时新三板仍没有太多人关注。

直到2012年和2013年，新三板才逐步扩大上市企业的范围，开始为全国范围内符合条件的企业提供融资服务。此后新三板上市的股票越来越多，交易也逐渐火爆，成为市场上的一个投资热点。

新三板企业上市采用的是“备案制”，即由主办券商进行尽职调查和推荐上市。这是新三板与主板、中小板、创业板的最大区别。因为上市门槛较低，很多需要资金的中小企业都会到新三板上市。

同时，新三板还为上市企业提供了转板机制。上市公司经过发展，达到主板、中小板或者创业板的上市条件后，可以申请转板到主板、中小板或者创业板上市。

因此，新三板推出相当于为我国资本市场建立了一个最基层的准入门槛，可以作为我国多层次的资本市场体系中最基础的组成部分，是主板市场和中小板市场的前台。通过新三板的设立和规范，我们也可以看出资本市场一直被国家当作是一项重要的国家战略。我们做股票投资，实际上也是顺应了国家战略的方向，跟着国家的思路在走。

未来我国资本市场的理想模式，就是从三板市场到中小板市场或者创业板市场，再到主板市场的金字塔形状（如图2-33所示）。

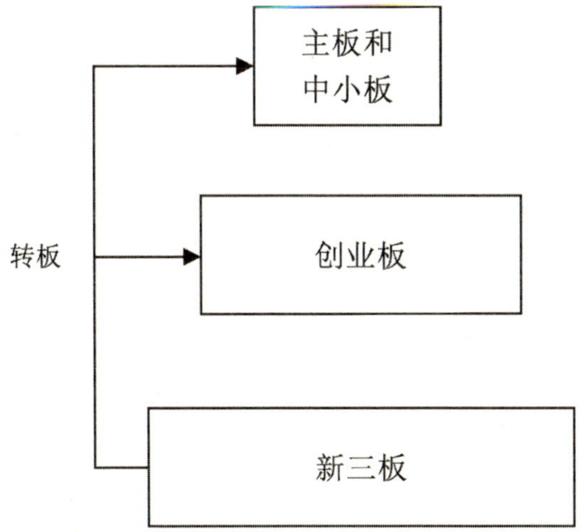

图2-33　多层次资本市场的金字塔形状

2.5.5 主板、中小板与创业板上市条件对照

主板、中小板与创业板上市条件对照如表2-1所示。

表2-1　主板、中小板与创业板上市条件对照

条件	主板、中小板	创业板
主体资格	依法设立且合法存续的股份有限公司	依法设立且持续经营3年以上的股份有限公司
经营年限	持续经营时间应当在3年以上（有限公司按原账面净资产值折股整体变更为股份公司可连续计算）	持续经营时间应当在3年以上（有限公司按原账面净资产值折股整体变更为股份公司可连续计算）
盈利要求	（1）最近3个会计年度净利润均为正数且累计超过人民币3000万元，净利润以扣除非经常性损益前后较低者为计算依据	（1）最近两年连续盈利，最近两年净利润累计不少于1000万元，且持续增长
	（2）最近3个会计年度经营活动产生的现金流量净额累计超过人民币5000万元；或者最近3个会计年度营业收入累计超过人民币3亿元	（2）最近一年盈利，且净利润不少于500万元，最近一年营业收入不少于5000万元，最近两年营业收入增长率均不低于30%
	（3）最近一期不存在未弥补亏损	（3）净利润以扣除非经常性损益前后低者为计算依据。（注：上述要求为选择性标准，符合其中一条即可）
资产要求	最近一期末无形资产（扣除土地使用权、水面养殖权和采矿权等后）占净资产的比例不高于20%	最近一期末净资产不少于两千万元
股本要求	发行前股本总额不少于人民币3000万元	企业发行后的股本总额不少于3000万元
主营业务要求	最近3年内主营业务没有发生重大变化	发行人应当主营业务突出。同时，要求募集资金只能用于发展主营业务

续表

条件	主板、中小板	创业板
董事及管理层	最近3年内没有发生重大变化	最近2年内未发生重大变化
实际控制人	最近3年内实际控制人未发生变更	最近2年内实际控制人未发生变更
同业竞争	发行人的业务与控股股东、实际控制人及其控制的其他企业间不得有同业竞争	发行人与控股股东、实际控制人及其控制的其他企业间不存在同业竞争
关联交易	不得有显失公平的关联交易，关联交易价格公允，不存在通过关联交易操纵利润的情形	不得有严重影响公司独立性或者显失公允的关联交易
成长性与创新能力	无	发行人具有较高的成长性，具有一定的自主创新能力，在科技创新、制度创新、管理创新等方面具有较强的竞争优势； 符合“两高五新”标准，即： 1.高科技：企业拥有自主知识产权的； 2.高增长：企业增长高于国家经济增长，高于行业经济增长； 3.新经济：1）互联网与传统经济的结合；2）移动通讯；3）生物医药。 4.新服务：新的经营模式； 5.新能源：可再生能源的开发利用，资源的综合利用； 6.新材料：提高资源利用效率的材料；节约资源的材料； 7.新农业：具有农业产业化；提高农民就业、收入的

续表

条件	主板、中小板	创业板
募集资金用途	应当有明确的使用方向，原则上用于主营业务	应当具有明确的用途，且只能用于主营业务
限制行为	（1）发行人的经营模式，产品或服务的品种结构已经或者将发生重大变化，并对发行人的持续盈利能力构成重大不利影响	（1）发行人的经营模式、产品或服务的品种结构已经或者将发生重大变化，并对发行人的持续盈利能力构成重大不利影响
	（2）发行人的行业地位或发行人所处行业的经营环境已经或者将发生重大变化，并对发行人的持续盈利能力构成重大不利影响	（2）发行人的行业地位或发行人所处行业的经营环境已经或者将发生重大变化，并对发行人的持续盈利能力构成重大不利影响
	（3）发行人最近一个会计年度的营业收入或净利润对关联方或者存在重大不确定性的客户存在重大依赖	（3）发行人最近一年的营业收入或净利润对关联方或者有重大不确定性的客户存在重大依赖
	（4）发行人最近一个会计年度的净利润主要来自合并财务报表范围以外的投资收益	（4）发行人最近一年的净利润主要来自合并财务报表范围以外的投资收益
	（5）发行人在用的商标、专利、专有技术以及特许经营权等重要资产或技术的取得或者使用存在重大不利变化的风险	（5）发行人在用的商标、专利、专有技术以及特许经营权等重要资产或者技术的取得或者使用存在重大不利变化的风险
	（6）其他可能对发行人持续盈利能力构成重大不利影响的情形	

续表

条件	主板、中小板	创业板
违法行为	最近36个月内未经法定机关核准，擅自公开或者变相公开发行过证券，或者有关违法行为虽然发生在36个月前，但目前仍处于持续状态，最近36个月内无其他重大违法行为	发行人最近3年内不存在损害投资者合法权益和社会公共利益的重大违法行为；发行人及其股东最近3年内不存在未经法定机关核准，擅自公开或者变相公开发型证券，或者有关违法行为虽然发生在3年前，但目前仍处于持续状态的情形
发审委	设主板发行审核委员会，25人	设创业板发行审核委员会，加大行业专家委员的比例，委员与主板发审委员会不互相兼任
初审征求意见	征求省级人民政府、国家发改委意见	无
保荐人持续督导	首次公开发行股票的，持续督导的期间为证券上市当年剩余时间及其后2个完整会计年度；上市公司发行新股、可转换公司债券的，持续督导的期间为证券上市当年剩余时间及其后2个完整会计年度。持续督导的期间自证券上市之日起计算	在发行人上市后3个会计年度内履行持续督导责任
创业板其他要求	无	1.发行人的经营成果对税收优惠不存在严重依赖； 2.在公司治理方面参照主板上市公司从严要求，要求董事会下设审计委员会，并强化独立董事履职和控股股东责任

续表

条件	主板、中小板	创业板
创业板其他要求	无	3.要求保荐人对公司成长性、自主创新能力尽职调查和审慎判断，并出具专项意见； 4.要求发行人的控股股东对招股说明书签署确认意见； 5.要求发行人在招股说明书显要位置做出风险提示，内容为“本次股票具有较高的投资风险。创业板公司具有业绩不稳定、经营风险高等特点，投资者面临较大的市场波动风险，投资者应充分了解创业板市场的投资风险及本公司所披露的风险因素，审慎作出投资决定”。 6.不要求发行人编制招股说明书摘要

注：除新发行股本一般小于3000万元外，中小板与主板的上市要求没有区别

通过以上对比我们可以知道，主板、中小板与创业板之间的关系，主要体现在上市公司自身的体量、行业特性和成长性等方面。主板和中小板的上市公司体量普遍较大，而且都处于成熟稳定的行业中，未来发展不会有太大经营风险，也难以有太大的成长空间。而创业板公司的体量相对就要小很多，所处行业也都是网络、传媒、生物制药等高速发展的行业，行业格局还没有完全固定。未来这些公司往往能够有更大的发展空间，同时相对也要面临更大的经营风险。

主板、中小板与创业板这种上市条件的差别，决定了在这些板块中上市的公司是不同的，这些公司在股票市场上的表现也会有比较大的差别。因此当我们面对这些有差异的股票时，也应该使用不同特性的策略应对市场。

第3章 认识大趋势的力量

现在我们已经知道，我们这个股票市场总是在上涨的牛市和下跌的熊市中交替前行。三正股票交易管理系统是一种贯穿牛市和熊市的操盘方法，我们可以在不同的趋势中制订不同的操盘计划，采用不同的交易策略，借助大趋势的力量来实现获利目标。

3.1 自然的时间周期

股票价格涨跌的周期暗合自然万物规律。在我们身边，就有很多这种经常被忽略，却不会人为改变的强大的自然周期。

3.1.1 春夏秋冬，一年的周期

地球绕太阳一周是一年。在一年的时间里，自然界中会发生四季的更迭。种地的农民也会从春天的播种、夏天的耕耘、秋天的收获，到冬天的贮藏，再等待新一年的春天到来。

其实我们做股票操作也是同样的道理。我们操作每一只股票，都要经过播种（选股和买入）、耕耘（跟进观察）、收获（逢高卖出）和贮藏（保留现金，等待下一次机会）这样的循环过程。在股票市场上，上涨和下跌总是交替出现的，而且从宏观上看涨跌持续的时间基本相等。甚至有很多股票快速上涨1年后，需要5年的等待才会有下一次操作机会。因此我们在操作的过程中，应该遵循春播、夏耘、秋收、冬藏的周期，成为农夫一样的交易者，学会等待，让时间成为你的朋友，有节奏地进行买卖交易。

气温在一年中的变化，与我们股票市场的涨跌也非常相似。秋冬，温度下降周期，一天或几天的气温升高往往接下来会再降温。春夏，温度上升周期，一天或几天的气温下降往往接下来会继续上升。

不同的阶段，我们应该有不同的应对，牛市周期敢于抄底，熊市周期也要敢于卖高。涨了就卖，见好就收。无论买卖，我们都应该在大趋势中进行，不要逆势而动。毕竟牛市的下跌和熊市的上涨都是小概率事件。这就像秋冬偶尔的气温回升和春夏偶尔的气温回落一样。

在股市中，每一年都是上市公司一个完整的财报周期。每年年初，上市公司都会公布上一年度的财务报告。这段时间内，那些能够在前一年中取得良好经营业绩的公司，往往就会成为市场上的炒作热点。

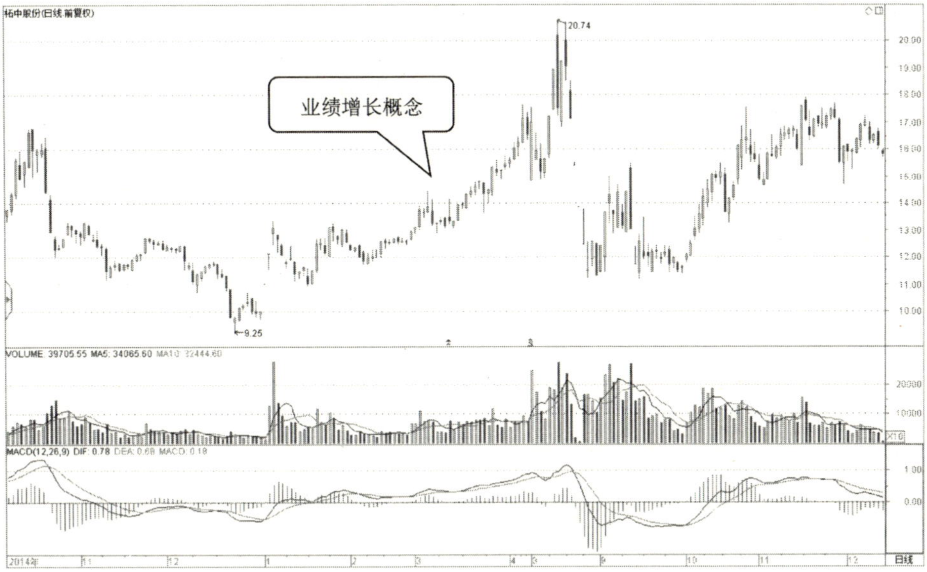

图3-1　柘中股份业绩增长概念炒作走势图

2015年初，柘中股份（002346）因为2014年完成重组，预计2014年全年利润比2013年增长20倍。在这段年报即将发布的时间内，该股成为了市场上的炒作热点。

3.1.2 月满月亏，一月的周期

月亮绕地球一周大约是一个月，一个月中，月亮的形状会从弯月到满月，最后再到弯月这样循环往复。对我们日常生活来说，每个月也是一个重要的时间周期。年轻的工薪族每个月发薪日的前后几天是最幸福的，之后就越来越平淡，到月末几天要期待下次发工资。

在股市上，自从股指期货出现以后，每个月的第三个周五也成为了一个重要的时间点。根据规定，这一天是股指期货合约的交割日。股指期货交割本身对市场的影响可能比较有限，不过相信的人多了，就成了现象。我们将它叫做“交割日魔咒”。也就是每月的这一天大盘都会更加倾向于形成大幅波动的行情。

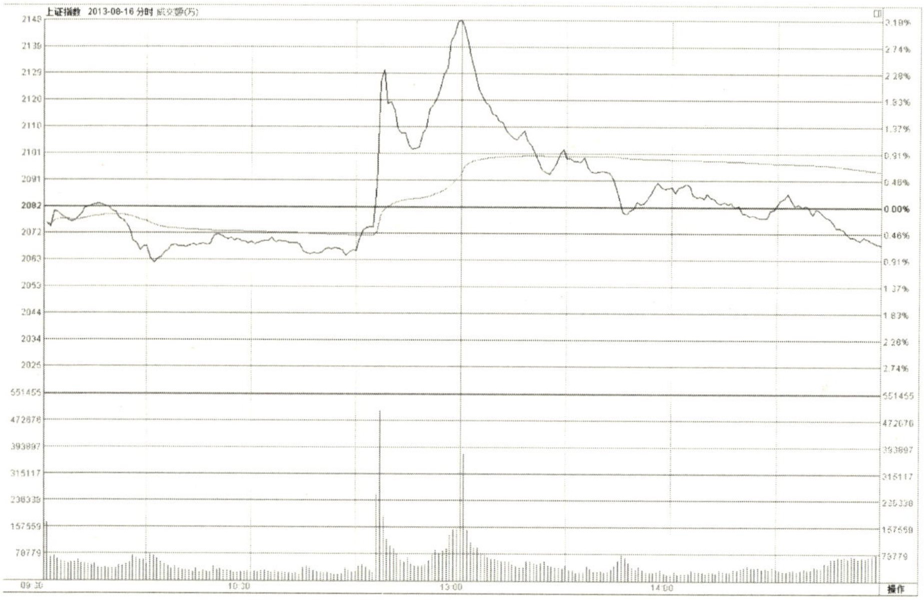

图3-2　光大证券乌龙指事件

2013年8月16日，上证指数盘中被迅速向上拉升，多只大盘股都突然被封上涨停板。这就是著名的“光大证券乌龙指”事件（如图3-2所示）。这一天正好就是股指期货的交割日。

3.1.3 日升日落，一天的周期

地球自转一圈是一天，这是我们身边最常用的一个周期。每天早晨太阳

升起，我们起床开始一天的劳作。晚上太阳落下，我们也结束工作，进入休息的时间。

股票走势的周期也是每天都这样往复运行。每个交易日9：15，股市进入集合竞价阶段。之后9：30股市开盘。经过前日晚间思考，很多投资者会集中在这个时段内交易股票，刚开盘的半小时往往是一个交易日中最活跃的时段。

经过中午的休息后，下午13：00继续开盘，并且在15：00收盘。收盘前的半小时内，那些没有完成当日交易计划的投资者也会抓紧时间交易，因此这个时段往往是一个交易日中仅次于开盘阶段第二活跃的交易时段。

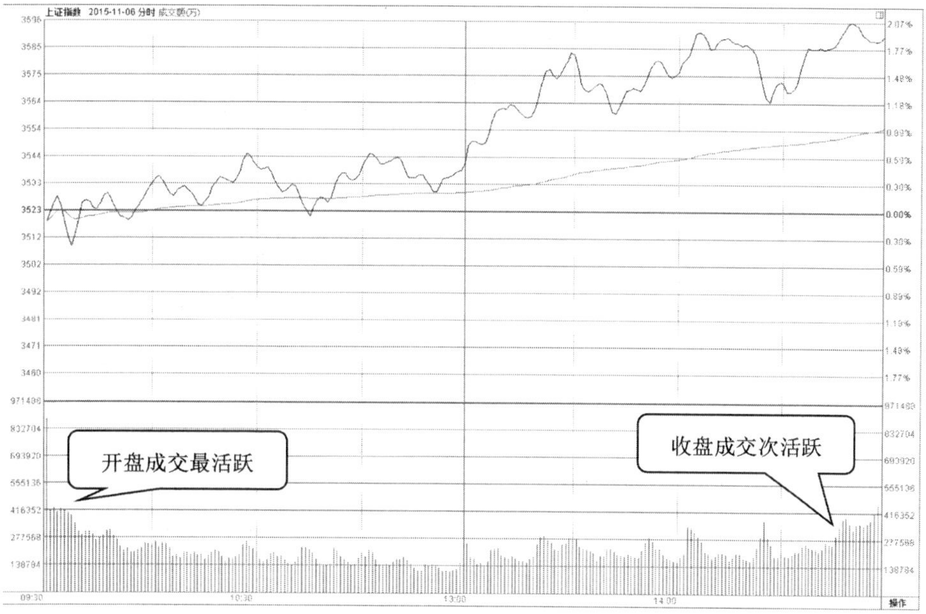

图3-3　上证指数分时走势

投资者可以清楚从图3-3中看到开盘和收盘阶段的成交水平明显要高于盘中的成交水平。

3.2 经济周期循环

股票市场被称为经济发展的“晴雨表”。股票市场的涨跌与经济发展的兴衰有着密不可分的关系。同样，股票市场涨跌的周期循环，在一定程度上也是受到经济发展周期循环而形成的。

3.2.1 经济兴衰的周期

国家宏观经济的发展会表现出复苏、扩张、紧缩、衰退，最后再到复苏的循环过程。在这个过程中，每次经济发展进入扩张的鼎盛时期时，市场上的资金面空前宽松，大量资金流入股票市场，同样也会造成股票市场的牛市行情。相反，每次经济发展进入衰退期时，市场上资金面吃紧，资金会流出股市，造成大盘的下跌趋势。

衡量经济兴衰最直接的指标包括国内生产总值（GDP）和居民消费价格指数（CPI）两个。

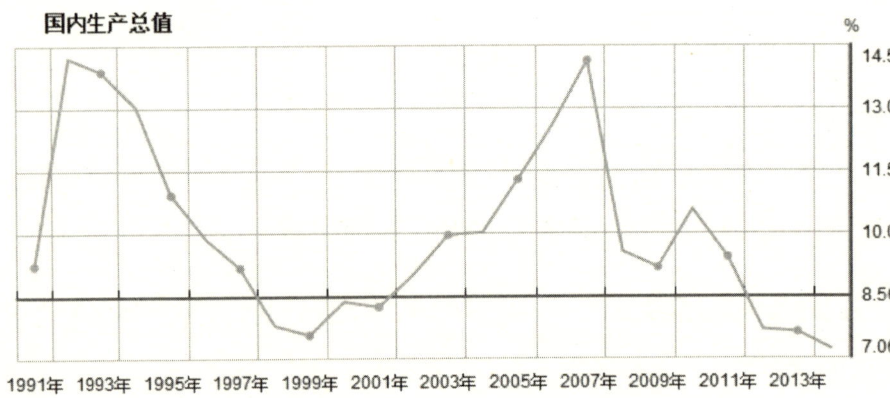

图3-4　国内生产总值变化趋势

图3-4所示为1991年至2013年我国国内生产总值（GDP）的增速变化。从中可以看出，经济发展最快的1991年至1993年，是我国股市诞生初期震荡幅度最大的时间段。

之后到1999年，GDP增速触底反弹，同时我国股市也开始这一轮大牛市的冲高行情。截至2007年，GDP增速减缓。此时2005年至2007年的大牛市也已经接近尾声。之后几年时间里GDP增速持续回落，我国股市也持续下行。

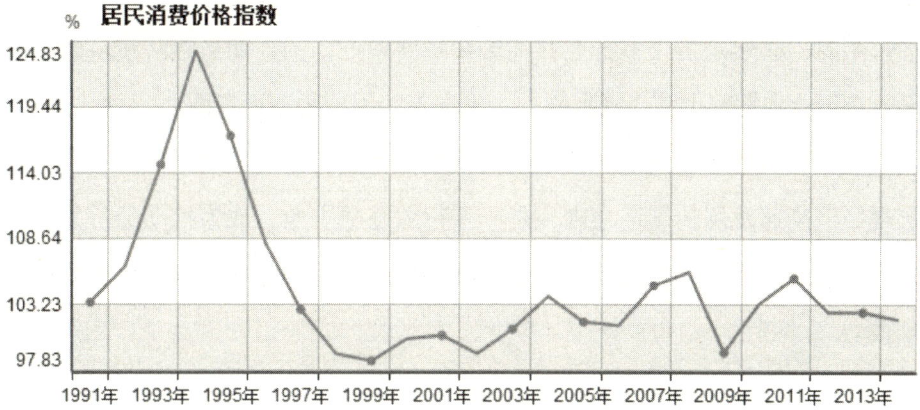

图3-5　居民消费价格指数变化趋势

图3-5所示为1991年至2013年我国居民消费价格指数（CPI）的变化趋势。从中可以看到，CPI变化与GDP变化有些类似。1991年至1993年，CPI位于高位时，也是我国股市波动最大的时间段。1999年至2007年，CPI指数自低点回升，同时我国股市也先后完成了两轮大牛市。2007年之后，CPI持续回落，我国股市也开始持续下跌。

3.2.2 行业发展的周期

一个行业在发展过程中，会经历幼稚期、成长期、成熟期、衰退期的过程。经过衰退之后，如果有新的技术或者改革出现，行业就会重新进入新的发展周期中。

例如钢铁、煤炭这类高耗能行业发展到现在，已经进入了衰退期中。而网络安全、虚拟现实、无人驾驶等行业，正处于幼稚期和成长期的高速发展过程中。此外，还有很多非周期行业，例如粮食、猪肉、白酒等。这些行业长期来看发展会比较稳定。不过如果从一年或者几个月的角度看，这些行业的发展也会随着其产品价格变动形成比较强的周期性。

行业的发展周期与宏观经济的发展周期在很多时候是同步进行的。当经济繁荣时，必然是由众多行业共同繁荣发展来推动的。而当经济衰退时，几乎所有行业的发展也都会受到影响，出现不同程度的衰退局面。

在不同行业中，发展和衰退的过程是轮动进行的。也就是说，在这一轮宏观经济高速发展的周期之内，是一些行业在唱主角，成为推动经济发展的主力，而到了下一轮宏观经济高速发展的周期内，可能就会换成另一个行业来推动。

3.2.3 企业发展的周期

与行业发展周期一样，企业发展的周期也要经历发展、成长、成熟、衰退四个阶段。最终经过衰退期后，部分企业可以通过变革，重新进入发展阶段中。另外一些企业则会被兼并重组，并入一家新的企业。这样企业的发展也就会形成周期循环的特质。

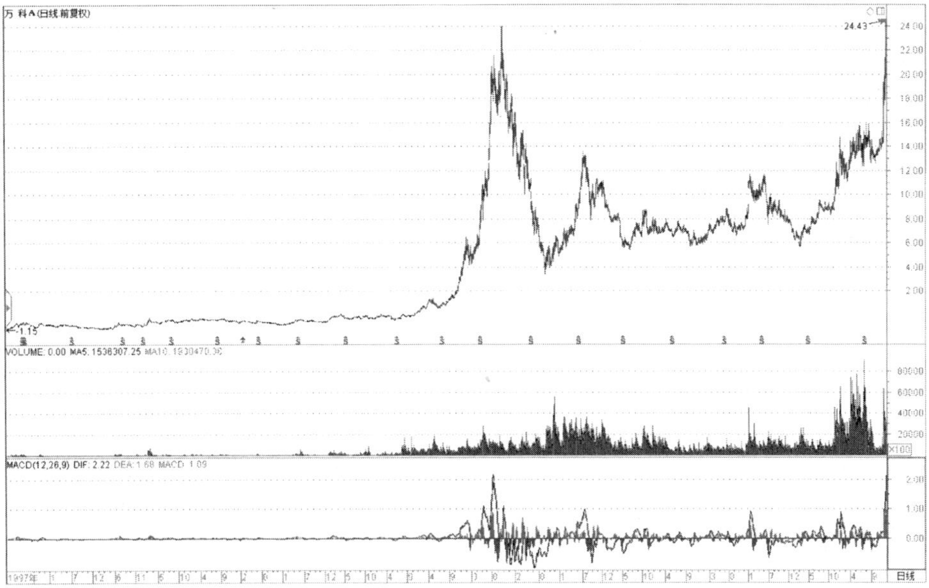

图3-6 万科A的历史走势

2008年之前，万科A（000002）一直是我国房地产市场的龙头，依靠房地产行业快速发展。表现在股价上就是万科A的股价一直上涨，成为市场上著名的大牛股（如图3-6所示）。

不过自从金融危机爆发后，房地产市场成为监管层重点调控的对象。万科A的发展也因此而遇到了瓶颈。在股票市场上，该股股价在随后的几年中一直持续下跌。

在这样的困难面前，万科的管理层积极拓展公司业务，使万科在严格的监管制度下仍能够取得快速发展。最终到2015年，万科A的投资价值也再次得到了市场的认可，股价大幅上涨。

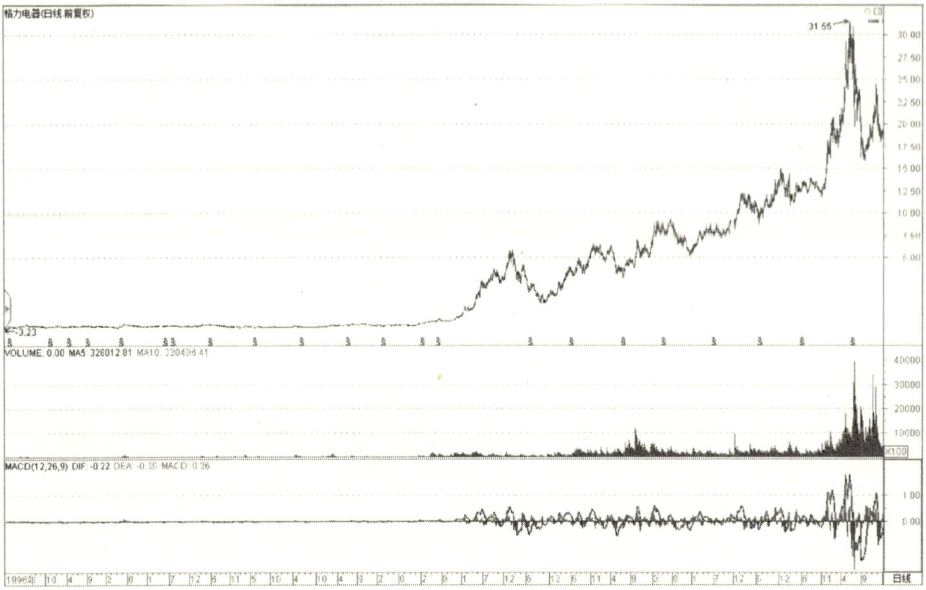

图3-7　格力电器历史走势

格力电器（000651）也是一个典型的案例。格力作为国产电器制造业的代表之一，过去曾经经历了非常好的发展时机。不过到2009年以后，格力与其他制造业一样，发展也遇到了巨大瓶颈。在困难面前，格力的管理层通过产业链整合等多种方法，重新确立了格力在行业中的龙头地位。表现在股价上，股票市场也认可了格力的投资价值，其股价在这之后很多年时间里一直表现出了持续上涨的趋势（如图3-7所示）。

在股票市场上，对于ST类股票的炒作也体现了企业发展的周期。当一家企业的发展进入衰退后，如果连续亏损，就会成为ST类股票。对于这类股票，市场上一般不会给其太高的估值。

不过在我们的市场上，上市资格是一个稀缺的资源。如果一家ST类股票被其他公司看中，准备利用它的壳资源来上市，那么就相当于公司瞬间从衰退期重新进入成长或者成熟。这样它的投资价值就会迅速提高，相应的股票价格也会在短时间内大幅上涨。

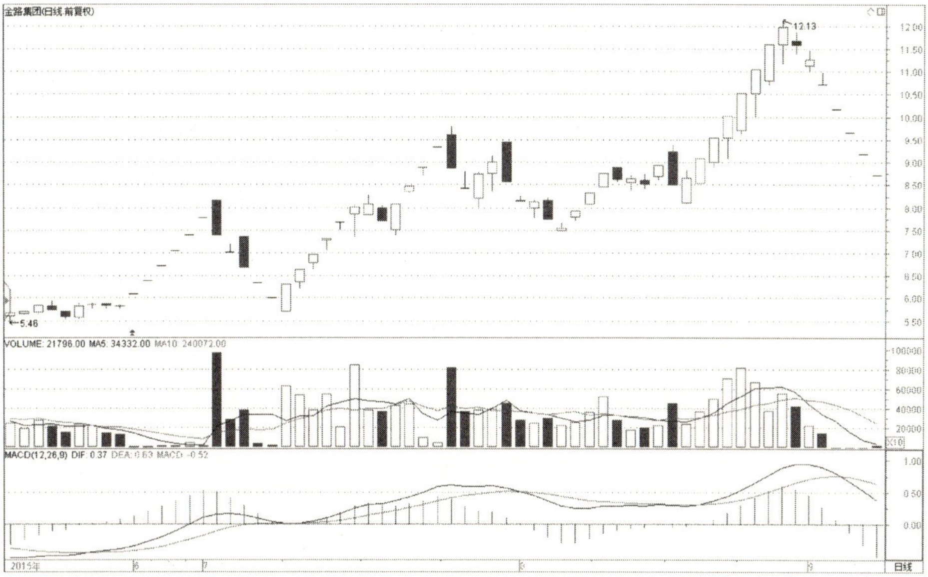

图3-8　*ST金路（现金路集团）日K线图

2015年6月24日，*ST金路（000510）停牌半年后重新开始交易。此前公司6月10日公布重组预案，即将被新光集团借壳上市。受到这条消息影响，该股股价在随后一段时间里持续强势上涨，多次形成了连续涨停的行情（如图3-8所示）。

3.3 股票的周期和趋势

3.3.1 股票走势的三种趋势

股票的趋势可以分成上涨趋势、下跌趋势和盘整趋势三种。

在一段行情中，如果股票价格每次上涨都能够创出新高，同时每次回落时的低点都高于前次回落的低点，形成高点和低点都持续抬高的行情，那么这样的走势就被称为上涨趋势。上涨趋势代表了投资者持续买入股票，股价也在买盘推动下持续上涨的良性上涨周期。这样的行情中，是我们积极做多买入股票的机会。

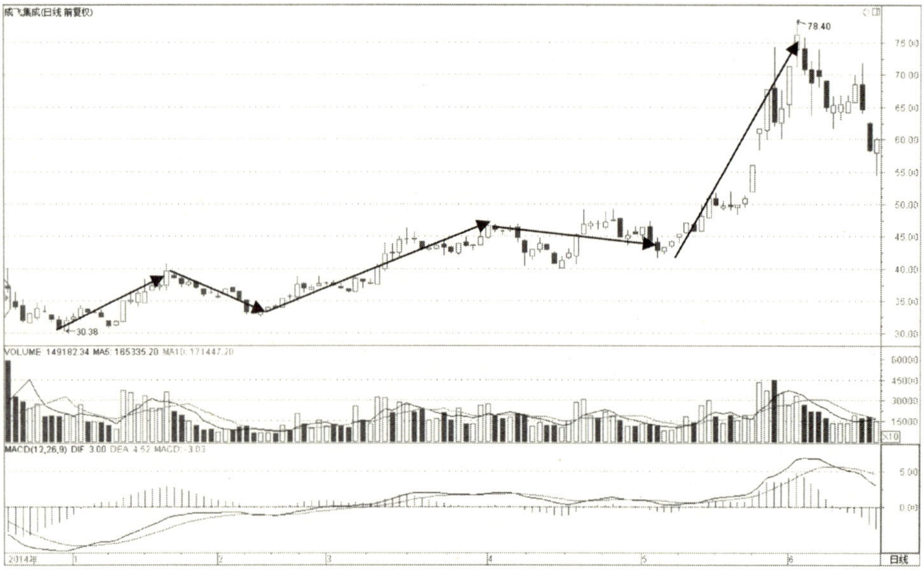

图3-9　成飞集成的上涨趋势

2015年1月至5月，成飞集成（002190）这段时间的走势就是一个明显的上涨趋势（如图3-9所示）。

在股价波动的过程中，如果每次下跌都创出了新低，同时每次反弹时的高点也低于前次反弹的高点，形成高点和低点都持续降低的行情，那么这样的走势就被称为下跌趋势。下跌趋势代表了投资者纷纷卖出股票，打压股价持续下跌的弱势下跌行情。在这样的行情中，是我们积极做空卖出股票的机会。

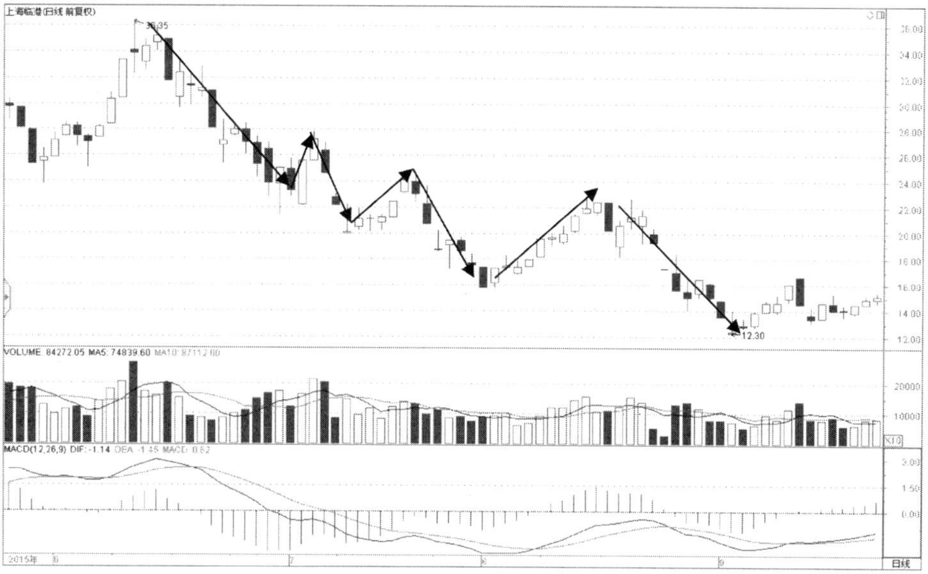

图3-10　上海临港的下跌趋势

2015年6月至9日，上海临港（600848）就是处于这样的持续下跌趋势中（如图3-10所示）。

盘整趋势是指穿插在股票上涨和下跌行情中间的，一些方向不明确的行情。在盘整过程中，股票的高点和低点并没有明确的移动方向，我们很难说行情到底在向哪个方向发展。经过这样的横盘整理行情之后，股价走向可能会延续之前的趋势继续运行，也可能会发生趋势的反转，向相反的方向运行。因此在发现这样的盘整趋势时，我们应当冷静观望，等待股价选择方向后再进行操作。

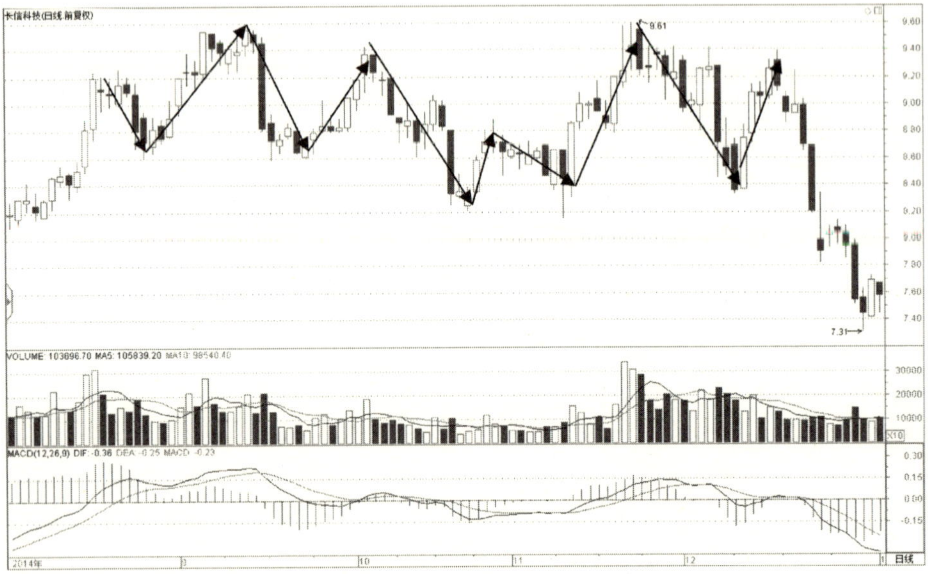

图3-11　长信科技的盘整趋势

2014年8月至12月，长信科技（300088）就是处于一段无法确定上涨还是下跌趋势的盘整过程中（如图3-11所示）。

3.3.2 趋势的周期循环

股票的涨跌趋势会表现出循环的特点，一个趋势结束后，就会进入另一段趋势行情中。这种涨跌趋势变化的时间被称为周期。

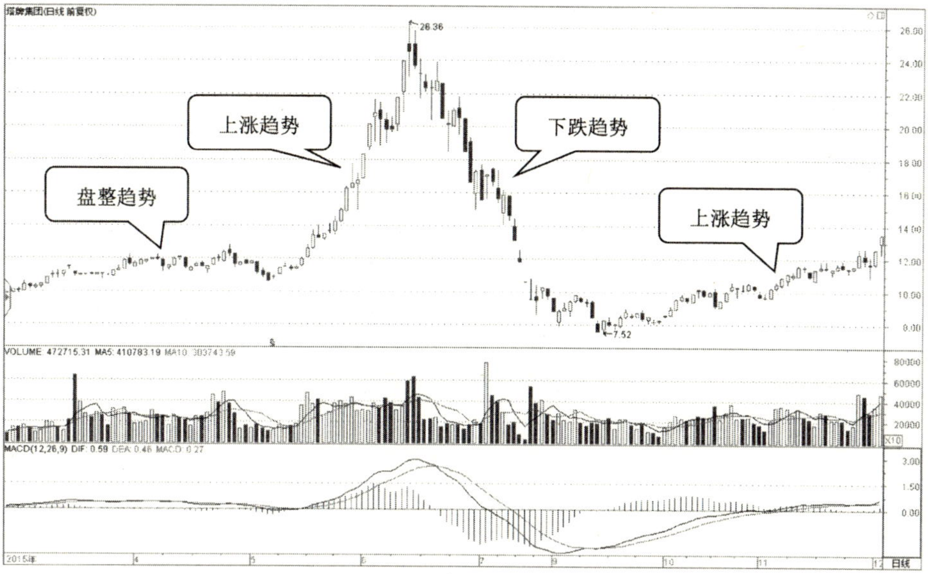

图3-12 塔牌集团日K线

2015年3月至11月，塔牌集团（002233）股价先后经历了盘整趋势、上涨趋势、下跌趋势、上涨趋势的循环（如图3-12所示）。

从宏观来看，股票的涨跌周期会表现出循环的特点。也就是一次上涨和下跌是一次完整的循环。当股价下跌至底部后，就会重新上涨，进入新的循环中。在这样的涨跌循环过程中间，会穿插有盘整趋势，作为上涨和下跌中间的过度，或者上涨下跌趋势中的一种中继形态。

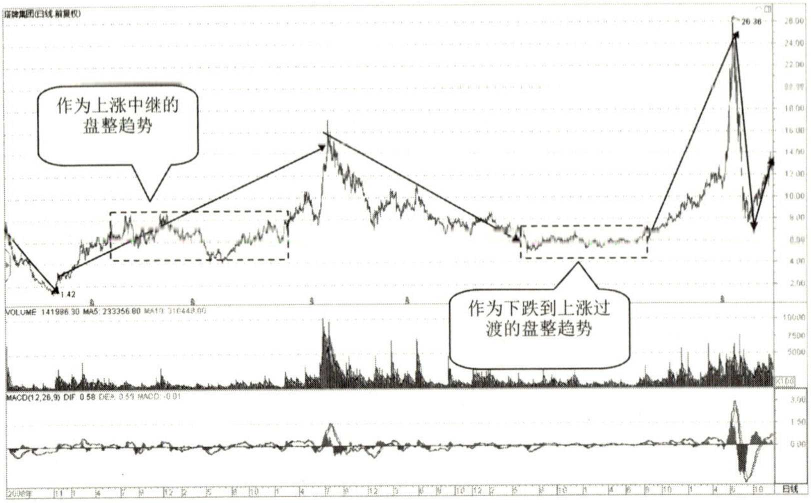

图3-13　塔牌集团涨跌周期循环

从长期来看，塔牌集团上市以来的走势图就证明了上涨和下跌趋势的循环特性（如图3-13所示）。

根据技术分析的理论，股票连续趋势的持续时间之间，会保持一定的黄金分割比例关系。我们使用炒股软件里的画线工具，可以画出这种时间周期比例线，从而预测下一轮行情结束的时间点。

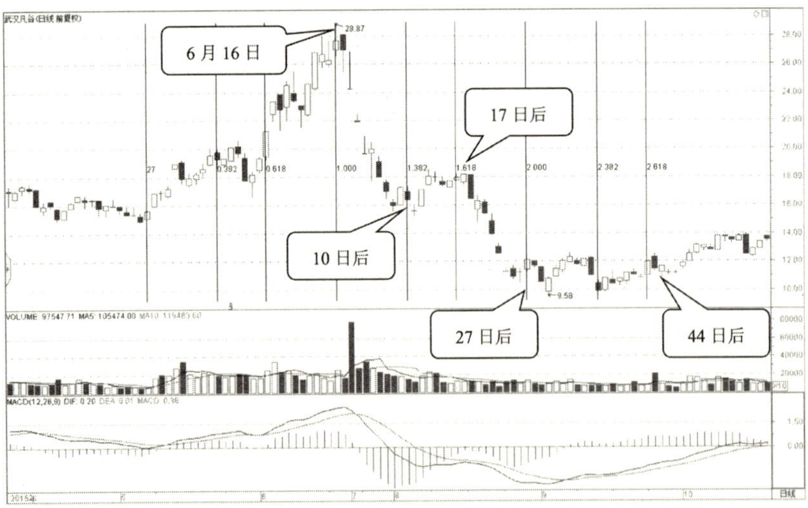

图3-14　武汉凡谷日K线

2015年5月8日至6月16日，武汉凡谷（002194）股价持续上涨27个交易日后见顶回落，进入下跌趋势中。

6月16日之后的第10个交易日（27×0.382），股价下跌见底，进入反弹的盘整趋势中。

6月16日之后的第17个交易日（27×0.618），股价结束盘整，继续下跌趋势。

6月16日之后的第27个交易日，股价结束下跌，进入底部盘整行情。

6月16日之后的第44个交易日（27×1.618），股价结束盘整，重新进入上涨行情中（如图3-14所示）。

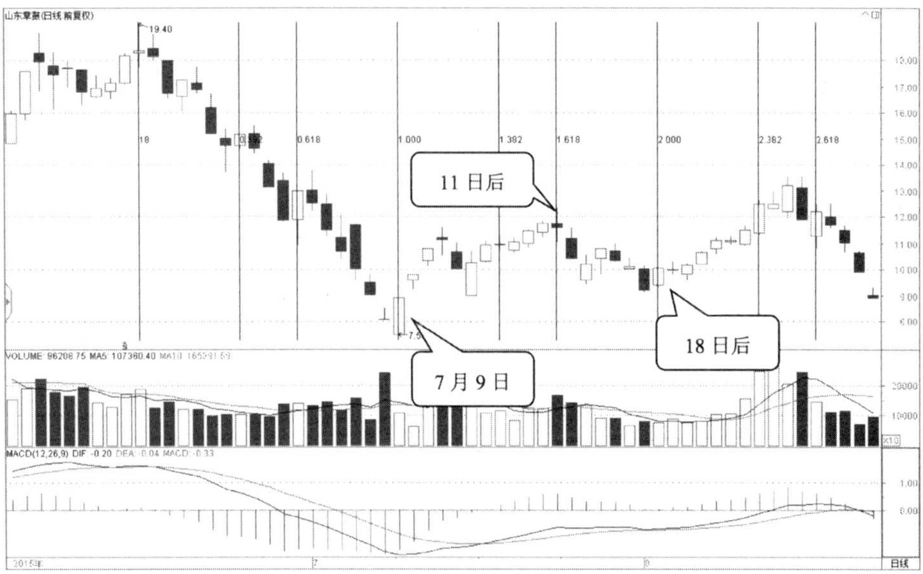

图3-15　山东章鼓走势图

2015年6月12日至7月9日，山东章鼓（002598）股价持续下跌了18个交易日。投资者可以以这段行情为基础绘制一组黄金分割周期线。

7月9日之后11个交易日（18×0.618），该股见到反弹高点，开始回落走势。

7月9日之后18个交易日，该股结束了回落，重新进入上涨趋势中（如图3-15所示）。

3.3.3 趋势周期的级别

根据股票涨跌持续的时间长短，我们可以将其走势划分为不同的级别。一个上涨、下跌或者横盘趋势，本身可以分解为更低级别的上涨、下跌或者横盘趋势，同时又是更高级别趋势的组成部分。

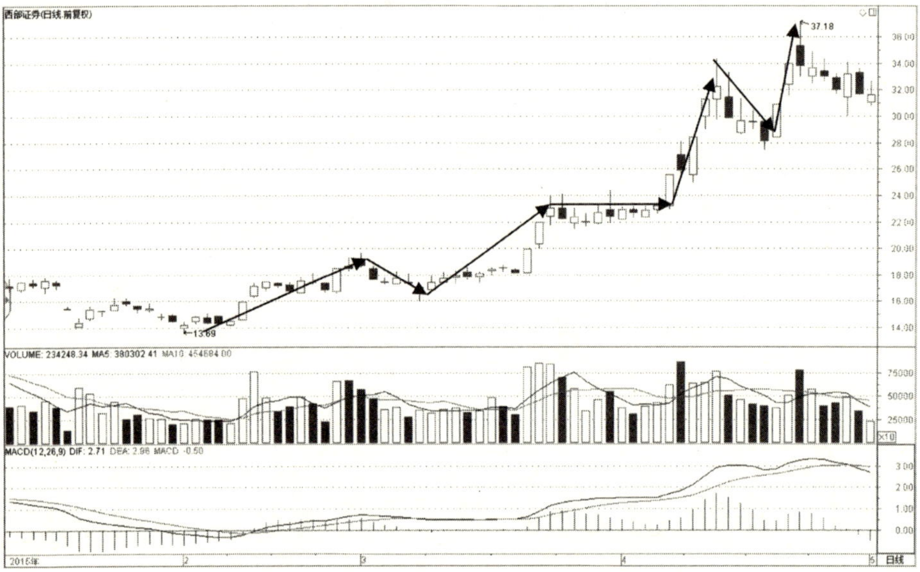

图3-16　西部证券上涨趋势

2015年2月至5月，西部证券（002673）股价持续上涨。我们可以将这样一轮上涨行情看作是一轮完整的上涨趋势。同时如果从更低的级别看，这一轮上涨趋势又是由上涨、下跌、上涨、盘整、上涨、下跌、上涨这7轮更低级别的趋势组成的（如图3-16所示）。

如果我们观察该股的60分钟K线图或者1分钟K线图，又会发现几个低级别的趋势，又是由很多更低级别的趋势形态构成的。

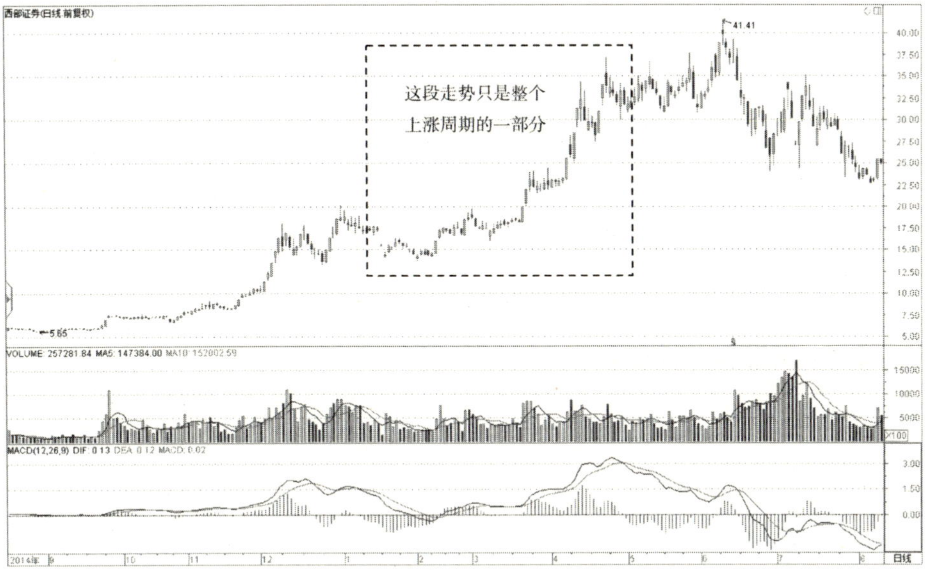

图3-17　西部证券长期趋势

我们把西部证券的走势图拉长可以发现，上例中看到的上涨趋势，只是自2014年9月至2015年6月这一轮长期上涨趋势的一部分（如图3-17所示）。

3.4 投资周期和美林时钟

我们做股票投资也要遵循一定的周期性。在部分行情中做多，在部分行情中做空。在一定的行情中买入一些特定行业股票，在另一些行情中买入另一些行业股票。只有进行这样的周期性操作，才能保证我们无论在牛市还是熊市中都游刃有余。

3.4.1 投资的牛熊周期

我们的股票投资首先应该遵循牛市和熊市的周期。在牛市行情中，市场上大多数股票都在强势上涨，这时我们可以积极买入股票做多交易。相反，到了熊市行情里，市场上大多数股票都在持续下跌，这时候再买入股票的风险就变得非常大。这时我们需要空仓等待机会。当发现有反弹机会时，也可以短线做多，不过一定要是短线。

3.4.2 行业涨跌的周期

我们之前讲过，在不同的经济发展周期中，会有不同的行业成为推动整个经济发展的主流。也就是行业之间的轮动效应。

这种轮动效应表现在股票市场上，就是在不同的牛市行情中，会有不同的行业成为市场上的热点品种，推动大盘向前发展。这种板块之间的轮动效应与整个宏观经济的发展是密切相关的。

图3-18　钢铁指数在不同牛市中的表现

以钢铁行业为例，在2008年底至2009年的经济扩张时期，整个经济发展最大的动力是基础设施建设。钢铁行业作为支撑基础设施建设的最重要力量，在这段时间内取得了巨大的发展。整个钢铁行业指数也是这轮牛市上涨的最主要推动力量。

到了2015年，高耗能的钢铁行业不再是经济发展的重点。相反，国家为了保护环境，对钢铁行业进行了很大的限制。此时的牛市中，钢铁行业股票也就没有太多表现机会。可以看到，A股大盘指数2015年的高点（5178）比2009年（3478）高出近50%，而钢铁行业指数在这轮牛市中的高点只与上一轮牛市基本持平（如图3-18所示）。

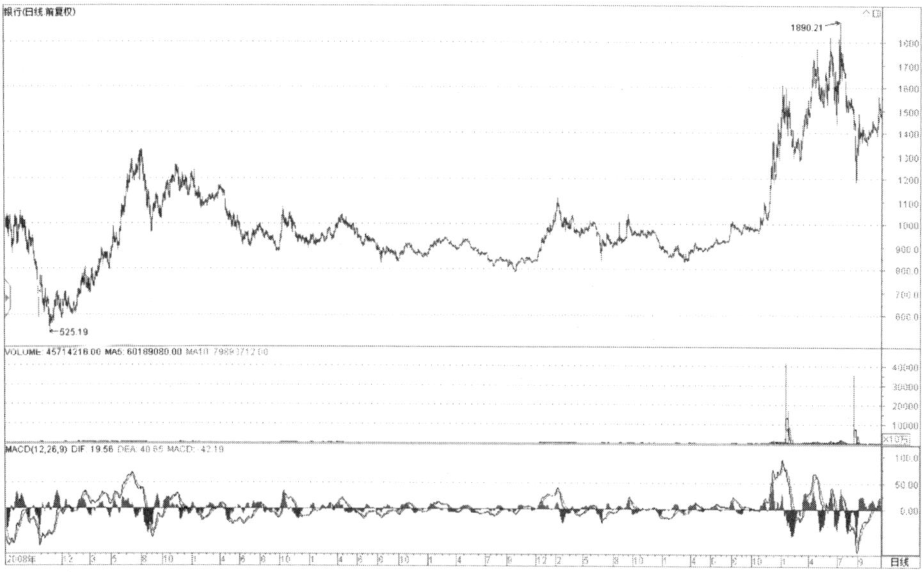

图3-19　银行业指数在不同牛市行情中的表现

银行业走势与钢铁行业形成鲜明对比。2009年，银行的传统业务发展遇到了瓶颈，大量基建项目又带来坏账率上升的隐患。因此在2009年的行情中，银行业股票并没有太多表现。整个银行业指数涨幅与大盘涨幅基本持平。

不过到了2015年，在国家金融改革的背景下，银行业也积极变革，不断推出新的业务。这使银行业成为了这一轮牛市中大盘关注的重点。银行业的股票在这段时间内都取得了巨大涨幅（如图3-19所示）。

3.4.3 题材的发展周期

我们市场上有很多操作题材。这些题材从最开始出现，到之后逐渐发展和落实的过程中，市场上炒作的龙头股票也会有所不同。

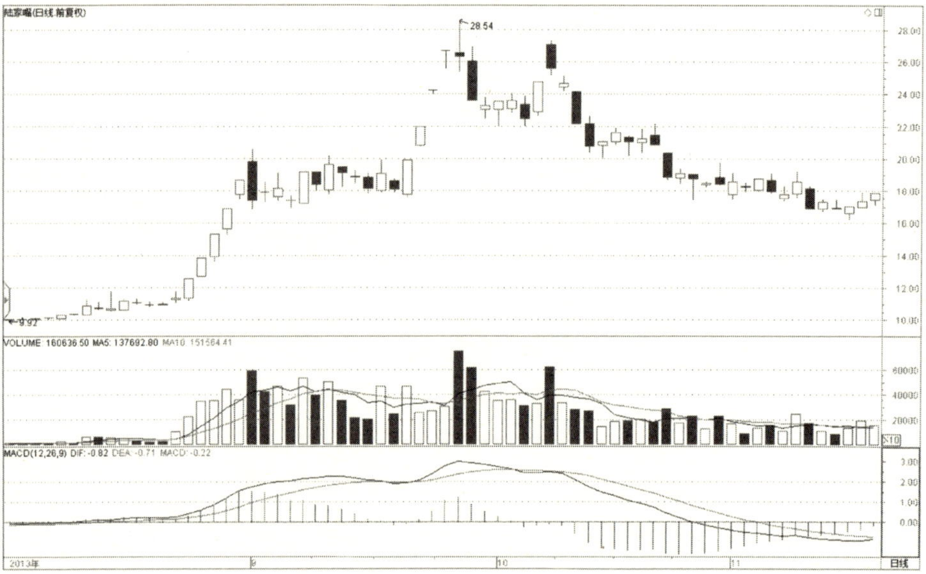

图3-20　陆家嘴迪士尼概念炒作

2013年和2014年，上海的迪士尼还在选址和初期建设的过程中。此时市场上对于迪士尼概念股票的炒作主要集中在以陆家嘴（600663）为代表的这类握有土地资源的上市公司上（如图3-20所示）。

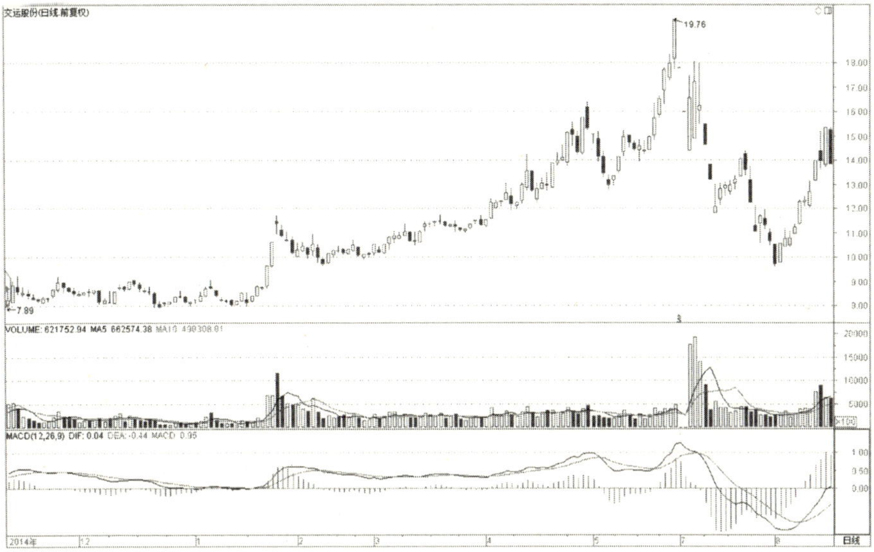

图3-21　交运股份迪士尼概念炒作

2015年，随着工程建设的推进，上海的迪士尼概念炒作热点已经逐渐转移到交运股份（600676）这类工程建设类股票上（如图3-21所示）。

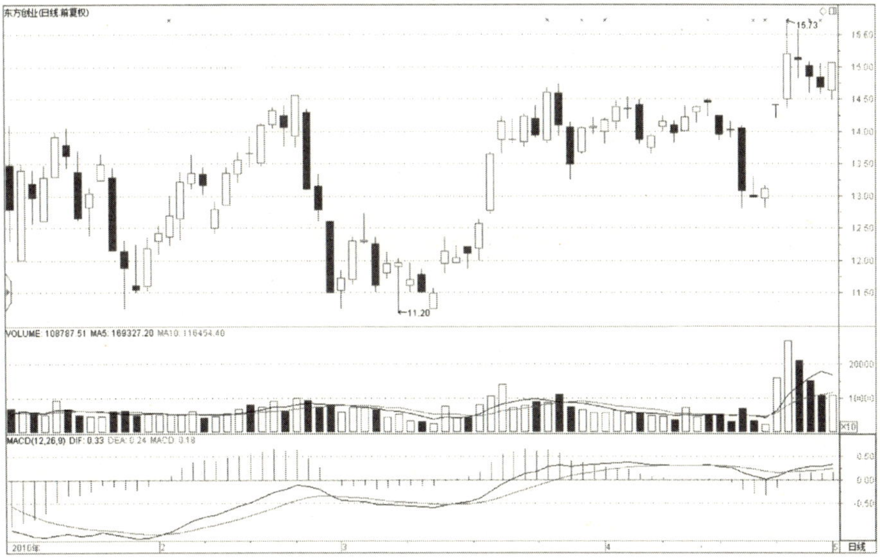

图3-22　东方创业迪士尼概念炒作

2016年初，上海迪士尼即将开业。这时市场上的炒作热点已经变成了以东方创业（600278）为代表的贸易类股票（如图3-22所示）。

3.4.4 美林时钟

在经济发展周期的不同阶段，不同投资品种、不同行业都会有不同的表现。美林“投资时钟”的分析框架，将这种变化用一个形象的四象限图表示出来。通过美林时钟，投资者可以识别经济周期的重要转折点，在不同的经济发展阶段采用不同的投资方式来获利。美林时钟的图形如图3-23所示。

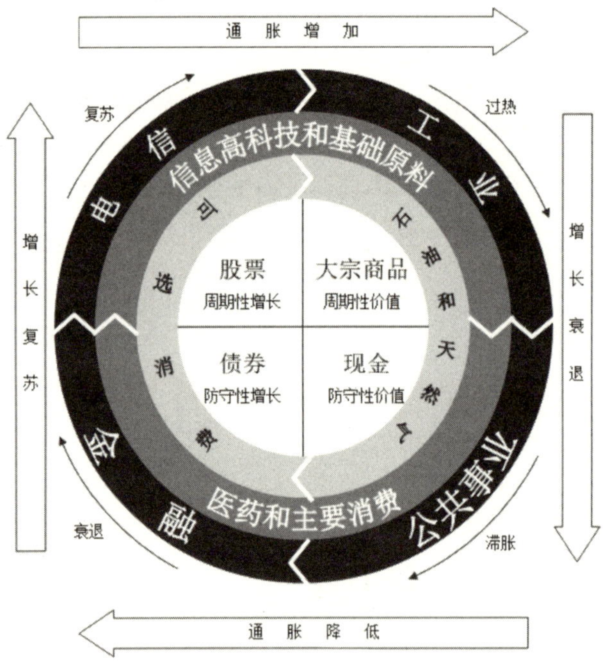

图3-23　美林投资钟

对照这个美林时钟，我们就可以根据当前市场的通胀水平和经济发展状态，来判断适当的投资品种和板块。从长期来看，我们的通货膨胀和经济发展都会有连续性，一旦通胀开始增加，不会在短期内结束，一旦通胀开始降低，同样不会在短期内结束。如果我们能够将目光放长远，观察市场通胀水平和经济发展速度的变化，就可以结合美林时钟来选择适当的投资品种和板块。

3.4.5 拉长你的交易周期

不同的投资者会在不同的周期中进行买卖交易。

很多投资者会以一天为周期进行买卖。这样每天股票的涨跌很快，买卖交易也很刺激。不过时间长了就会发现，交易系统的失误率太高，同时自己的压力也会越来越大。在巨大的压力下，最终很难获得成功。

选择合适的周期是交易系统的关键所在，与交易系统匹配的时间周期需要重点评估，绝大部分投资者要么忽略这一点，要么不断改变交易的时间周期，从短线做成长线，炒股炒成股东。对于我们来说，需要确定自己的交易周期，明白交易周期的特性，再拉长交易周期，就容易形成大局观。

股票市场的涨跌周期就像一年四季的气温一样。如果我们从短期的角度看，明天的气温涨跌很难判断。对明天气温涨跌进行对赌操作，成功的可能性并不大。如果我们能够从长期的角度看，在秋天和冬天气温必然会越来越低，到了春天和夏天气温则会越来越高。如果我们以这种长周期来对赌气温的涨跌，最终就会有豁然开朗的感觉。

3.5 驱动周期的国家力量

宏观经济和股票投资这种周期性波动的规律，一方面是由于市场自身规律发展导致的。这也就是我们在经济学中常说的“看不见的手”。另一方面，这种周期性也是由国家对于经济发展的周期性调节决定的。也就是我们常说的“看得见的手”。

经济要想长期稳定发展，必然是这种“看不见的手”与“看得见的手”共同作用的结果。国家的这只“看的见的手”，主要是通过以下几种方式对宏观经济和股市行情的周期产生影响。

3.5.1 利率变化与股市周期

利率调整是国家对经济进行宏观调控的主要手段之一。国家通过调整存贷款利率，可以改变人民存款或者贷款的意愿，从而影响整个社会上流动的资金量，进而影响经济发展和股市的涨跌。

例如国家降低利息率时，会有更多人倾向于在银行贷款，更少人倾向于把钱存到银行。这样就会使整个社会上流动的资金量增加。企业手中有更多的资金，就可以更好地扩大生产规模，使经济蓬勃发展。个人手里有更多的资金，就会买入更多的股票，推动整个股票市场持续上涨。

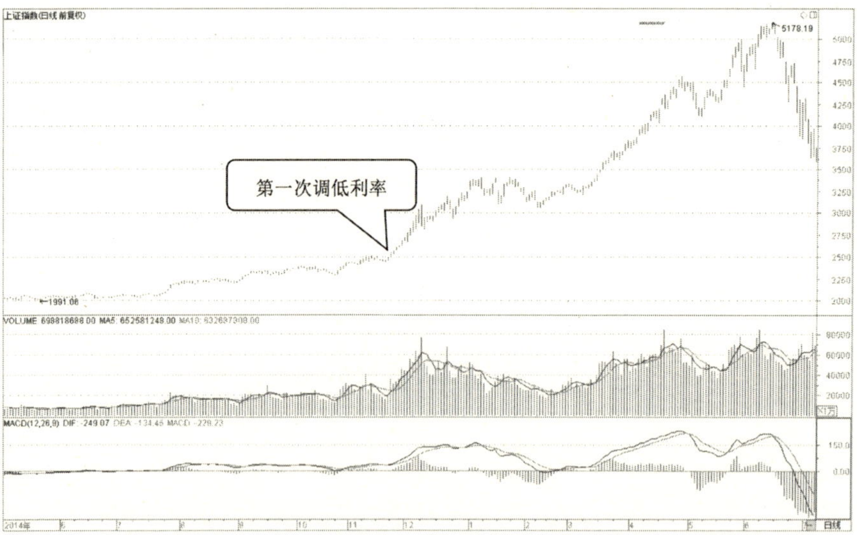

图3-24 上证指数降息周期的走势

2014年11月起，为了刺激经济发展，人民银行下调人民币存贷款基准利率，并在随后几个月中不断下调利率水平。在这个过程中，大盘也进入了持续的上涨行情中（如图3-24所示）。

当国家上调利率时，会有更多人倾向于把钱存到银行，在银行贷款的人也会减少。这样的情况下，大盘上的资金量就会处于紧缩的状态。企业缺乏资金，就会限制生产规模。股民手中缺乏资金，就会卖出股票套现，导致大盘持续下跌。

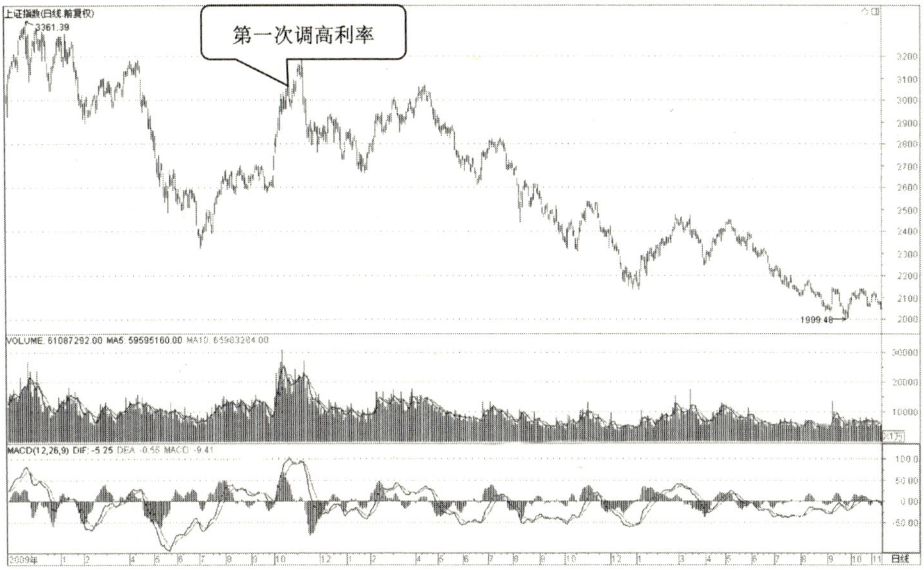

图3-25　上证指数加息周期的走势

如图3-25所示，自2010年10月起，为了抑制物价过快上涨，人民银行开始上调人民币存贷款基准利率，并在随后几个月持续上调利率水平。

经过这样的利率持续上调，大盘上的资金紧缩，进入了持续下跌的行情中。

国家对利率调整的政策会保持一定的连贯性。也就是说，如果今天开始第一次上调利率，就会在随后的较长时间内持续上调利率水平。如果今天开始第一次下调利率，也会在随后的较长时间内持续下调利率水平。不会出现这个月加息，下个月降息，再下个月又加息这种情况。

因此，大盘的利率水平会处于持续的加息和降息周期间运行。

受到利息变化周期性的影响，股票市场的资金面也会在较长时间内处于宽松—紧缩—宽松这样的周期循环中运行。这也是导致股票处于牛市—熊市—牛市周期循环中的一个重要原因。

3.5.2 国家投资与股市周期

国家为了促进某个行业或者某个地区的发展，每隔一段时间会发布一些行业或者区域的扶持发展计划。与这些计划相关的上市公司此时就会获得国家在贷款、税收、政策等方面的全面支持，盈利能力大幅增加。

在股票市场上，这种盈利能力大幅增加的上市公司会被投资者重新估值，其股票价格将会因此而大幅上涨。

国家的这种扶持政策会表现出周期性的特点，每隔几个月，都会有新的政策推出，或者过去的政策被进一步深化。相关上市公司也就会成为这段时间内市场上的领涨品种。

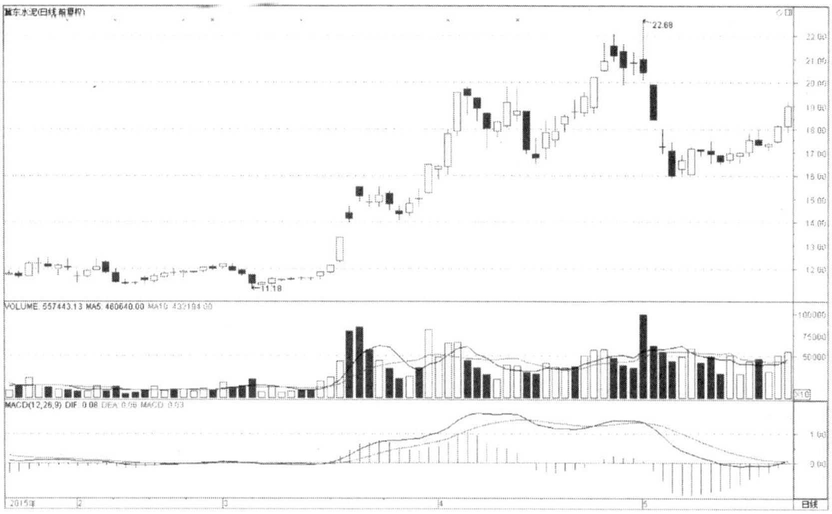

图3-26 冀东水泥的“京津冀”概念炒作

2015年3月，两会将“京津冀”协同发展列为与“一带一路”、长江经济带并列的三大经济带战略。此后京津冀相关的股票上涨，其中的典型就是冀东水泥（000401）（如图3-26所示）。

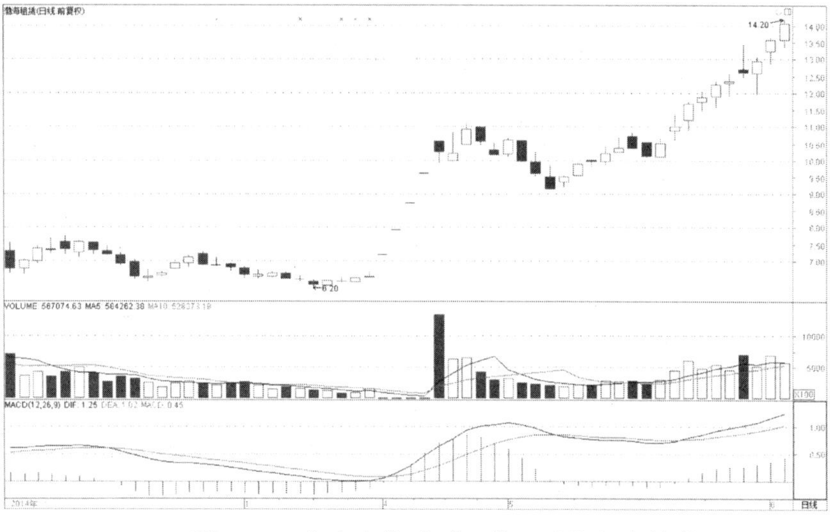

图3-27 渤海金控的“一带一路”概念炒作

一个月后，即2015年4月20日，习近平总书记访问巴基斯坦。受到这条消息影响，这段时间内与“一带一路”发展规划相关的上市公司股票再一次被挖掘出来，成为市场炒作重点。这轮行情中领涨的股票是渤海金控（000415）（如图3-27所示）。

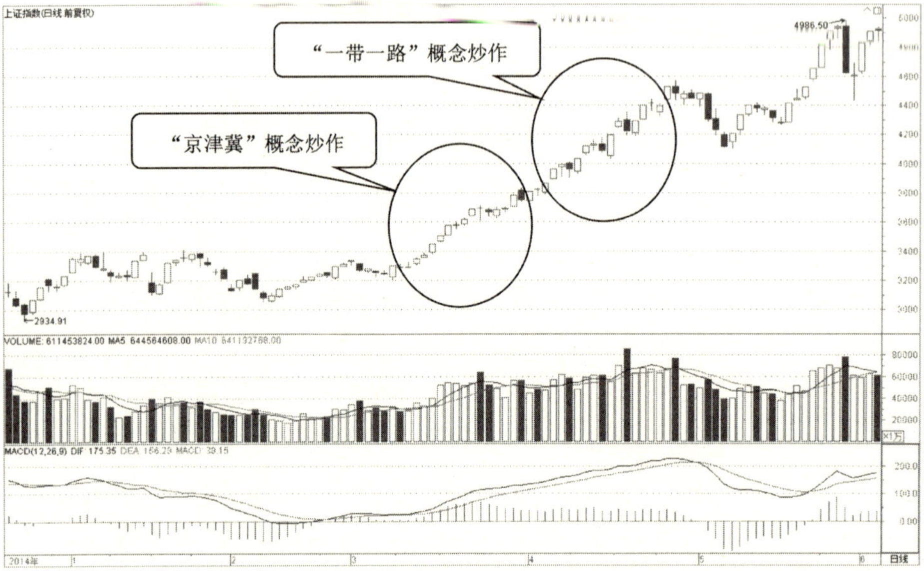

图3-28　上证指数日K线

在这段时间内，大盘先后在“京津冀”和“一带一路”两个概念的带动下持续上涨，形成了持续性的牛市行情（如图3-28所示）。

3.5.3 经济转型与股市周期

国家政策在扶持一部分行业和地区发展的同时，也会对另一部分行业的发展进行限制，制定高税率、污染费等限制政策来控制这些行业的发展。

这些受到国家限制的行业往往就会进入发展的瓶颈阶段，甚至很多都会自此进入衰退期，一蹶不振。受到公司衰退影响，相关上市公司的股票也会因此而进入持续下跌的周期中。

因为国家对部分行业和地区扶持，同时又对部分行业的发展进行限制，导致不同行业间的轮动效应，股票市场上不同行业的股票也就会形成不同的涨跌幅度。

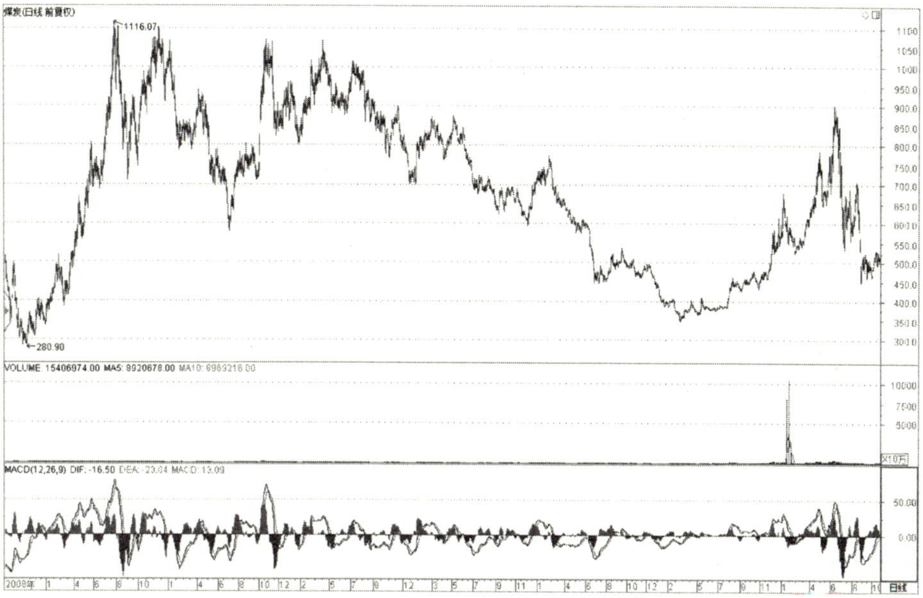

图3-29　煤炭行业走势图

煤炭行业作为污染的源头，是我国经济转型中重点的调控对象。这造成股票市场上的煤炭股票远离大众投资者热捧的范围。在2015年的牛市行情里，煤炭板块上涨的高点甚至要低于2009年时创出的高点（如图3-29所示）。

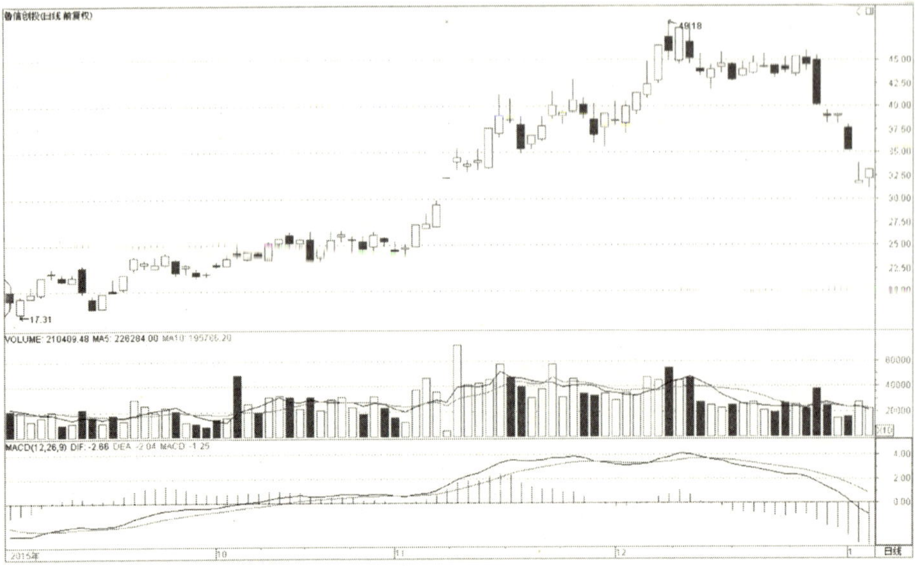

图3-30　鲁信创投的双创概念

2015年底，李克强总理提出了“双创”的概念。创业类上市公司在随后较长时间里成为推动我国经济发展的重要引擎。受到这条消息影响，相关创业类上市公司的股票也在随后一段时间大幅上涨，成为市场炒作热点。鲁信创投（600783）就是其中优秀的代表。

第二部分
正己，正确地认识自己

自己是交易系统的一部分，这一点绝大多数股票投资者是没有意识到的。他们不断寻求技术指标，寻求不同的战法，进入舍本逐末的误区。当你意识到自己是交易系统的一部分之后，技术才能真正成为你的工具，而不是其他。

对于习惯一个人交易的投资者来说，在市场中，唯一可以控制的关键要素，就是自己，自己，自己，重要的事情说三遍。正己是本书的核心。要想游刃有余地参与股票市场交易，获得可观权益，正己是最需要重视的环节。

下面三句话，都是从正己的理念出发，一起共勉。

安全意识比安全措施更重要

风险意识比风险措施更重要

防守意识比防守措施更重要

希腊的阿波罗神庙有一句名言：人啊，认识你自己吧。我们在股票市场上做交易，关键是要认识自己，明白自己的优势和劣势。只有这样才能在交易的道路上越走越远。

投资者唯一能控制的是自己

在交易过程中，投资者唯一能够控制的因素就是他自己。专业投资者与业余投资者的重要区别就是能否控制好自己。

专业投资者会给自己制定合理的交易规则，并且在交易过程中严格遵守自己的规则，用规则来约束自己。

业余投资者则不会这样。他们往往根据自己的情绪来交易，随波逐流。在强势的市场中疯狂买入股票，到了弱势的市场中和所有人一起杀跌。这样做最终很难获得良好的结果。

下边，我们可以以最简单的止损原则，说明专业投资者和业余投资者的不同。

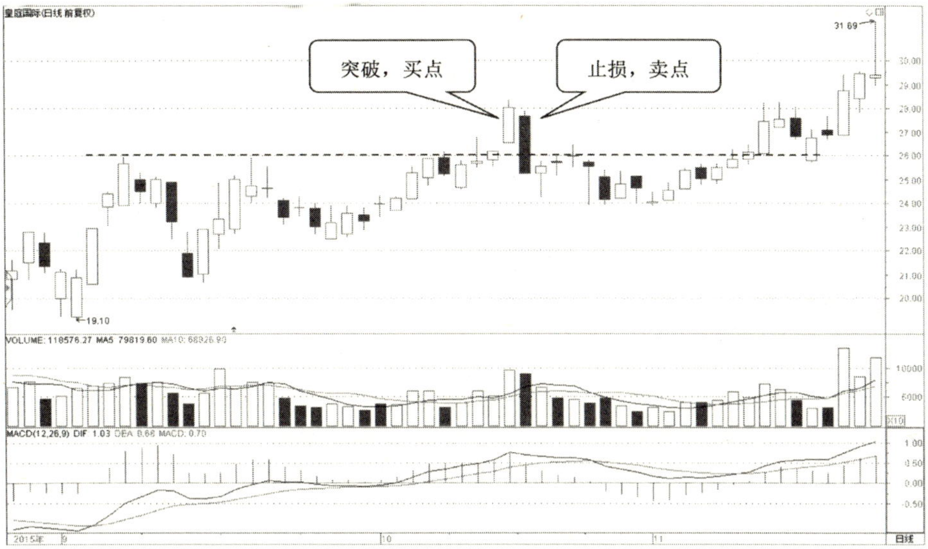

图4-1　皇庭国际的止损操作

2015年10月20日，皇庭国际（000056）强势上涨，对前期高点形成了突破。这一日无论专业投资者还是业余投资者都知道要买入股票。买入的同时，他们都会设定一个止损位，例如5%。

之后一个交易日，股价深度回落，以跌停收盘。这时股价已经跌破止损位了。专业投资者会控制自己的情绪，毫不犹豫按照止损策略卖出。业余投资者则会被侥幸心理支配，想要再等等，看后市怎样发展。

之后这只股票见底后持续上涨，超过了买入价位（如图4-1所示）。业余投资者这时就尝到甜头了，他们以后再操作时，就不会再设定止损位。而专业投资者看到行情上涨，也会把这当成是交易失误，但继续坚持自己的交易纪律。

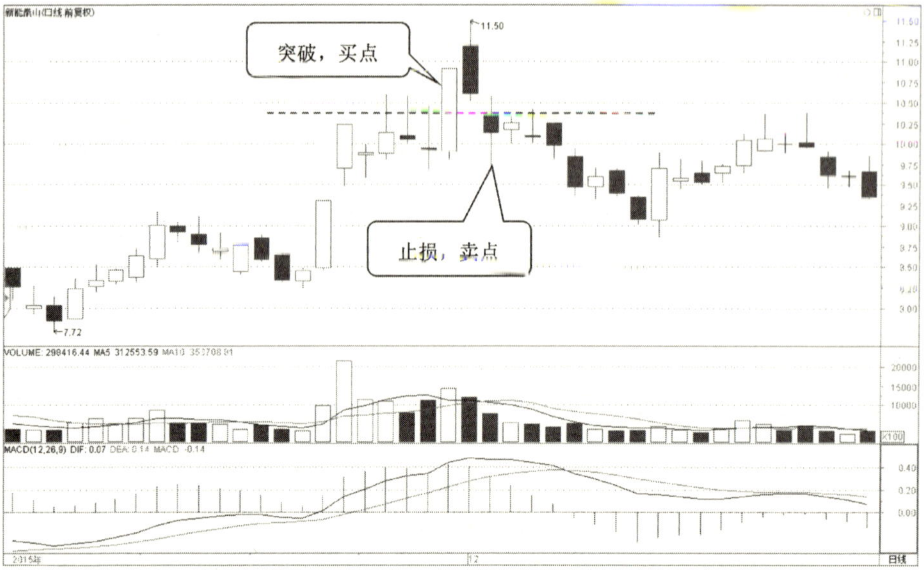

图4-2　新能泰山的止损操作

2015年11月30日，新能泰山（000720）同样形成了突破走势，是一个买入时机。这时专业投资者买入股票后，会继续设定5%的止损位。而业余投资者因为有了上次交易的经历，不会再设定止损位。

随后股价持续下跌。跌破止损位时，专业投资者会止损卖出。而业余投资者还会对后市抱有希望，继续持股。可以看到，这之后股价持续下跌。如果一直持有股票，不仅要把之前的收益都亏损掉，还会被深度套牢。

通过这两个案例我们可以知道，任何交易方法在实战中都难免会有错误，市场上也充满着各种对我们的诱惑。我们在这样的市场上，一定要控制好自己，严格按照自己的计划来交易，才能实现长期获利的目标。如果被短期的盈利诱惑，使自己偏离正确的交易轨道，则会让长期的交易策略处于危险之中。

自己是交易系统最重要的环节

我们做股票交易一定要明确一点，我们自己才是整个股票交易的核心。我们要以自己为核心建立一套交易体系，然后用这个交易体系到市场上进行股票的买卖交易。在交易的过程中，不断提高自己的交易水平，才能最终获得稳定收益。

很多人在实战中正好反过来了。他们有的以股票为核心去交易。每天看盘盯盘，把股票涨跌当成是唯一的买卖依据。这样就会导致他们在市场疯狂上涨时，与大盘一起陷入疯狂，在高位追高。当大盘持续杀跌时，与大盘一起陷入恐慌，在低位卖出。最终导致高买低卖，不断亏损。

还有的投资者虽然知道了建立交易体系的重要性，却没有以自己为核心去建立一个交易体系，而是痴迷于学习别人的交易方法。他们想要把别人的交易系统直接拿过来当成是自己盈利的秘诀。要知道，在股票市场上每个人都有自己的特点、个性、操盘习惯，即使同一个人，在不同时期使用的操盘方法也是不同的。把别人的操盘方法直接拿过来使用，最终只能是邯郸学步。别人的方法学不会，自己的优点也丢掉了。

我就看到过很多投资者盲目学习巴菲特的投资方法。相信各位读者也见过那些张口闭口就“巴菲特曾经说过……”的所谓投资高手。且不说我们中国股市和美国股市的差距有多大，单单巴菲特持有一只股票几十年的耐心，就是很多人所不具备的。巴菲特买的股票几年不涨，他还能坚定自己的判断，继续持有。我们一般人买入股票后只要几周不涨，就很少有人能拿住了。

所以我们要想学巴菲特，应该学习他的投资哲学。至于具体的交易方法，则是见仁见智的事情，就算学会了也很难拿来实战应用。

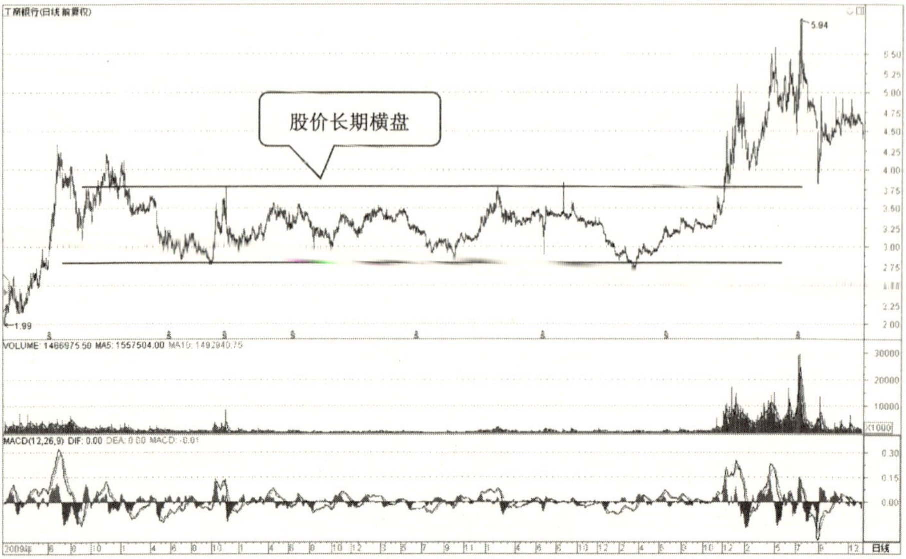

图4-3　工商银行长期横盘

从2010年一直到2014年，工商银行（601398）的股价一直在2.75元至3.75元之间横盘震荡（如图4-3所示）。这段时间内，工商银行的市盈率一直在5倍以下，市净率也长期保持在1倍以下，属于投资价值凸显的股票。同时工商银行又是全世界实力最雄厚的银行之一。对于这样一只价格低、价值高、实力雄厚的企业，完全符合巴菲特的选股标准。

在这5年多时间里，我见过很多人看好工商银行，纷纷买入股票。不过他们往往拿不了多长时间就会失去耐心。最多的也只是持股几个月就卖出。如果有耐心持股到2015年上半年的牛市，这些投资者都能获得巨大的收益。

每个人的经历不同、心态不同、性格不同，也就适合不同的操盘方法。投资者要以自己为交易的核心，逐步找到适合自己的交易方法，组成一个完整交易体系，最终实现稳定盈利。

了解自己、接受自己、肯定自己、发展自己

认识自己是一件很难的事，对于股票交易者来说更是如此。

我们做股票交易的过程中，总是盈盈、亏亏、平平。交易结束后，如果我们回头总结，可能这次盈利的原因是遵守了纪律，那一次亏损的原因是交易方法失灵。其实这些得失，在根本上都是由我们自己来决定的。只是我们没有勇气来认识自己，才把这些盈亏的原因都归咎到纪律和方法上去。

要想认识自己，首先应该客观地了解自己。在股票交易过程中，了解自己最有效的方法就是通过我们过去买卖记录中或盈利或亏损的一笔笔交易。交易日志可以帮我们做到这一点。

在认识自己的基础上，我们需要接受自己。我们在股票市场上的盈亏，看似是由交易纪律和交易方法这些客观因素决定的，但从根本上还是由我们自身的优点和缺点决定的。只有认识到这一点，才能完全接受自己。

对于自身存在的优点，我们应该充分肯定，并且在以后的交易过程中坚持下去，充分发挥出自己的优势。

围绕自己的优势，我们可以逐步发展出自己的交易体系。在这个体系中我们可以将自己的优势最大化，劣势最小化，形成属于自己的交易方法。

例如我们熟知的巴菲特，就是将这一点发挥到了极致。他认识到自己的优势是持股非常有耐心。于是他就围绕自己的优势，建立了长期价值投资的交易体系。买入那些盈利持续增长的绩优股票，等待这些股票的价值慢慢发挥出来，获得长期的收益。

在1999年的网络股狂潮中，巴菲特就没有参与其中。为此很多人嘲笑巴菲特踏空了大牛市，他却回应说股票交易有时候只是一场灰姑娘的舞会。当舞会开始时，投资者坐着各自的马车进入舞会大厅，享受疯狂炒作带来的乐

趣。投资者手里持有的股票就像是马车。这里边有真正的马车，也有的是用老鼠拉着的南瓜。但是相对于疯狂的舞会来说，投资者并不太在意这一点。一到午夜12点，假的马车就会重新变回南瓜，灰姑娘也就露出原形。对于苦苦寻觅艳遇的投资者来说，最不利的一点在于谁也不知道自己什么时候会被打回原形，因为舞会上的时钟没有指针。

随着股价持续上涨，各种上市公司的造假丑闻也不断出现。但投资者只看到了股价疯狂上涨，完全忽视这些风险。如果投资者没有在午夜12点之前赶紧离开，自己漂亮的马车就会变回南瓜。

我们需要在午夜12点音乐停止前，结束舞会。

知道自己的优势在哪里

为了了解自己的优势和劣势，我们不妨根据自己过去的交易记录，给自己做一次SWOT分析。这是一种确定自身优势（strengths）、劣势（weaknesses）、机会（opportunities）、威胁（threats）的分析方法。

具体来说，优势是我们自身具备的可以带来利润的特点。例如持股有耐心、买卖交易果断、可以承担较大规模的损失等。

劣势也是我们自身具备的特点，不过这些特点可能会造成损失。例如喜欢频繁交易、买卖交易犹豫不决、容易受市场氛围影响等。

机会是外部因素，这些因素可能带来行情上涨，给我们带来收益。例如大盘进入上涨趋势、投资者交易活跃、各种概念接力炒作等。

威胁同样是外部因素，这些因素可能会对大盘形成压力，造成持续下跌的行情。例如，市场上散户投资者陷入疯狂中、股票价格普遍被高估、宏观经济发展遇到瓶颈等。

通过以上分析，我们可以将总结出来的自身特点和外部因素按照重要程度，排列在一个SWOT矩阵中（如图4-4所示）。

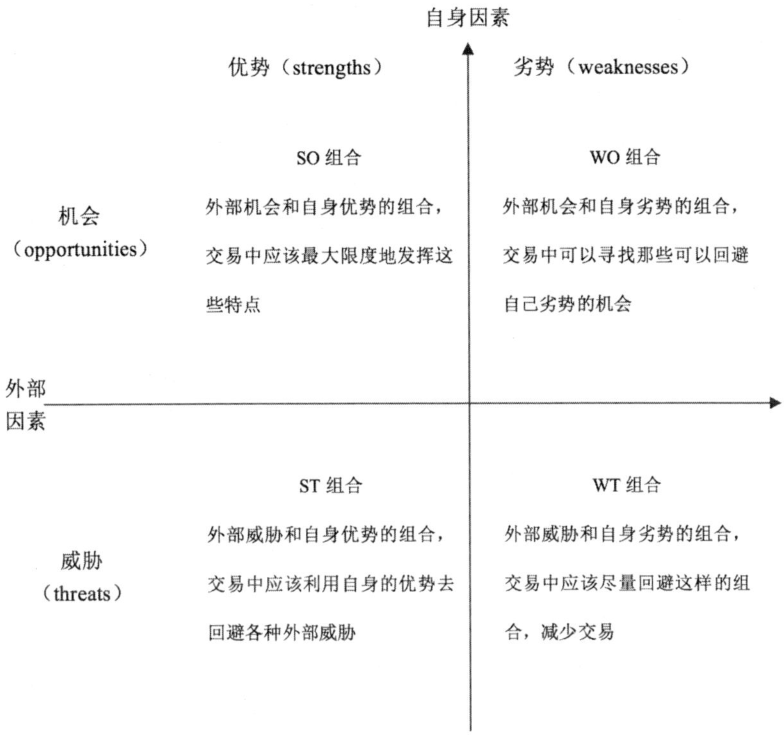

图4-4 建立交易策略的SWOT分析

完成以上的SWOT矩阵构造后，我们就可以制定操作的基本思路：充分发挥优势、回避劣势，利用机会、化解威胁。在此基础上考虑过去盈亏，立足于当前，着眼于未来方向，就可以建立一套与自身特点匹配，适应整体市场行情的交易策略。

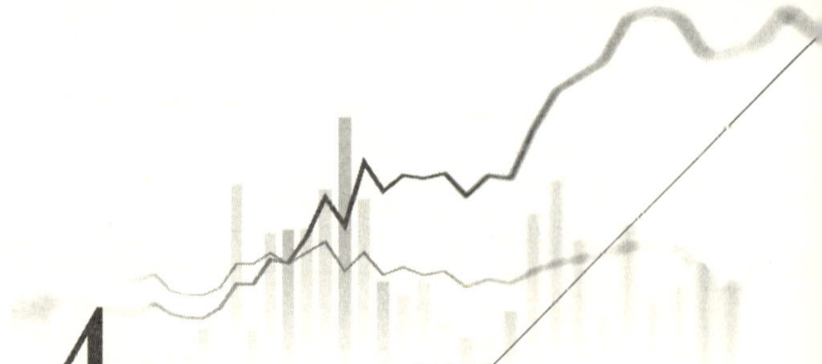

第4章 投资的十大忠告

在三正股票交易管理系统中，成功的交易者，必须首先了解自己，接受自己，肯定自己，发展自己，知道自己的优势在哪里，而后雕磨自己的交易技术。技术本身具有双面性，唯技术论的结果是被技术所伤害，正确地对待技术，才能在交易过程中不断完善，达到正向收益的可能。

4.1 不要用压力资金

如果你在股灾里的损失，还需要有第三个人为你承担责任的话，那么，下一次股灾你很有可能会再次遇上。

所谓压力资金，一种是指通过融资融券或者股指期货等杠杆方式，从市场上借入的资金；另一种则是指从其他渠道筹集的资金，可能是从亲朋好友处借来的资金，或者代他们管理的资金。

我们炒股，一定要为自己的资金负责，而且只为自己的资金负责。盈亏都由自己承担，只有这样才能在交易的过程中不会被盈亏带来的压力影响交易策略的执行，从而更加客观理性地进行股票交易。

我们一定要认识到，钱不仅仅是钱，钱是有性格的，钱的性格来自于钱的主人。如果手中持有别人的资金，会给我们的交易带来巨大压力。这种压力来自两个方面。

第一是资金的成本。

我们从市场上借入的资金都是需要支付费用的。就算是从亲朋好友处借来的资金，就算表面上不需要支付费用，也是需要以透支个人的信用成本为代价的。在这种巨大的成本下进行股票操作，我们很难保证自己的交易计划能够顺利执行下去。

第二是时间的成本。

对于不使用压力资金的投资者来说，时间是投资者的朋友。利用时间产生的复利效用，即使我们手中的资金不多，每年的盈利不高，最终也能够获得较大的收益。例如我们每年只获得10%的收益，长期坚持下去，按照复利计算的最终收益也是巨大的。

我们可以做一个算数题：按照1.1×1.1×1.1×1.1×1.1×1.1×1.1……的连乘计算，连续多少次就能翻倍？是否要拿出计算器来计算一下？答案是7次，就接近94.87%的增长。这种成长速度的资金曲线如图4-5所示。

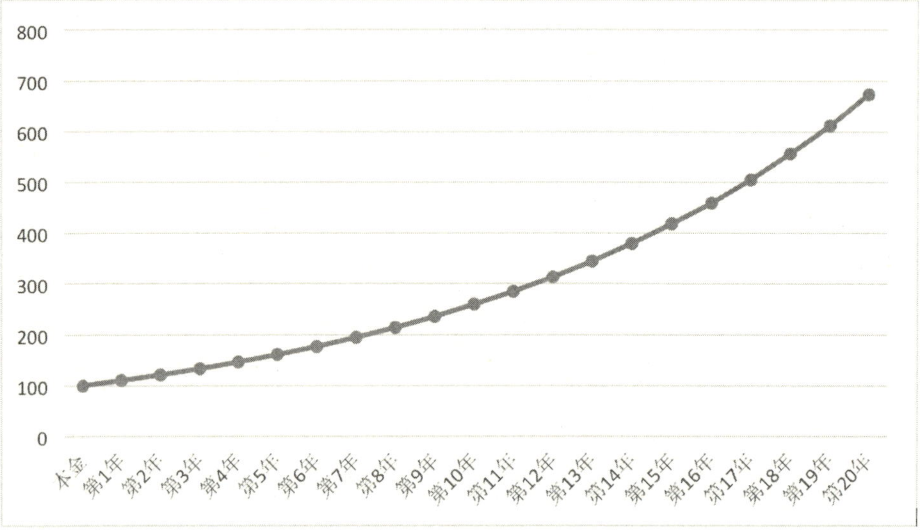

图4-5　10%年收益下的复利曲线

如果我们使用了压力资金，时间就会变成我们的敌人。以当前市场的融资利率水平，资金的年使用成本将超过8%。这样以上这条收益曲线就会变成我们交易的成本曲线。随着时间的累计，我们交易需要承担的成本会越来越高。此时再保持10%的年收益水平就无法盈利，我们需要追求更高的收益率。而追求更高收益率则需要承担更大的风险。最终，我们的资金很可能会因此而陷入风险之中。

在巴菲特的授权传记《滚雪球》里，记载了一个故事。那是在1942年，巴菲特11岁。

这年巴菲特通过做各种小生意，积累了120美元。以这些钱为本金，他开始了一生中第一笔股票交易。每个人第一次炒股的时候都缺乏信心，11岁的巴菲特更是如此。为了增加信心，他让自己的姐姐出钱一起合伙，盈亏两人都对半分。

经过一番精挑细选后，巴菲特为自己和姐姐各买入城市服务公司的3股优先股，每股38.25美元。他们每人为此花了114.75美元。

万事开头难，在巴菲特买入股票后不久，大盘都开始持续下跌。城市服务公司的优先股股价从38.25美元一路下跌到27美元。巴菲特回忆说，当时在上学的路上，姐姐每天都严厉地提醒小巴菲特："你帮我们做的股票已经赔了！"巴菲特这段时间的压力大得可怕。

之后发生了一件幸运的事和一件不幸的事。

幸运的事是，随后一段时间，城市服务公司股价见底反弹。在股价回升过程中，巴菲特以每股40美元价格将股票卖出。扣掉手续费后，他和姐姐每人赚了5美元。不幸的事是，巴菲特卖出后不久，城市服务公司的股价持续上涨，最高上涨到202美元。

这次交易结束后，巴菲特总结了三个教训，并在随后几十年的投资生涯中一直谨记。

第一，买入股票后就不要过分关注自己的买入成本。

第二，不要不动大脑，急于抓住蝇头小利。

第三，也是最重要的一个，不要对其他任何人的资金负责。

4.2 学会空仓

在只能做多的市场里，需要学会空仓。

我们的股票是一个只能做多的市场。在这样的市场中，我们只能在股价上涨的时候通过低买高卖来赚钱。不过股票的行情不会一直上涨。经历了一段上涨后，必然会有一段持续下跌的行情。因此在我们这个市场里，真正可以用来操作的时间很少。投资高手每年可能只做一次交易，剩余的时间都在空仓等待。

对于一个成熟理性的投资者来说，大多数时间都应该空仓等待。空仓等待，是交易策略不可缺少的一部分。在这段时间内我们要观察市场趋势，寻找最佳的投资标的，等待合适的买入时机。等到买入时机出现的时候，果断买入。这样操作买入的成功率非常高，利润可观。我们每年只需要几次这样的交易就能赚到足够收益。

如果每天不顾机会好坏都盲目进行交易，只能让我们在不断止损的过程中白白消耗本金。最终心态越来越坏，手中的本金也越来越少。

在我们的股票市场上，有很多时段是不适合交易的。以下我们讲解几个典型的不适合交易的时段。

第一，市场持续下跌的过程中。

当大盘持续下跌时，投资所有股票的风险都非常大。这样的时候与其找那些不怎么好的股票冒险买入，不如留好自己的本金，等待最佳的机会。

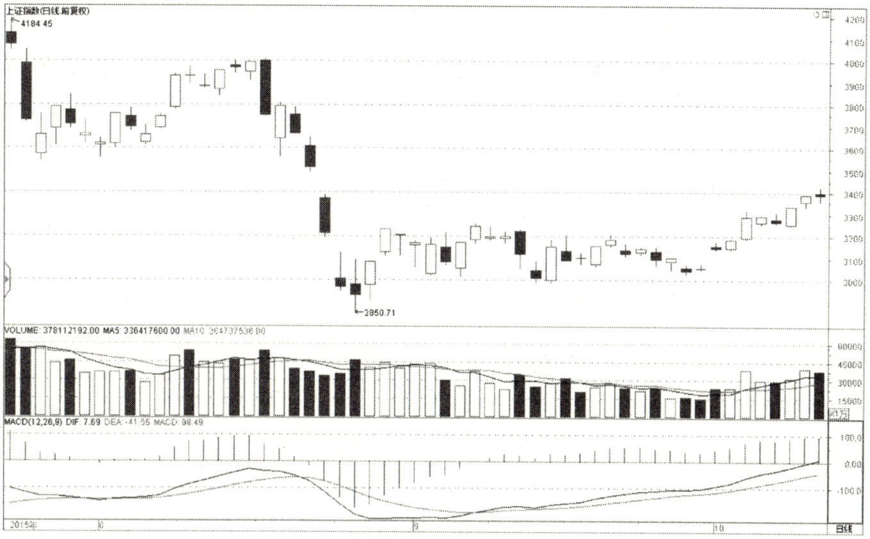

图4-6　上证指数短期暴跌

2015年8月，上证指数在几个交易日内快速下跌（如图4-6所示）。在这样的行情里唯一要做的就是空仓等待，不要想抄底能获利。

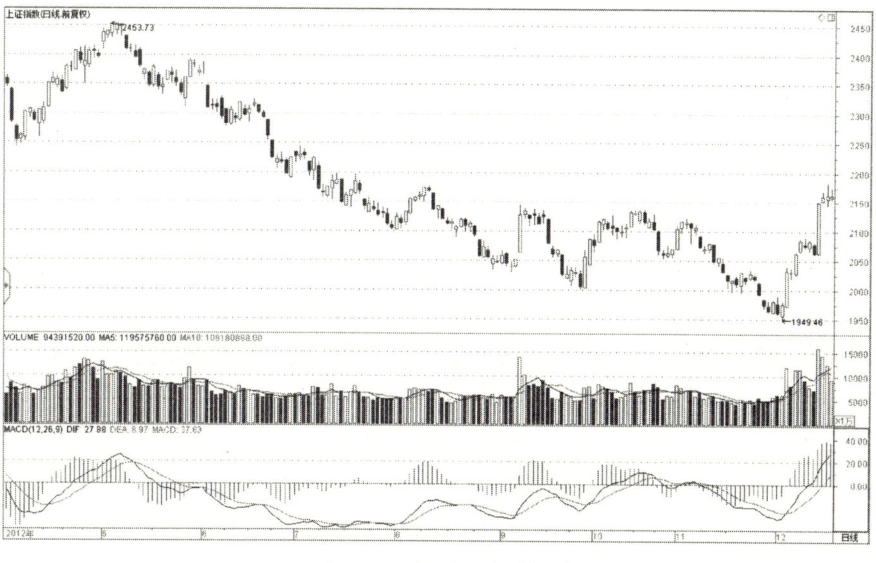

图4-7　上证指数持续下跌

2012年5月至11月，上证指数在几个月中持续下跌，中间几乎没有像样的反弹行情出现（如图4-7所示）。这样的行情我们同样需要空仓观望，管好自己的手。

第二，市场盘整的过程中。

盘整过程是大盘在选择方向的时间段。这段时间内市场上的多空力量处于胶着状态。看多的人和看空的人数量差不多，难以分出输赢。在这样的市场行情中，我们同样应该空仓，冷静观望。如果最终行情突破这个横盘区间，就说明上涨趋势形成，可以积极做多买入；如果行情跌破横盘区间，就说明下跌趋势形成，需要继续空仓等待。

在横盘过程中我们可以对未来行情方向做出一定的判断，不过最终得到走势的确认之前，这些都只是猜测。这个阶段真正要做的就是空仓等待。

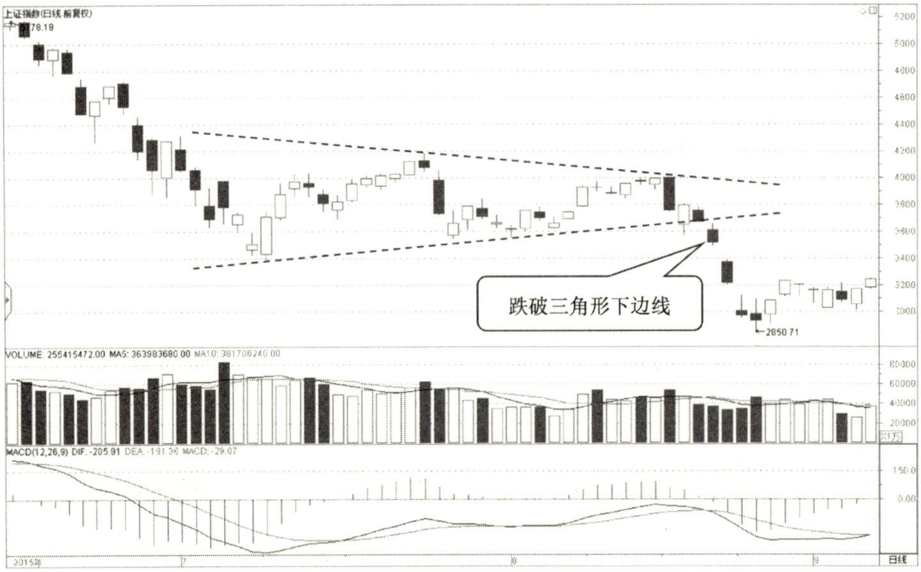

图4-8　上证指数横盘整理后形成下跌趋势

2015年7月至8月，上证指数下跌至低位后持续横盘整理。在这个过程中我们应该空仓观望。

把这次横盘的高点和低点分别用直线连接起来，可以得到一个三角形形态。最终股价跌破三角形下边线时，说明横盘行情结束，下跌趋势形成。此时需要继续空仓观望（如图4-8所示）。

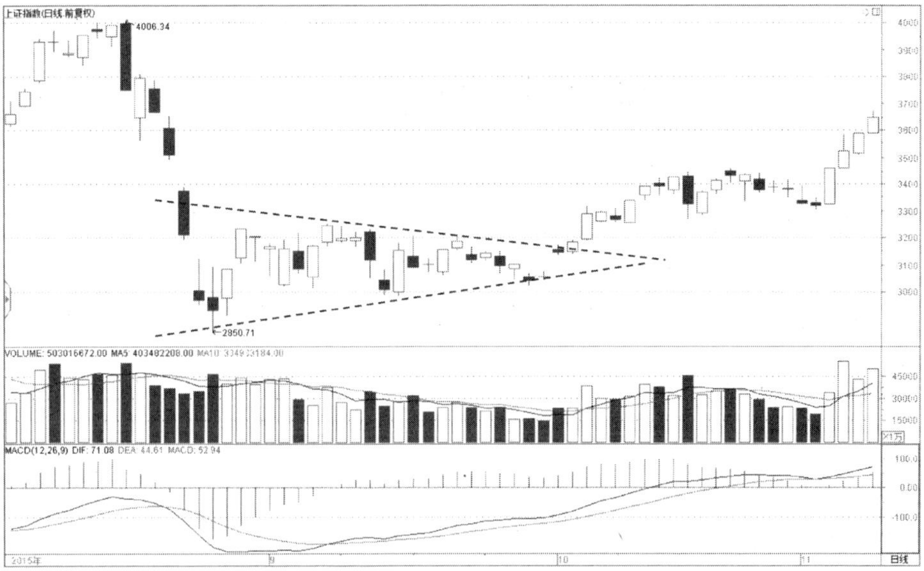

图4-9　上证指数横盘整理后形成上涨趋势

2015年8月底至9月，大盘经过一段时间下跌至底部后，再次形成了横盘整理的行情。在这个过程中，投资者同样应该空仓观望。

把这次横盘的高点和低点分别用直线连接起来，也可以得到一个三角形形态。最终股价突破三角形上边线时，标志着横盘行情结束，上涨趋势形成。此时就是投资者长期等待的买入时机。

第三，自己状态不好的时候。

每个投资者都不是机器人，可能会因为个人、家庭、社会原因有状态不好的时候。如果买卖交易因为自己状态不佳受到影响而屡次失误，就应该马上停止交易，空仓进行调整，直到把状态调整好后再入市进行交易。

在行情上涨时积极参与，到行情变差时果断回避，才是正确的市场参与方式。一个优秀的投资者不需要一天到晚都进行交易。

我们的生活中，除了股票交易之外，还有诗和远方。

4.3 控制好持股仓位

满仓操作会使账户失去弹性。

我们在大多数时候应该是空仓。另外即使不空仓的时候，也应该控制好自己的仓位，给自己留下足够的备用金。

根据我们当前的T+1交易制度，当天买入的股票当天不能卖出。如果在一个交易日中早早就满仓，相当于过早就打光了自己的子弹。以后的行情中如果再有变化，我们很难再做出调节。

实际操作的过程中，我们可以从主动和被动两个角度出发，控制自己的仓位水平。

第一，根据市场牛熊趋势被动控制仓位。

牛市行情中，市场上所有股票普遍上涨。这时买入股票的风险是比较小的，可以加大交易股票的仓位。

熊市行情中，市场上所有股票都普遍下跌。这时买入股票的风险极大。投资者最好空仓等待，即使发现有抄底机会，也要控制好仓位，用少量资金试探。

因此对于投资者来说，可以根据市场所处的牛熊阶段理性控制仓位水平。我们可以以2014年至2015年这轮牛市趋势为例，提供一个大致的比例供投资者参照。

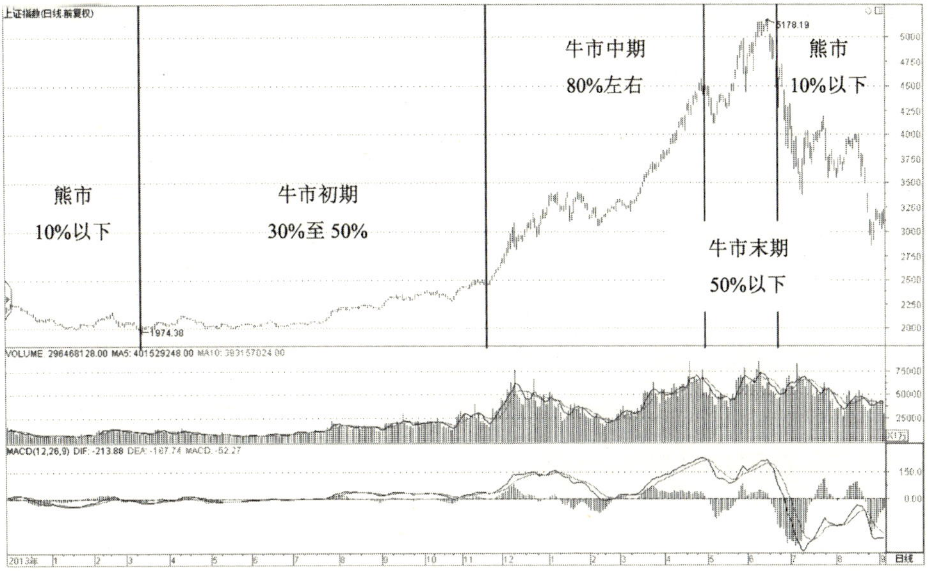

图4-10　牛市和熊市中的仓位控制

在熊市行情中，对于反弹和抄底的试探性操作不要超过总仓位的10%。

在牛市初期的筑底阶段，可以试探性买入股票，仓位水平可以提高至30%~50%。

在牛市中期的普涨阶段，可以进一步扩大仓位，但不应满仓。仓位水平可以在80%左右。

在牛市上涨至高点，涨势减缓时，最好降低自己的仓位，将仓位水平控制到50%以下。

一旦牛市行情结束，熊市开始，就应该进一步控制仓位，甚至完全空仓（如图4-10所示）。

第二，根据自身交易盈利主动控制仓位。

除了根据市场走势被动控制仓位外，投资者也可以根据自己的盈利水平主动控制仓位。如果投资交易连续盈利，说明市场行情和我们的个人状态都处于一个比较好的水平，这时可以进一步扩大持股的仓位。当投资交易连续亏损时，说明市场行情和我们的个人状态都处于比较差的水平，这时就需要减少持仓数量，控制风险。

需要注意的是，经过这样的调整，当持股总仓位达到80%左右时，就不应该继续增加仓位，因为我们手中应该始终保持一定数量的流动资金。而当持仓数量降低至0%时，则应该暂时退出股市，等市场状态和自己的心态达到理想状态后，再回到市场交易。

我们可以用“连续三笔交易盈利就增加10%仓位，连续三笔交易亏损就降低10%仓位”这个仓位控制原则为例，说明这种仓位控制方法。假设初始仓位50%，如图4-11和图4-12所示。

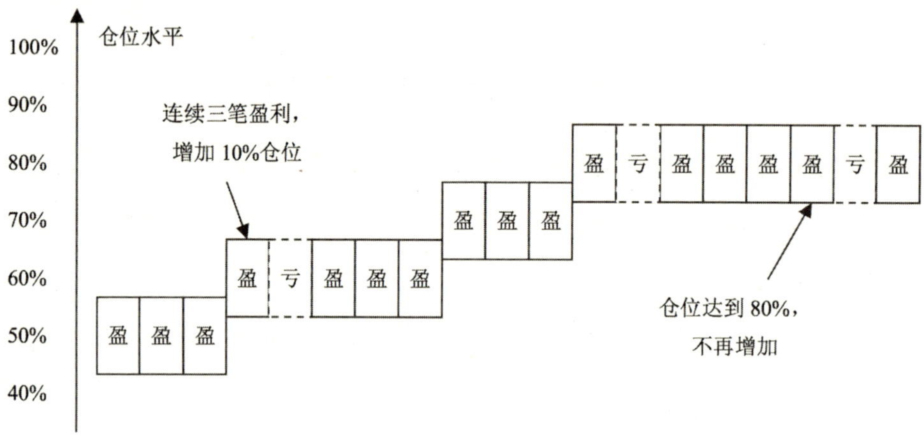

图4-11　连续盈利时的仓位控制

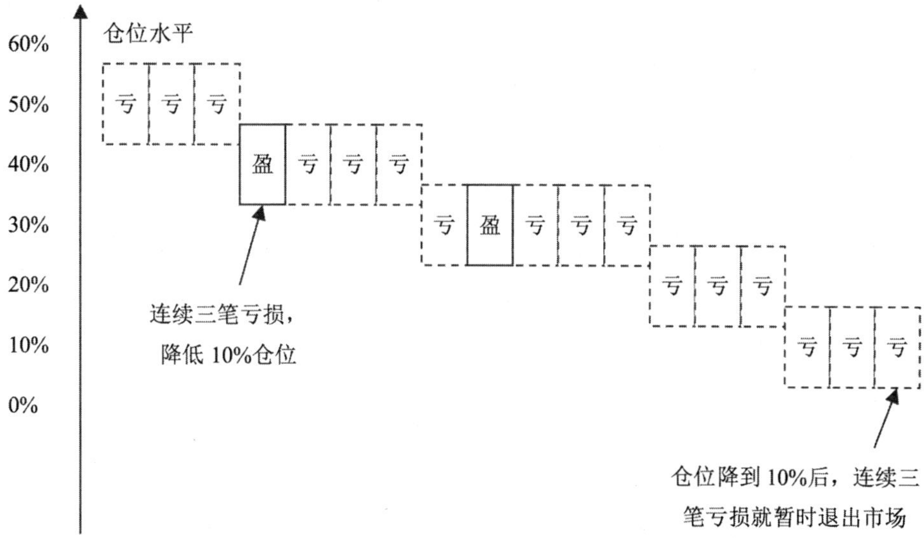

图4-12　连续亏损时的仓位控制

4.4 学会理性运用杠杆

杠杆不会使坏的投资变好，但会使好的投资变坏。

在现代的金融市场中，我们每个人都很容易获得交易杠杆。官方的途径包括融资融券、股指期货。民间的途径也有配资、亲朋好友的借贷。

杠杆不会使坏的投资变好，但会使好的投资变坏。我们需要评估自己的投资水平，如果你的投资水平本身就有限，没办法获得太高的收益，那么求助于杠杆也于事无补。如果你的投资水平很高，那么不用杠杆也能获得很好的收益。这时乱用杠杆的话，只能让自己的投资心态变化，反而会影响到盈利能力。

很多交易高手在投资过程中也会使用杠杆，不过他们更加偏向于一种温和的杠杆交易方式。

杠杆交易对这些高手来说，增加的并不是投入的资金量，而是流动资金量。

例如当手中有10万元的时候，准备用80%的仓位买入一只股票，那么买入后手里的资金就只剩下2万元，万一行情发生变化会非常被动。有了杠杆以后，我们就可以用2倍的杠杆也就是20万元交易股票。这时仍然用8万元买入股票，手中剩下的资金就变成了12万元。此时无论市场怎样波动，手中握着这么多流动资金都不会陷入被动。

因此，我们说，杠杆只是一种获得资金的手段。我们做股票交易获得的收益并不会因为杠杆交易而增加，同样损失也不会因为杠杆交易而扩大。这样的前提下，我们的股票交易就不会因为杠杆而背上太大的包袱，可以更加自由地进行买卖操作。

4.5 不迷信成功的经验

过去成功的经验，会成为失败的理由。

投资名著《股票操盘手回忆录》里有句话说：探究错误的原因远比研究自己的成功有益得多。股市里的所有错误都会伤害两个敏感的地方——你的口袋和你的虚荣心。

对于大多数人来说，都会对自己过去的赚钱过程铭记于心，但是对自己的错误却选择性失忆。实际上，我们正确的做法应该是反过来。我们过去的错误交易带来的价值要远远大于那些正确的交易。

我们在过去的交易失误中，可以找到自己交易策略的不足，交易方法的漏洞，交易心理的盲区，从而可以在未来的交易过程中更好地改进和完善自己的盈利方法。

现在市场上有很多投资者，很长时间持有的一只股票，已经被深度套牢，最终实在受不了这种长期套牢的煎熬，只能在底部遗憾卖出股票。经历了这样的失败教训后，我们一定要将这笔亏损的交易铭记在心，最好把交易截图打印出来，放在电脑旁边。只有这样才能在以后发生类似的情况时果断止损，避免再发生这么大的亏损幅度。以后交易时只要亏损达到10%，我们看到过去套牢的经历，就会尽快卖出股票不再拖泥带水。

像这样对过去错误的经验进行分析，可以避免以后犯同样的错误。相反，如果过分迷信自己过去盈利的经验，则有可能让自己陷入误区之中。下边就是一个这样的案例。

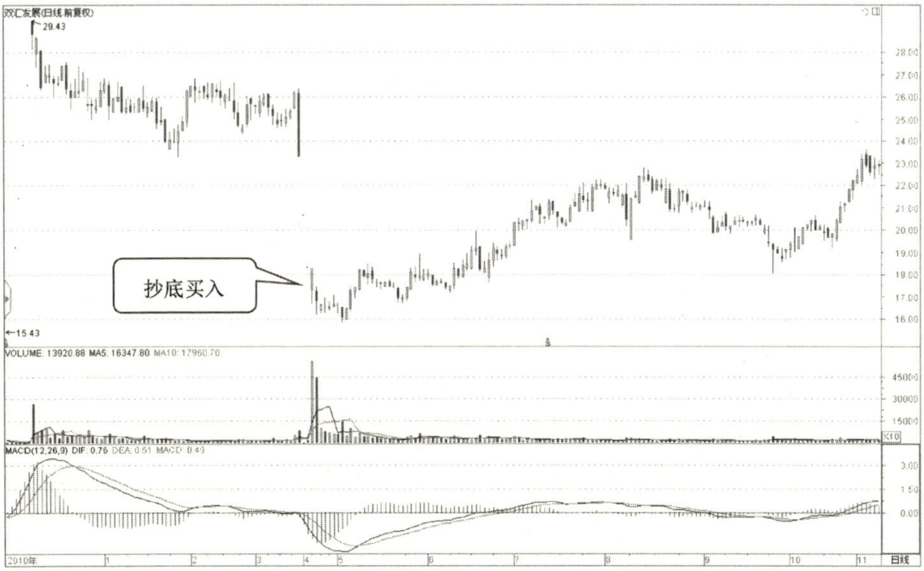

图4-13　双汇发展快速下跌后反弹

2011年，双汇发展（000895）因为发生了瘦肉精事件，导致连续三个跌停。这个时候很多投资者认为买入股票的时机到了，于是就在三个跌停后，第四日股价没有再跌停的时候买入股票。这次交易可以获利很多。

经过这次交易后，很多抄底的投资者尝到甜头，认为这种短期内快速下跌的股票总会有反弹行情。不过这样的情况也经常会有特例，例如几年后的铁岭新城（000809）。

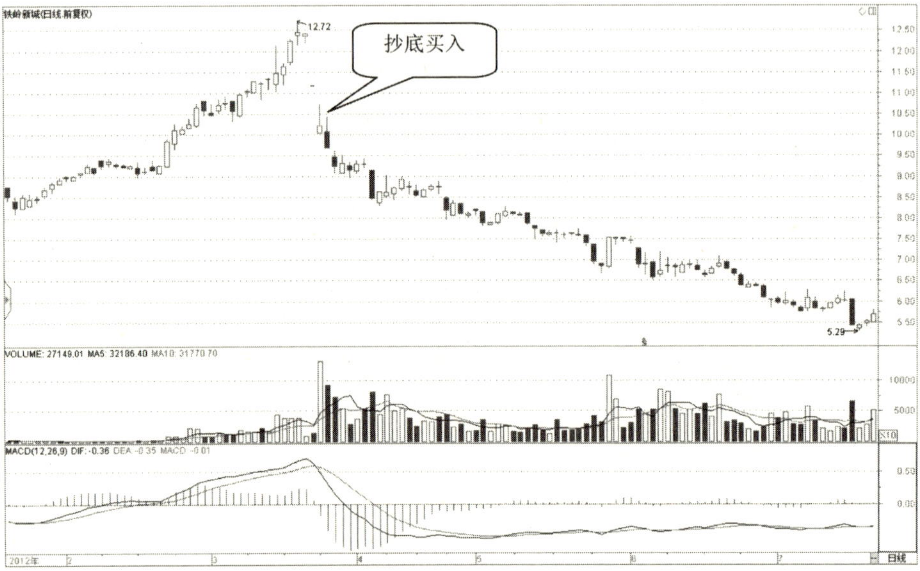

图4-14　铁岭新城快速下跌后持续下跌

2012年，铁岭新城短期内快速下跌。如果投资者该股两个跌停板后抄底买入股票，这次交易就会很不顺利，因为买入后股价持续下跌。如果投资者纠结于过去成功的经验没办法走出来，这次交易最终就会损失惨重。

经过双汇发展和铁岭新城的对比，我们会发现过去成功的经验在很多时候都不适用。于是我们需要从失败和正确两个角度出发去重新思考，整理思路。通过总结，最后我们可以发现两点。

第一，对这种出现暴跌的股票，要分析他的基本面有没有因为这次暴跌而被破坏。基本面是支撑股价暴跌后反弹的关键。

第二，股价经过暴跌后，要想反弹的话通常要经过一个筑底的过程。在筑底之后买入要比暴跌后马上买入风险小很多。

经过对错误的经验总结后，我们就可以找到更好的交易方法，盈利的机会也会随之而来。

图4-15　铁岭新城快速下跌后反弹

2014年底，铁岭新城再次出现在了跌幅榜上，并且出现了良好的买入机会。

这一次暴跌是因为证监会查出该股存在操纵股价造成的，属于市场层面利空，铁岭新城的基本面没有因此而变坏。同时为了进一步控制风险，我们可以等到这只股票筑底后才买入。最终这次交易中我们可以获得比较大的收益。

对这些失败的经验进行分析，可以让我们明白自己交易中存在的问题，之后再进行改进，最终获得成功。

4.6 忘记买入的价格和理由

总是记得买入时的价格，忘了当时买入的理由。

业余投资者与职业投资者的区别之一是能不能在亏损状态下的出场。

经济学中有个术语叫作“锚定”，指人们趋向于把对将来的估计和过去已有的估计相联系。

我们很多投资者在股票交易时，容易犯的一个错误就是被自己的买入价格锚定。之后就会以这个锚定的价格作为思考的起点，并在此基础上开始思考未来的操作策略。这样就会让后续的操作产生很多困难。

例如很多业余投资者买入股票后，会经常到账户里查看自己的成本价格，计算这笔交易的盈亏。赚钱的时候，就会想：市场风险已经很大了，要赶紧卖出股票。亏钱的时候，他们又会害怕把账面上的亏损变成实际亏损，不愿卖出股票，错过了最佳的卖出时机。这些都是导致业余投资者炒股越炒越亏的关键原因。

而成熟的交易者，是不会关注买入价格的。一旦买入了股票，买入价格就变成了沉没成本。在持股过程，则会忘掉买入价格，而去关注当时买入时对股票未来走势预期和理由的判断是不是被市场肯定。

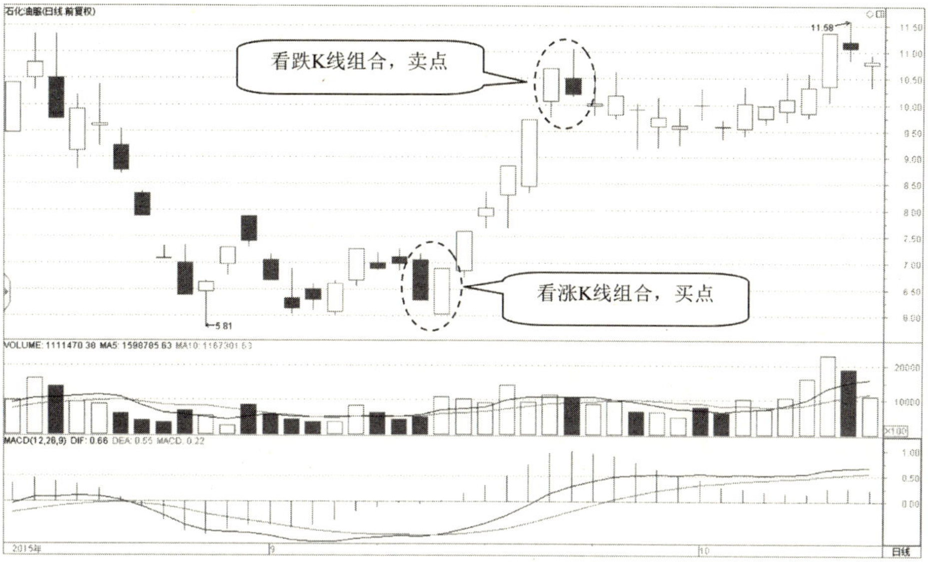

图4-16　石化油服日K线

我们来看2015年9月，石化油服（600871）的操作案例。

9月14日至15日，该股的K线在底部形成了一个“曙光初现”的看涨K线组合。这时股票已经在底部横盘一段时间，获得了比较强的支撑，因此这时可以积极买入股票。对于这个买点的判断很简单，很多人都会。

之后几个交易日股价持续上涨。这时就是考验我们的真正时间了。对于业余投资者来说，看到股价连续几个交易日大幅上涨，几天就赚到了10%至20%的收益，很难继续拿住股票，于是就会在上涨的过程中抛出股票。这样的话，就没办法赚到之后继续上涨的收益。

而专业投资者在这时不会考虑自己的买入价格，而是盯着走势寻找卖出时机。直到9月22日至23日，股价上涨至高位后形成了一个看跌的K线组合，并且其中第二根K线上影线很长。这是行情将要见顶下跌的标志。此时专业投资者会卖出手中的股票。

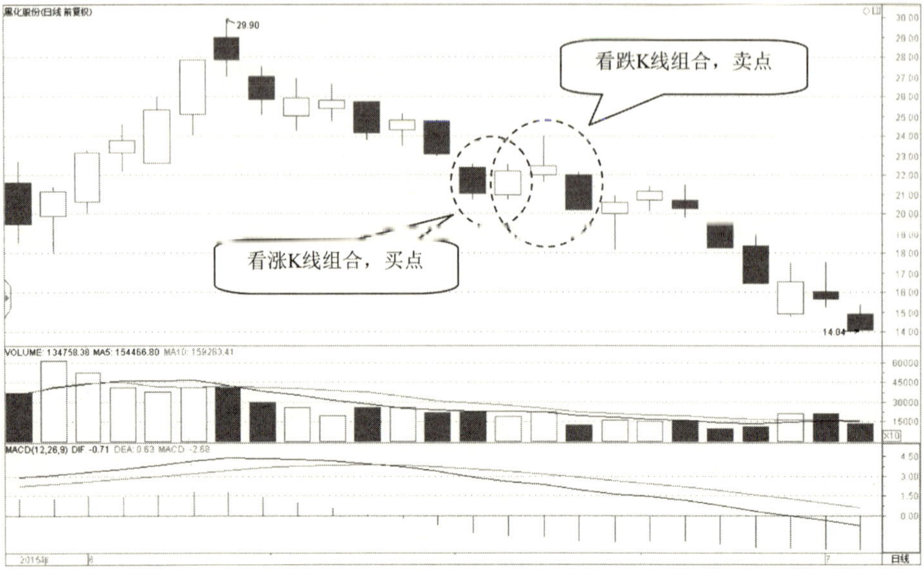

图4-17 黑化股份日K线

我们再看一个亏损的案例。这是2015年6月对黑化股份（600179，现为*ST黑化）的一次交易。

当这只股票价格下跌至6月16日和17日，形成了一个“曙光初现”的K线组合。这与上一个案例中的买入形态非常相似。我们可以在这个时候买入股票。

不过这次买入后，股价没能持续上涨，而是开始下跌。也就是说，之前的K线组合形态失败了。经常看K线交易的投资者都知道，这是很正常的事。即使是K线高手，其实整体交易的正确率也不是很高。

对于业余投资者来说，看到这笔交易亏损后，往往会做两件事：第一，把这笔亏损的交易忘掉。并不是卖出后忘掉，而是让它在自己的账户里自生自灭。第二，对K线技术产生厌恶，认为这是一项没有用的技术。之后再去寻找其他交易秘籍。

而对于专业投资者来说，买入股票后就不会再去考虑自己的买入成本，而是会盯盘寻找卖出时机。6月17日之后两个交易日，股价冲高后回落，形成了一个叫“黄昏星”的K线组合形态。这是一个看跌卖出形态。

此时专业投资者会果断止损卖出股票。业余投资者与职业投资者的区别之一是能不能在亏损状态下出场。

4.7 打造股市交易工具箱

总想要一个完美的策略，却没有好好打造自己的工具箱。

对于股市新手来说，总是千方百计地拜师学习，想要学会一些操盘秘籍，认为自己只要掌握了一两个指标或者某种特殊分析方法，就可以叱咤股市了。

其实所有成熟的投资者都知道，炒股赚钱的问题并不是一两个指标就能解决的。从观察市场行情，选择适当的股票，确定买入时机，果断分仓买进，最终在合理的时点卖出，整个过程是一个复杂的分析系统。

要想玩转这个系统，我们需要一个完善的工具箱。这个工具箱中必须包括K线分析、指标分析、量价筹码分析、新闻消息分析、财报分析等内容。只有熟练使用这个工具箱中的所有工具，并且知道在什么情况下用什么工具，才有可能在这个市场上稳定地赚钱。

要想打造一个完善的炒股工具箱，我们至少需要做到以下几点。

第一，经常维护自己的工具箱。

对于工具箱中已经有的分析工具，我们需要定期进行检测和调整。发现已有工具中存在的问题，进行优化和改进。

第二，常换常新。

工具箱中已经有的工具不能是一成不变的，而是应该做到常换常新。到了不同的市场环境中，我们可能需要有不同的工具来适应这个市场。随着市场发生改变，我们就应该剔除掉工具箱中已经钝化的工具，重新寻找更加有效的工具来使用。

第三，周期性评估。

对于工具箱中的工具是否真的有效，我们应该有一个评估的周期。例如一周或者一个月。只有在固定的周期中进行测试，我们才能够了解这个工具是否真正有效。

第四，2080法则。

股票投资工具的有效性也符合2080法则。我们80%的盈利可能来自20%的工具。因此我们衡量工具的好坏时，可能80%的工具都是没用的。只有严格对交易工具进行筛选，才能最终找到20%的有用的工具。

我们经常说，股市新手从入市到成长为一名合格的投资者，可能需要几年的时间。这段时间里投资者需要学习各种分析方法的基本用法，并且将它们应用到实战交易过程中，不断熟悉和磨炼，才能最终将它们都变成自己工具箱中的武器，可以在不同的情况下发挥不同的功能。

4.8 记录交易日志，每天坚持复盘

复盘，静态地再看一遍市场，作好你的交易日志。

交易的成绩来自熟悉、熟练，没有最熟，只有更熟。每天坚持复盘和记录交易日志，让你熟悉市场，让你熟悉自己，让你熟悉自己的应对策略。

其实，在每个行业都一样，特别是股市里，如果你熟悉股市的热点轮换，熟悉热点板块的龙头个股，熟悉这段时间谁在涨谁在跌，熟悉已经跟踪好长时间的个股习性以及熟悉自己的操盘方法，形成条件反射般的看盘敏锐度。

对于职业投资者来说，他的交易是在复盘过程中完成的，开盘后他只是执行交易计划而已。

在复盘的过程中，我们需要多注意以下几个方面。

第一，复盘的时间每天至少要持续2小时。

第二，每天复盘的同时也是我们在训练自己的盘感。

坚持每天复盘，并按自己的选股方法选出目标个股。复盘的重点在浏览所有个股走势，其次才是找目标股。在复盘过程中选出的个股，既符合自己的选股方法，又与目前的市场热点具有共性，有板块、行业的联动，后市走强的概率才高。复盘后你会从个股的趋同性发现大盘的走势，从个股的趋同性发现强势板块。

第三，静态地再看一遍大盘。

复盘就是静态地再看一遍市场全貌，主要针对的是你白天动态盯盘来不

及观察、来不及总结的情况，在收盘后进一步明确哪些个股资金流进活跃，哪些个股资金流出机构在逃，大盘的抛压主要来自哪里，大盘做多动能又来自哪里，它们是否有行业、板块的联系，产生这些情况的原因是什么，哪些个股正处于上涨的黄金时期，哪些即将形成完美突破，大盘今日涨跌的主要原因是什么等情况。

第四，浏览当天的涨幅、跌幅榜。

对当天涨幅、跌幅在前的个股再一次认真浏览，找出个股走强（走弱）的原因，发现你认为的买入（卖出）信号。对符合买入条件的个股，可进入你的备选股票池并予以跟踪。

对涨幅前2版和跌幅后2版的个股要看得特别仔细。了解哪些个股在悄悄走强，哪些个股已是强弩之末，哪些个股在不计成本地出逃，哪些个股正在突破启动，哪些个股正在强劲的中盘，也就说，有点像人口普查，了解各部分的状态，这样才能对整个大盘的情况有一个基本的了解。

第五，看多了，就能养成对走势的条件反射。

找出一些经典的底部启动个股的走势，不断地刺激自己的大脑。这样以后再看到类似的形态时就会形成条件反射。

对于一个职业投资者来说，大盘、个股、消息几个方面是缺一不可的，哪一个方面都不能忽略。如果盘中因为时间的关系对某一项关注较少，那么就必须要在盘后的时段进行弥补，避免自己的交易计划出现漏洞。

我们可以看一个2015年11月26日复盘的案例。

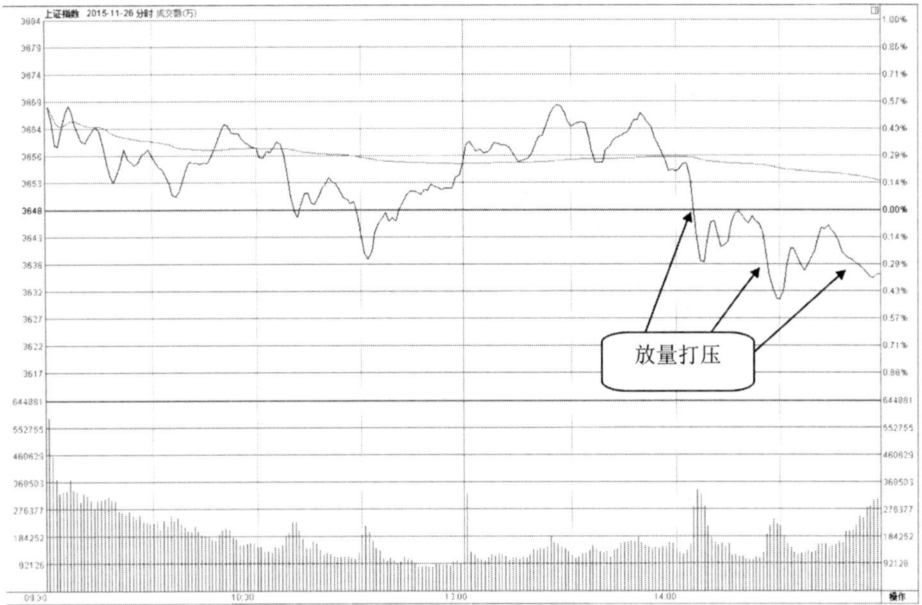

图4-18　上证指数分时走势

2015年11月26日收盘时，上证指数整日跌幅为0.34%，振幅为1.06%，属于一个小幅波动的交易日。从跌幅和振幅的数据看，这个交易日没有什么热点。

不过图4-18我们可以看到，当日下午收盘前，上证指数形成了连续三次下跌，其中前两次都是几乎直线下跌，并且这三次下跌都伴随成交量大幅放大。这样的形态就非常值得关注了。这说明大盘此时遭遇了巨大的抛盘压力，之后会有持续下跌的趋势。

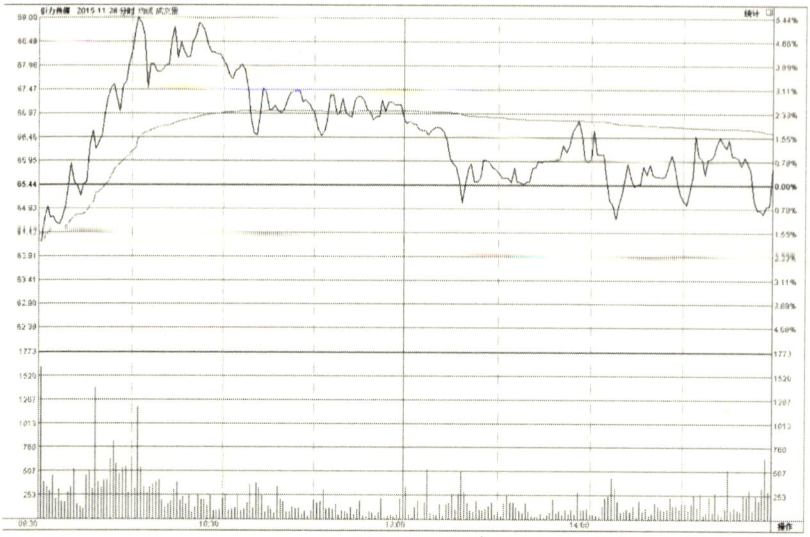

图4-19　引力传媒分时走势

当时我们关注的股票之一是引力传媒（603598）。该股该日上涨0.53%，振幅达到7.78%，形成一根标准的十字星。从收盘前的走势看，这只股票虽然与大盘一起下跌，不过尾盘阶段的成交量没有明显放大的趋势，并且最终也没有跌破前一日的收盘价（如图4-19所示）。

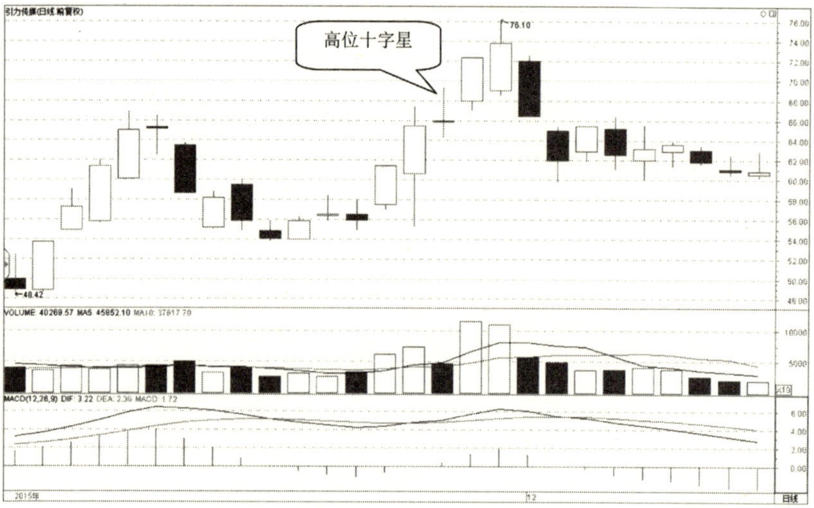

图4-20　引力传媒日K线

图4-20所示为引力传媒这段时间的日K走势线图。我们可以看到，11月26日当天，该股在高位形成一个标准的十字星，这是行情见顶的信号。如果按照这个信号，此时我们就应该卖出该股。

不过结合当日盘中该股的分时走势和大盘分时走势看，这个交易日股价的冲高回落是由于整个大盘下跌造成的，而且大盘整体杀跌时，该股的表现非常坚强。这样的形态就说明此时该股还有比较强的支撑存在。之后一个交易日，股价高开，就更加验证了这种支撑存在的信号。因此这时我们不用急于卖出。

如果盘后阶段复盘足够仔细，我们可以发现很多在盘中难以觉察到的信息。这些信息有时候对我们的股票交易是十分重要的。下边就是一个这样的案例。

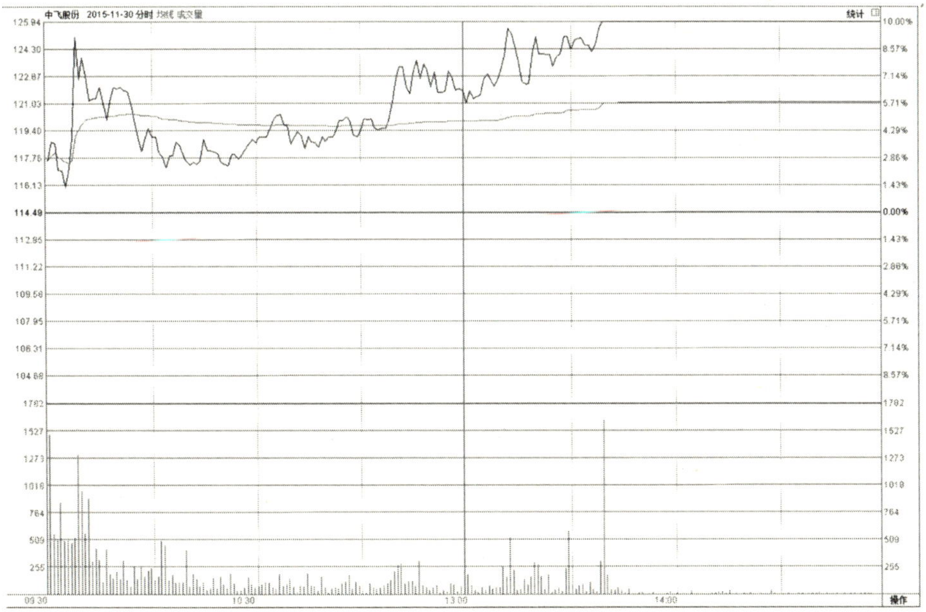

图4-21　中飞股份分时走势

图4-21所示为2015年11月30日中飞股份（300489）涨停的分时走势。

从图中可以看到当日股价盘中强势上涨，最终达到涨停板，并且涨停板一直被牢牢封住，显示出了很强的上涨力量。结合K线图看，这一日股价强势上涨对前期高点形成了有效突破，也是看涨买入信号。因此，如果单单从这些角度去考虑，我们可以判断这只股票的上涨趋势很强，是一个很好的买入目标股。

14：45

档位	价格	数量	变化
卖五			
卖四			
卖三			
卖二			
卖一			
买一	125.94	3021	+19
买二	125.93	100	
买三	125.92	3	
买四	125.91	2	
买五	125.90	177	

14：48

档位	价格	数量	变化
卖五			
卖四			
卖三			
卖二			
卖一			
买一	125.94	2983	-11
买二	125.93	100	
买三	125.92	3	
买四	125.91	2	
买五	125.90	177	

14：49

档位	价格	数量	变化
卖五			
卖四			
卖三			
卖二			
卖一			
买一	125.94	3137	+154
买二	125.93	100	
买三	125.92	3	
买四	125.91	2	
买五	125.90	170	-7

图4-22　中飞股份盘口变化

当天复盘时，我们观察了这只股票盘中涨停后涨停封单的变化，发现了一个有意思的事情。14：45，买一位置的涨停为3021手，并且刚刚增加19手。这说明之前涨停封单是3002手。14：48，买一位置封单减少到2983手。之后到14：49，涨停封单马上增加回3137手（如图4-22所示）。

涨停封单连续两次下降到3000手左右或者跌破3000手，都会有新的买单出现，增加涨停封单数量。这个信号很明确是有机构资金在操盘。这个机构没有一下挂上30000手买单，吓退所有抛盘，而是费力把涨停封单维持在3000手水平上，很可能是因为他手中剩余的资金量已经不多。也就是此时机构已经重仓持有该股。借助这样的强势涨停行情，机构很可能是为了自己最后出货做准备。

因此经过仔细分析，这个交易日虽然股价强势上涨，但是我们仍然不应该冒险买入股票。

由此看到，交易的成绩就是不仅来自于对股票的熟悉，来自于比别人熟悉，更来自于背后花的时间和投入。

股票不必天天买，功课却要天天做。坚持每日复盘和记录交易日志，持之以恒，使其成为你的交易工具箱里的一个有力工具，不断进化自己的交易技能。

4.9 合理规划一天的交易时间

临场一秒钟的交易决策，体现盘外的准备。

功夫在盘外，计划你的交易，交易你的计划。

很多人认为股票交易是一件轻松的工作，每天只要盯盘四个小时，而且每逢节假日都不开盘。

对于职业投资者来说，这是非常错误的想法。对于职业投资者来说，每个交易日中所作的交易决策，临场那一秒钟的买入或卖出，体现的是盘外的准备。没有盘外的工夫，盘中交易必然是无根之水，难以长久。我见过很多专业交易者每天都工作超过12个小时，而且周末从来都不休息，以达到在盘中买卖时更加从容。当然，我们也不提倡没有周末，只是为了说明职业投资者所付出的时间。

对于一个合格的股票交易者来说，每天主要的工作包括以下几个方面。

每天早上6点至8点，需要阅读各大财经媒体、投资论坛和交易高手的文章。一方面要了解前一日晚间外盘市场发生的重要事件，另一方面也要了解大盘的风向。我们曾经不止一次说过，这个市场是由无数人构成的市场。充分利用网络资源来了解市场上其他人的看法，是每个交易者必须要做的功课。

置顶 周三下午两点或再跳水，散户此时不抄底后悔终生
置顶 今日特大利空发布，周三大盘或将还要面临洗盘危险
置顶 主力已经骗了80%散户走错路，周三走势只有一种
置顶 散户必须背熟，可怕股市的魔咒，太准了！
置顶 一个绝佳机会！散户还蒙在鼓里！
置顶 除此两点外，谁说什么我都不信
置顶 重磅：周三见此信号立马加仓

图4-23 浏览股市论坛

图4-23所示是2015年12月16日某个股市论坛的头条。我们通过这些信息可以发现“抄底”、“洗盘”等关键词，从而得到两点启示：第一，大多数人都认为，市场已经处于下跌趋势中。第二，很多人还对未来行情充满幻想，企图抄底。

每天早上8点至9点之间，所有信息已经汇聚起来了。这时我们要做的是根据市场走势，制订这一天的操盘计划，包括当日观望、加仓还是减仓；如果当日大盘上涨怎么办，如果下跌怎么办。只有做好计划，才能在盘中对各种可能性都从容应对。

每天9：00—9：15之间最好放松一下，放平自己的心态，准备开盘。

9：15，集合竞价开始。此时进入一个交易日中的正常交易时段，直到15：00结束。

15：00—15：30，可放松一下，将自己从盘中紧张的情绪中放松出来。

15：30—17：30，从旁观者的角度重新观察这个市场，对当日大盘和重要个股的表现进行复盘。复盘的过程可长可短，有时候要进行到晚上很晚才能把所有关注的股票都复盘一遍。

有些交易者会把每天晚间时段中央电视台的《新闻联播》和《经济半小

时》两个节目，作为交易的重要参考。在看新闻时，也有一些技巧。我们应该从股票交易的角度去看新闻。不要纠结新闻里边报道的表面现象，要通过这些现象寻找里边的交易机会。

图4-24　一拖股份分时走势

2015年12月6日晚间的《经济半小时》“车轮上的创新”专题，报道了第一拖拉机股份公司最近几年在创新中求发展的历程。随后一个交易日盘中，这只股票就出现了一次短线交易的机会（如图4-24所示）。

基金经理人彼得·林奇讲过一个投资案例。有一年圣诞节，他陪着妻子和女儿去采购。采购时他发现妻子特别钟爱一个服装品牌，女儿特别钟爱一个化妆品品牌。于是回到公司后，他对这两家公司进行调查，发现它们确实是很好的投资标的，之后就大量买入这两家公司的股票。最终这两只股票为他赚到了巨大收益，足够妻子和女儿一辈子的服装和化妆品消费了。

我们在日常生活中，也可以发现类似的机会。例如，2016年春节后我们去菜市场，发现猪肉价格疯涨，这里边就存在交易机会了。

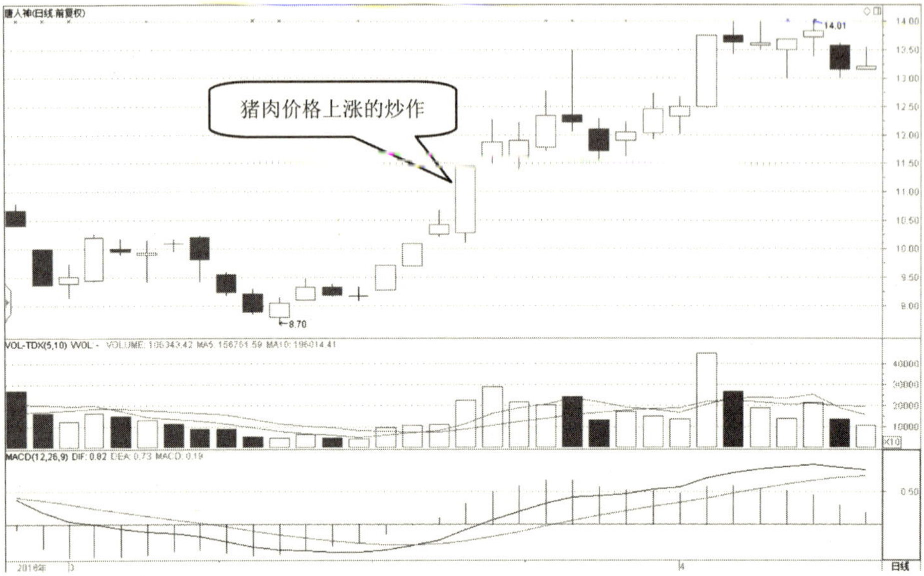

图4-25　唐人神连续上涨

受到猪肉价格上涨的影响，相关公司股票成为市场炒作热点。其中唐人神（002567）在这段时间两次涨停，股价大幅上涨（如图4-25所示）。

4.10 记录自己的资金曲线

记录你的资金曲线。券商并没有提供资金曲线的服务，你需要自己做一张资金曲线图。

为了理性衡量自己的交易水平，投资者需要有一个客观的指数，那就是投资者的账户资金曲线。

这个指数非常重要，不过交易平台中并不提供。每个交易日盘后，投资者最好打开自己的股票账户，将账户余额记录在一个EXCEL表格中。无论这个交易日是否交易，账户余额是否有变动都应该记录。如果这条曲线是一个震荡上升的曲线，并且上升的速度越来越快，就说明投资者的股票交易没有问题。在这样的情况下，投资者可以继续按照自己现在的方法交易。

如果资金曲线虽然上涨，但是上涨的速度越来越慢，就说明投资者的交易遇到了瓶颈，盈利的幅度越来越少。这可能是由于市场环境变化造成的，也可能是投资者自身的原因。此时投资者需要尽快找出原因，如果是自身原因，应该尽快解决。

如果资金曲线在一段时间内持续回落，那么一定是出现了问题。这种资金回落可能是由于市场整体下跌、投资者的交易策略出现错误、交易心态发生改变等等原因造成的。当资金回落达到一定比例时，投资者必须果断卖出手中的所有股票，避免亏损幅度进一步扩大。经过一段时间的冷静思考，投资者只有发现自己交易中存在的具体问题并加以改进后，才能够再次进入市场开始交易。

我们的交易信心应该是建立在账户的结果上，倾听账户发出的声音。只有账户的资金持续增长，才能说明我们已经成为了一个优秀的交易者。

第5章 失败投资者的十二个交易“潜规划”

100个专业投资者可能有1000种赚钱方法，但是100个业余投资者可能都是因为同样一个原因而亏钱。本章总结出了业余投资者易发生亏损的12个集中误区，希望投资者在交易的过程中能够尽量避免。

5.1 潜规则一：重视赚钱vs.不重视亏钱

小赚就跑，落袋为安；

小亏不跑，大亏跑；

短线成中线，中线成长线，越亏越不动。

最后现象：炒股炒成股东！打算留给下一代！

止盈不止损是业余投资者常见的一种投资误区，而且很多投资者都觉得这样做没有什么问题。当自己持有的股票获得盈利时，他们担心股价回落，会急于确认自己的盈利，往往股价刚刚上涨就抛出了手中的股票。

当自己持有的股票亏损时，这些业余投资者又会担心账面亏损变成实际损失，寄希望于可能的反弹行情，于是迟迟不愿卖出股票。最终只能是小亏变大亏，短线变长线，越亏越不动，最终炒股炒成股东，打算留给下一代。

要想成为一个专业投资者，止损是强调多少次都不为过的基本原则。止损的基本做法就是当买入的股票发生亏损时，一旦这个亏损达到事先设定的一个比例，就果断抛出股票。这样可以有效避免单笔交易造成太大损失。下边就是一个实际交易中止损的例子。

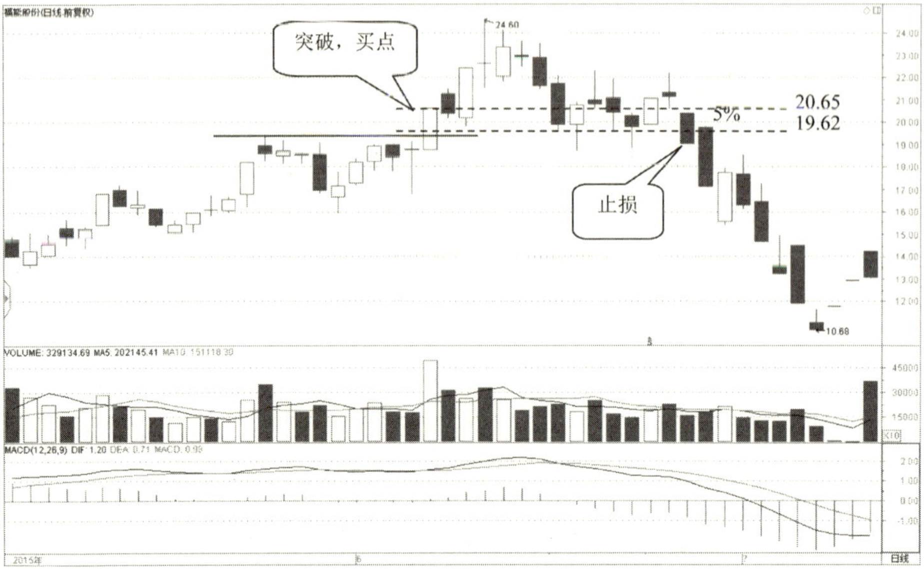

图5-1　福能股份日K线1

2015年6月5日，福能股份（600483）股价对前期的横盘整理区间形成了有效突破。这一日股价强势涨停。我们可以在这天买入股票。最终这天的买点在收盘价，也就是20.65元。

这时我们使用5%的止损比例，那么止损价格也就是19.62元（20.65×（1－5%））。

这之后股价小幅冲高后开始回落。到6月26日，股票的收盘价跌破了19.62元的止损价。这时我们就应该卖出手中的股票（如图5-1所示）。

这个案例里边，我们是用收盘价作为计算止损位的标准。可以看到最终止损之前，有几个交易日盘中股价已经下跌到19.62元下方，不过收盘价要高于这个价格，此时可以先不止损。

对股票交易果断止损的好处是可以有效避免判断错误时的巨大损失。不过如果将这个方法坚持一段时间后会发现一个很大的弊端。就像上边这个案例一样，我们买入股票后，股价明明已经上涨了很多，却最终错过了高价位的卖出时机，于是只能等到止损价位卖出，最终以亏损离场。

为了解决这个盈利变成亏损的问题，很多专业投资者对止损的原则做出了改变。他们采取一种将止损位向上浮动的做法。具体方法是等买入股票后，每当股票的收盘价创出新高时，都按照这个新高的收盘价重新计算止损位。如果收盘价没创新高则止损位不变。最终股价跌破最后一次修改的止损位时，就卖出手中的股票。

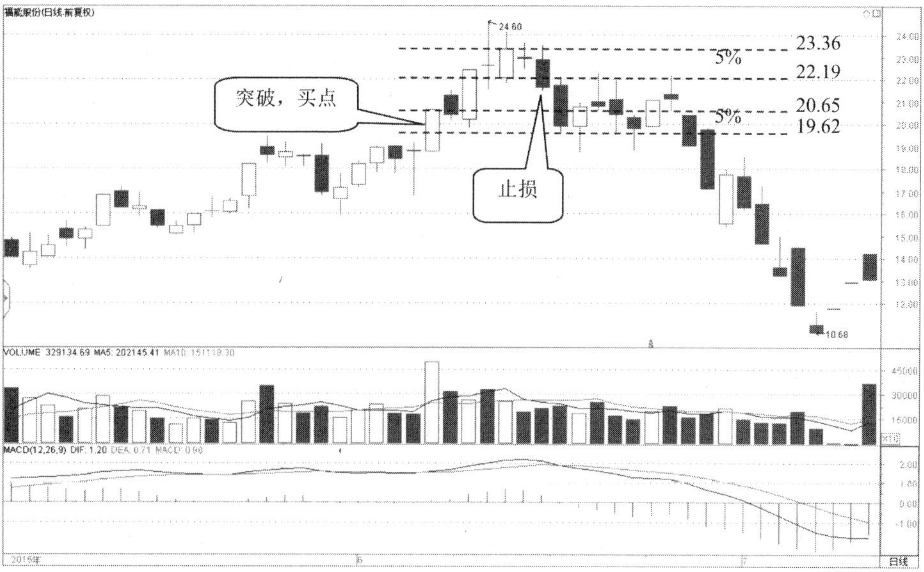

图5-2 福能股份日K线2

图5-2所示就是按照这样改进后的方法进行止损操作。

6月5日买入股票后，当日收盘价20.65元，计算得到的止损价19.62元（20.65×（1－5%））。

随后一个交易日，即6月8日，收盘价20.39元，低于20.65元，同时高于止损价19.62元。这个交易日不用调整止损价，也不用止损卖出。

6月9日，收盘价上涨至22.45元，创出新高，高于6月5日计算止损时的20.65元。此时需要将止损位重新计算，向上浮动调整至21.33元（22.45×

（1－5%））。

6月10日，收盘价继续上涨至22.63元，再次创出新高。此时需要继续抬高止损位，向上浮动调整至21.50元（22.63×（1－5%））。

6月11日，股价又一次大幅上涨，收盘价上涨至23.36元，再一次创新高。此时也需要再一次将止损位向上抬高，调整至22.19元（23.36×（1－5%））。

6月12日之后，股票的收盘价再也没有创出新高，止损位也就停留在了6月11日计算出来的22.19元位置。

6月15日，股价在盘中大幅下跌，跌破22.19元止损位。此时投资者应该果断卖出手中的股票止损。

通过这样的烦琐计算我们可以看到，股价刚刚在顶部回落时，即使我们没有发现顶部卖出时机，也能根据新计算到的止损位卖出手中的股票，结束这一次交易。为了得到这样的高位卖点，我们要付出的代价就是每天收盘后都要进行一些数学运算，并且记录好新计算得到的止损位，在交易软件中画一条新的止损线。

如果不想这么麻烦，还有一种简单的浮动止损方法可以使用。这种方法可能无法让我们精确将股票卖出在高位，不过胜在使用简便，适合精力不多的投资者使用。

具体的止损方法是买入股票后，找到这只股票上涨的一条支撑线，例如上升趋势线、均线等都可以。对这条支撑线的要求是在过去的行情中，股票多次下跌到这条支撑线附近都能获得支撑上涨。得到支撑线后，我们可以直接将这条支撑线当作止损线。未来股价一旦跌破这条支撑线，就说明上涨趋势结束。这时应该果断卖出股票止损。

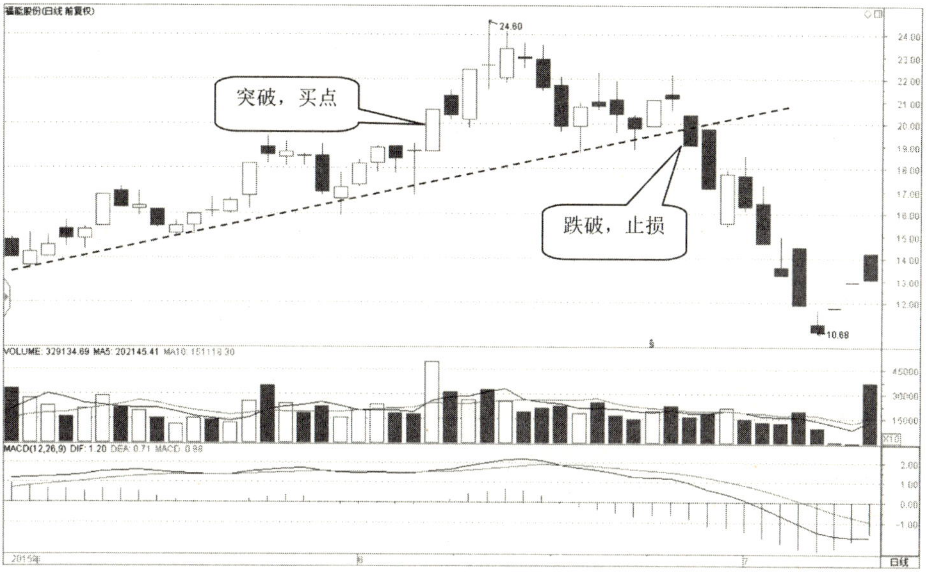

图5-3　福能股份日K线3

还是针对福能股份这只股票。我们可以根据它过去几次回落的低点，画一条上升趋势线。这只股票在持续上涨的行情中，一直在这条上升趋势线附近获得支撑。我们就可以将这条趋势线当作止损线。

最终到6月26日，股价跌破上升趋势线时，说明上涨行情结束，此时应该止损卖出股票（如图5-3所示）。

5.2 潜规则二：重视赚钱技术vs.不重视亏钱

亏损可以告诉我们很多信息。

从亏损中读到了什么，决定了你能不能赚钱！

很多新入市的业余投资者都热衷于追踪股市高手的赚钱秘籍，而忽略了对自己过去投资失误的总结，这也是一个巨大的误区。

我们在平时交易的过程中，最好经常翻看自己过去的买卖交易记录，找出那些导致亏损的交易记录，仔细回想当时自己为什么买入这只股票，又为什么卖出，找出自己交易失误的地方。这样就可以在之后的交易中杜绝类似的错误再次发生。我一直坚信《股票作手回忆录》里的一句名言——当你知道怎么做可以不亏损的时候，那么你就开始赚钱了。

世界上并没有什么必胜的技术秘笈，只有熟练掌握这些技术并善于使用的人。这就像学武术一样。刚入门的新手总是抱怨自己的刀不够锋利、枪不够长，而在武术高手的眼里，一根铁丝、一片树叶都能成为取人性命的利器。同样，在股市上，很多新入门的交易者总是抱怨自己的指标滞后，形态不准确。而专业的交易者的成长过程则是一个由繁至简的过程。新手与专业交易者之间有一个重要的区别就是他是否有去繁就简的能力。

我们可以看一下纪昌学箭的故事。

纪昌向飞卫学习射箭。飞卫说："你先学不眨眼睛，然后才能谈及射箭。"

纪昌回到家，仰卧在妻子的织布机下，眼睛注视着梭子（练习不眨眼睛）。三年后，即使用锥尖刺（纪昌的）眼皮，他也不会眨眼。

他把这件事告诉飞卫，飞卫说："功夫还不到家，还要学会看才可以。把小的看大，把微小的看得清楚，然后再来告诉我。"

纪昌用牦牛毛系着虱子悬挂在窗户上，从南面来练习看。十天过后，（虱子在纪昌眼中）渐渐变大；三年之后，感觉像车轮般大了。看周围其余东西，都像山丘般大。纪昌于是就用燕国阴木装饰的弓，北方树杆制成的箭，射向虱子，正穿透虱子中心，而拴虱子的毛却没断。

纪昌把这件事告诉飞卫。飞卫高兴地跳了起来，拍着胸脯说："你已经掌握射箭的技术了。”

只是这么说可能难以理解，我们讲一个实际的交易案例。这是一个学习“曙光初现”这种常见K线形态组合的一个案例。

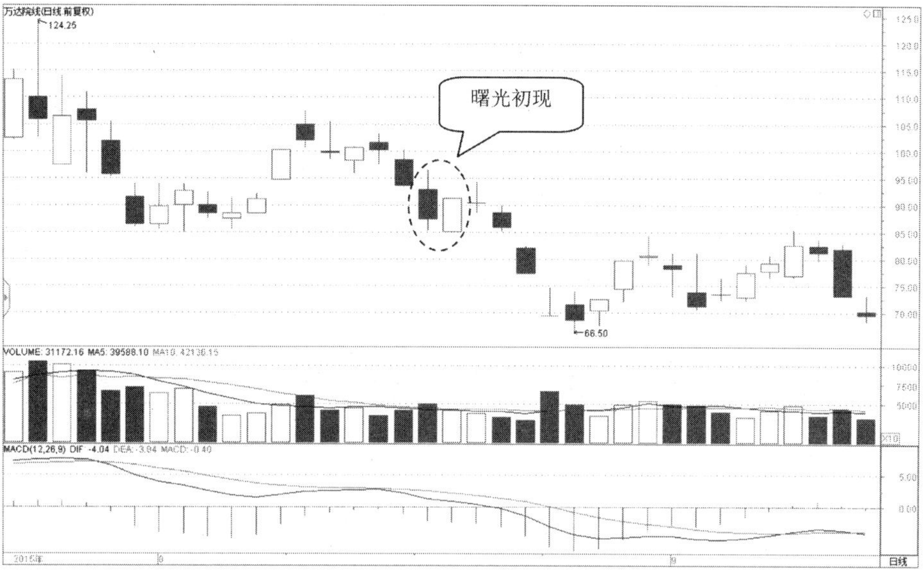

图5-4　万达院线日K线

图5-4所示为万达院线（002739）2015年8月的走势。8月18日和19日，股价下跌后连续两根K线组成了一个从形态上看非常标志的“曙光初现”形态。其中后一根阳线深入到前一根阴线的内部，将阴线实体覆盖住1/2以上。

这个形态本应是一个看涨买入信号。我们可以在19日阳线的收盘前或者下个交易的开盘后抓紧时间买入股票。不过买入股票后，这只股票持续下跌，最终这笔交易只能止损离场。

经过多笔类似的失败交易后，我们就应该回顾错误发生的过程，寻找产生这种错误的原因。通过对比很多类似的形态走势图，最终我发现并不是形态出了问题，而是买入的时间点有问题。

“曙光初现”本身只是股价下跌途中的一次反弹，这时大盘还在下跌趋势中，买入股票的风险必然会比较大。如果我将买入的时点推后一些，等到上涨趋势基本确认的时候买入股票，那么按照这个形态交易的风险就会大大降低。于是就有了类似下边这样成功的交易。

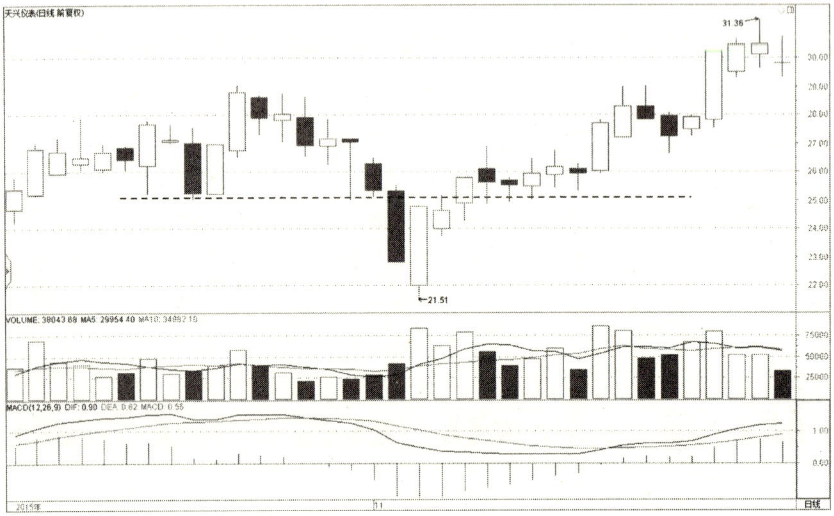

图5-5　天兴仪表日K线

2015年11月3日和4日，天兴仪表（000710）股价下跌至低位后同样形成了一个“曙光初现”形态。这一次，我没有在4日收盘前就急于买入股票，而是选择等待观望。经过观察后我发现，3日那根阴线的开盘价附近是一个重要位置。这不仅是之前一次回落的支撑位，而且是3日这次下跌的起点（如图5-5所示）。

于是等两个交易日后，股价突破3日那根阴线的开盘价时，我才对上涨趋势进行了确认，在这个位置上买入股票。

买入股票后，这只股票的价格又小幅横盘整理了一段时间，不过整理时每次都能在3日那根阴线的开盘价附近获得支撑。这更加验证了我对于这是一个重要点位的判断。这次股价获得支撑时，我就加仓买入股票。

最终该股股价持续上涨，这次交易也大获丰收。

5.3 潜规则三：重视亏损vs.不重视风险

盈亏同源，亏损≠风险，风险来自于失控的交易管理。

在很多新入门的交易者眼里，风险就是亏损。于是他们会竭力避免风险，把寻求风险。报率更高的交易行为，变成了账户不要亏损的逻辑，而在股市上寻找高保障的交易。但是盈亏同源，亏损≠风险，没有认识到这一点，将是一个非常可怕的误区。

实际上，在投资领域，风险和收益是一个硬币的两面。一笔交易的风险有多大，它预计的收益就有多大。对于股票投资人来说，需要做的并不是回避风险，而是对风险进行有效管理，避免最终的亏损。

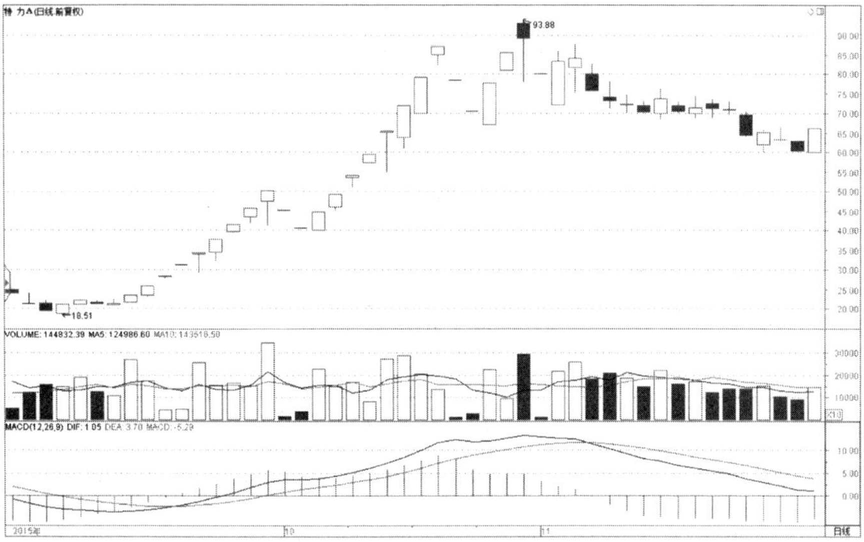

图5-6　特力A日K线

特力A（000025）算是2015年股票市场上的明星股。这只股票在短时间内连续涨停，股价翻了几倍（如图5-6所示）。在很多新手眼里，这都是必须回避的高风险品种。

如果我们从风险管理的角度来看，这只股票的风险巨大说明它未来的波动幅度会很大。这种波动可能是大幅上涨，也可能是大幅下跌。而且按照该股之前的走势看，这只股票能够强势上涨的可能性会更大。

因此在高风险的背后特力A也蕴含着巨大的盈利机会。对于投资者来说，完全可以在设定好止损机制的前提下买入该股。实际上该股的走势也证明了这一点。即使是在股价冲高的最后一个涨停日买入，最终也还有解套的机会。

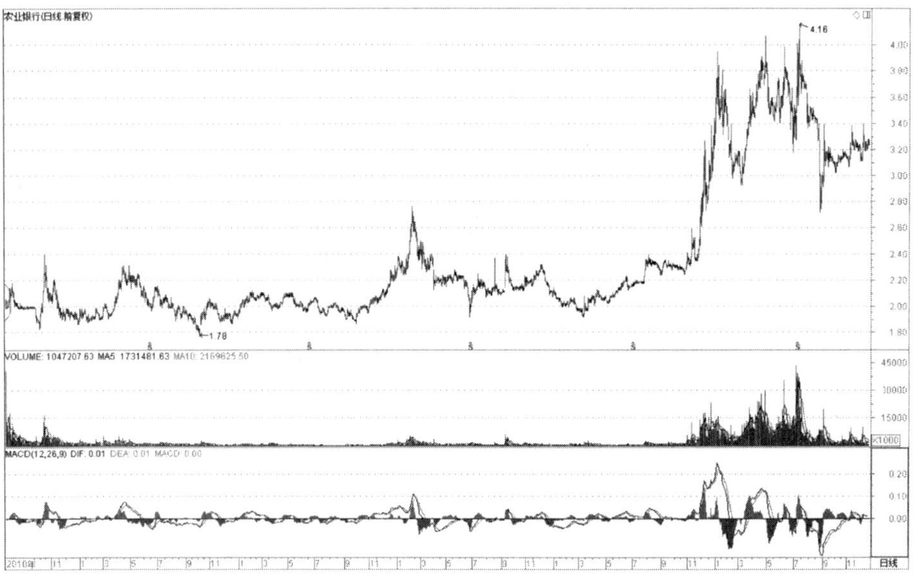

图5-7 农业银行日K线

农业银行（601288）代表了另一个极端。这只股票的股价只有2-3元，2015年最高也只是刚过4元（如图5-7所示）。市盈率长期保持在5倍左右，市净率长期在1倍左右，股价多数时间内每日涨跌幅都在1%以内。这样稳定的股票是很多业余投资者眼中的低风险品种，也是很好的投资标的。

不过在专业投资者眼里，农业银行这种长期横盘的超级大盘股票，很难有大行情出现，缺乏获利机会。专业投资者很少会参与交易。事实也确实如此，在2015年以金融股为龙头的牛市中，农业银行的涨幅并不大，甚至弱于整个大盘。

在专业的投资者那里，他们愿意承担风险，不过所承担的风险必须要有足够高的回报率作为补偿。例如某笔交易，判断失误可能会损失10万元，判断正确可能会赚10万元。这样损失和报酬相等，专业投资者就不会做这笔交易。

如果另一笔交易，判断失误可能会损失10万元，判断正确可能会赚20万元。这样可能获得的报酬就会超过需要承担的损失。即使这笔交易有可能导致亏损，专业投资者也会积极开始这笔交易。

专业的投资者会评估每次交易的风险回报率，衡量投入后可能产生的风险与预期潜在的收益比。真正的风险不是来自于亏损，而是失控的交易管理，可能是因为买入后产生了亏损，而做出向下买入摊薄成本的交易决策。

5.4 潜规则四：重视消息vs.不重视分析

隔壁王奶奶有内幕消息，推荐了一只股票，结果整个小区都套在里面了。消息的来源比消息本身更重要。

消息是让所有业余投资者又爱又恨的一个东西。

爱它是因为这个市场上充满了别人因为内幕消息而一夜暴富的故事。恨它则是因为自己过去的惨痛经历说明内幕消息多数都靠不住。

股市上消息的来源各种各样，我们只要在这个股市上，每天主动或者被动看到的消息都数以百计。其中真正有用的消息只占一小部分。其他例如庄家假消息、股评家杜撰的消息，经过无数散户口口相传后，可能比真的还真，让人无法辨认。

专业投资者也会通过一些消息来获利。不过对于专业投资者来说，都会有一套完善的消息过滤系统，从几个方面去分析一条消息，筛选有用消息变成自己操作的依据。例如我在得到一条消息后，就会从以下几个方面去考虑它是不是真正有价值。

第一，这条消息能否引起投资者的共鸣。

消息能够影响股价的原理在于它能让投资者相信上市公司会因为这条消息而获利，从而就会有很多投资者买入股票，将股票价格向上推动。只要一条消息能够引发投资者的跟风买入，无论它是真是假，影响有多大，都不用去追究了，跟着买就可以。

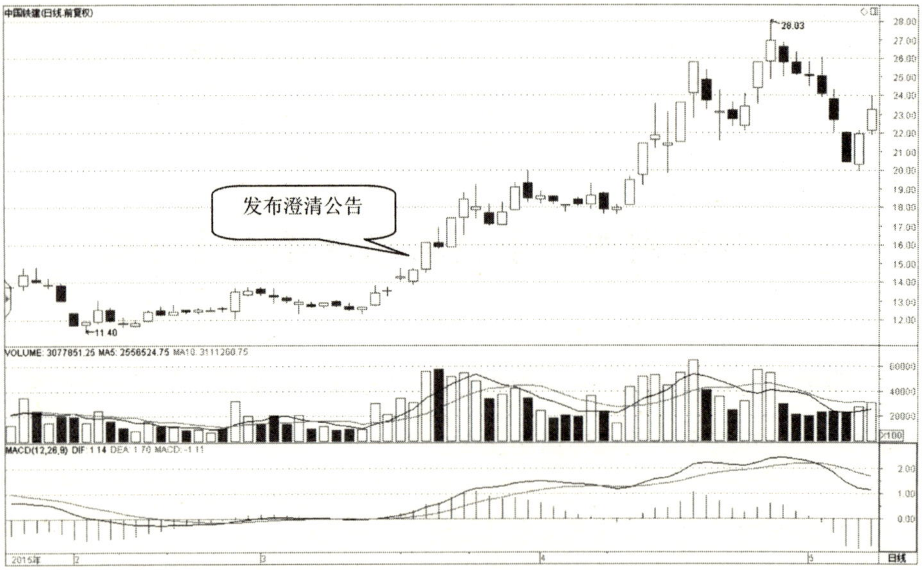

图5-8　中国铁建日K线

2015年3月17日，市场上出现“中国中铁与中国铁建的合并计划正在研究”。受到这条消息影响，当日这两只股票都大幅跳空上涨。此后虽然两家公司都发布了澄清公告，但是投资者显然更愿意相信传闻的真实性，纷纷买入股票，推动股价在19日强势涨停（如图5-8所示）。

这样的涨停形态说明投资者的做多热情已经被调动起来，此时无论这条消息真假，我们都可以做多买入该股。

第二，消息符合市场的整体趋势。

利好消息在牛市行情中，会被牛市扩大，带来大规模的上涨行情。而到了熊市中，则会被熊市淹没，很难造成市场波动。利空消息则正好相反。

对于个股来说，如果个股符合当前市场的投资主题，那么关于这只股票的任何利好都会被市场拿着放大镜看，成为股价的起爆点。甚至很多时候市场上会编造出一些虚假利好来配合股票的持续上涨。如果个股不符合当前大盘的投资主题，那么即使这只股票出现了巨大利好，也会被大盘选择性忽略，难以带来股价持续上涨。

例如2015年牛市的主题是金融、互联网和环保。这个时候煤炭行业的股票已经偏离了大盘的投资主题，甚至是被市场抛弃的品种。那么它即使有确定的利好消息，也不值得炒作。

第三，得到市场走势的验证。

验证消息最有效的办法就是通过股票价格的走向来验证。只要股价上涨，所有假消息和利空消息都能被当作是利好来炒作。只要股价下跌，所有利好消息也会被当成是假消息和利空消息。

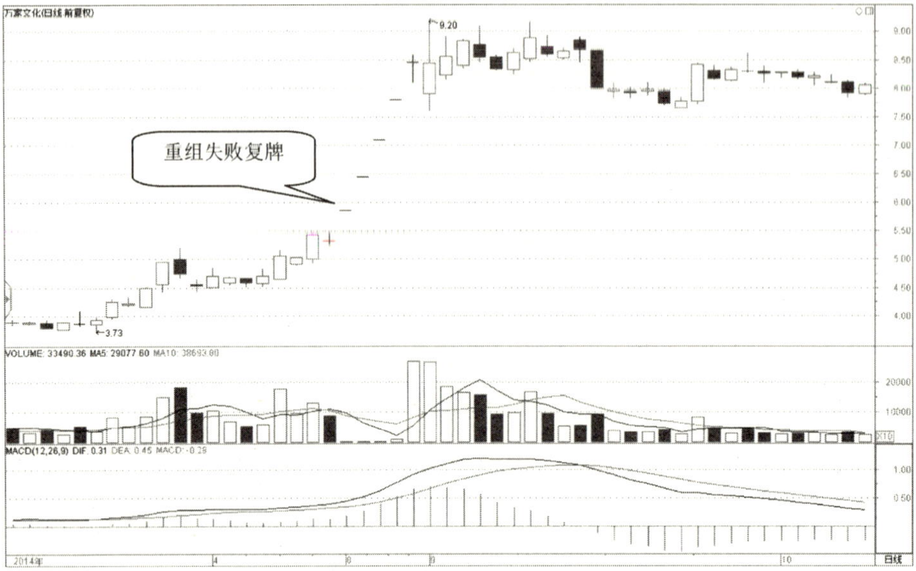

图5-9　万好万家重组失败后涨停

2014年8月25日，万好万家（600576，现名为万家文化）重组失败后复牌。从此开始该股以连续四个一字涨停强势上涨（如图5-9所示）。这是将利空消息作为利好炒作的一个典型案例。

对于普通的投资者来说，可以根据市场上一些公开的消息来买卖股票，不过最好不要参与到内幕交易中。因为根据内幕来做交易，有着先天性的不足。主要表现在以下几个方面。

第一，根据内幕做交易，无法形成有效的系统。

这次根据内幕交易盈利了，我们无法从中学到成功的经验。下次根据内幕交易亏损了，我们也无法从中总结失败的经验。

第二，内幕交易的违法成本太高。

证监会和其他监管部门对内幕交易一直坚持严打的态度。

第三，你所知道的内幕，很可能已经不再是内幕。

一个内幕消息从出现到传播，可能要经过相当长的过程。最终到我们眼前的时候，已经经过了N手的传播，内幕的影响早就体现的股价上了。

第四，内幕消息也需要市场的解读。

无论是内幕还是公开的消息，都需要根据市场走势来确定它的影响。这就表示我们只需要关注市场走势就可以了，完全不需要去打听内幕消息。

5.5 潜规则五：重视进场vs.不重视出场

会买的是徒弟，会卖的是师傅。

纠结于几分钱，却坦然损失几块钱的原因就是永远记得进场价。

很多业余投资者特别重视对买入时机的把握，却忽视了如何卖出股票。他们会学习各种技巧来确保以更低的价格买入股票，最终到卖出时却十分草率，导致整个交易的利润空间十分有限。

股市上有句俗话说“会买的是徒弟，会卖的才是师傅”。我们买入股票后，只有确定一个合理的卖出时机，才能够保证自己最终的交易盈利。否则即使买入了连续涨停的大牛股，那也只是纸上利润，无法最终拿在手里。

对于专业投资者来说，在买入股票的同时，就已经想好了卖出的时机。这种卖出时机可以从以下几个方面做出选择。

第一，形成看跌信号。

如果买入股票后，这只股票开始下跌，形成了一个未来会持续下跌的看跌信号，那么我们就应该果断卖出手中的股票。这种看到买入信号买、看到卖出信号卖的做法，也是最常见的一种买卖方法。

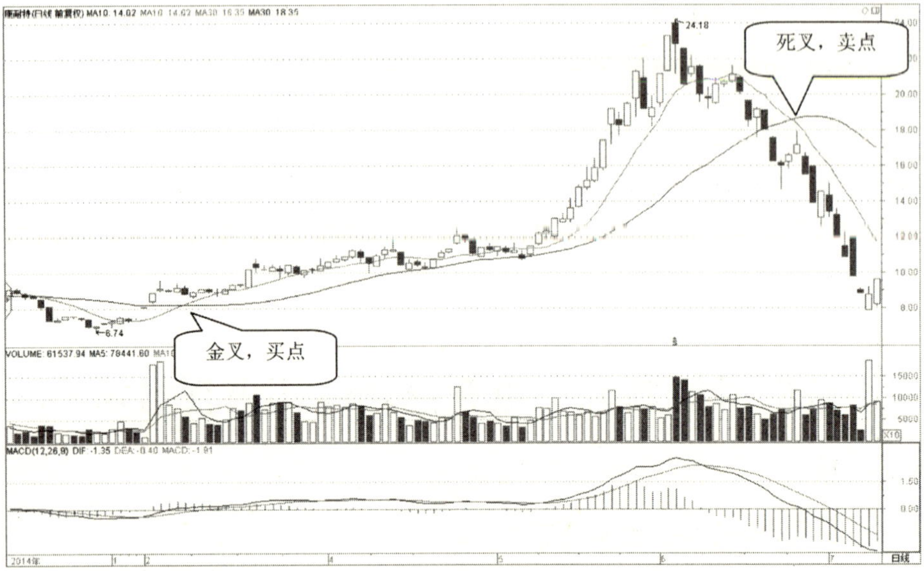

图5-10　康耐特的金叉和死叉

2015年3月9日，康耐特（300061）的10日均线突破30日均线，形成金叉形态（如图5-10所示）。这说明该股10日内的平均股价超过了30日内的平均股价，股价进入上涨趋势中，是一个看涨信号。此时投资者可以积极买入股票。

随后一段时间，其10日均线一直保持在30日均线上方。这段时间内投资者可以一直稳定地持有股票。

直到6月25日，该股的10日均线跌破30日均线，形成死叉形态。这说明股价进入下跌趋势中，投资者应该尽快卖出股票。

第二，买入理由不再成立。

我们每次买入一只股票必然是依据某种理由或者某个看涨形态。如果我们买入股票后，随后的行情中买入理由不再成立，或者买入的形态失败，这时我们就应该果断停止交易，卖出手中的股票。

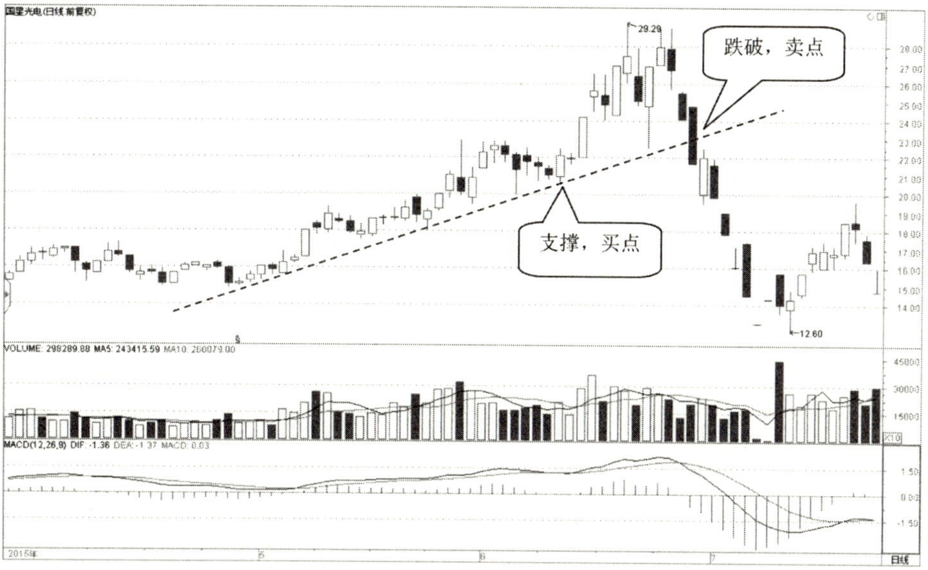

图5-11　国星光电的上涨趋势线

2015年5月至6月，国星光电（002449）沿着一条上涨趋势线持续上涨。当股价回落至这条趋势线附近获得支撑时，是买入股票的机会。

买入股票后该股见顶回落。当股票价格跌破上涨趋势线时，买入的理由不再存在。这时我们就应该卖出手中的股票（如图5-11所示）。

第三，止损卖出。

我们买入股票的同时，应该设定一个止损的价位。随后的行情中，如果股票价格跌破这个止损位置，我们就应该果断卖出手中的股票止损。

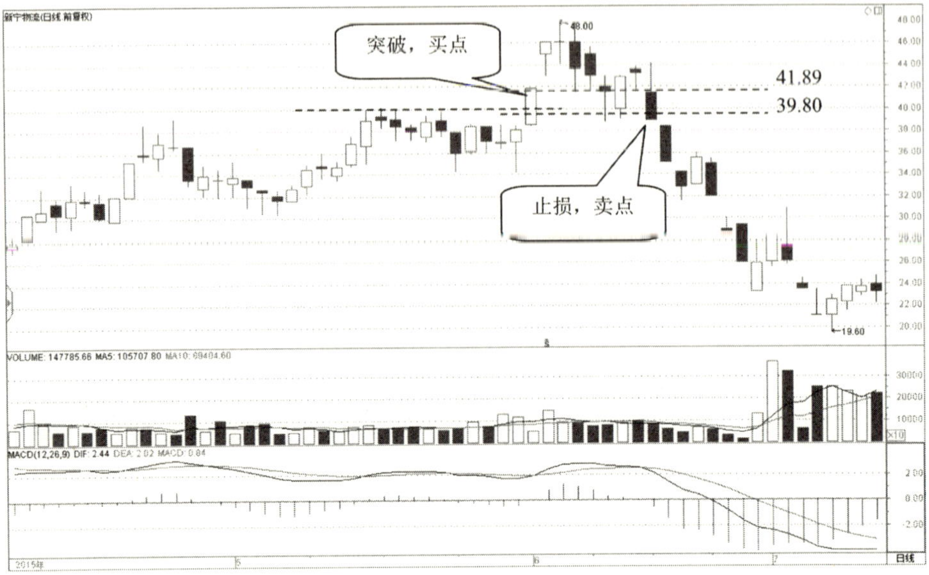

图5-12 新宁物流止损交易

2015年6月1日，新宁物流（300013）强势涨停，向上突破了其前期横盘整理的高点。在当日涨停板上，我们积极排队买入股票，买入价格是41.89元。买入的同时，我们设定一个向下浮动5%的止损位，即39.80元。

买入股票后，股价只上涨一天就见顶下跌。最终跌破止损位时，我们应该果断止损卖出股票（如图5-12所示）。

5.6 潜规则六：重视短期翻倍vs.不重视持续获利

期望管理失控！

期望赚点菜钱→10%想20% →20%想50%→50%想100%。

最后都还给市场！

很多投资者只注重股价短期内的上涨，并不重视持续的获利。他们只会用一天或者一周的眼光来看待市场，不会多考虑行情的月走势或者年走势。

这样就会导致很多交易者在确定买入目标时，对自己的交易缺乏长期规划，买入后走一步看一步。最初只是想着赚点就卖，之后股价上涨到10%后，又想要上涨到20%再卖，真上涨到20%，又想等到上涨50%再卖，最终对这笔交易的风险和收益都失去控制，导致已经赚到的钱又都还给市场。

正确的做法是我们发现一只股票有上涨趋势后，应该结合市场大趋势，判断这种上涨趋势原因，分析它的上涨趋势能否持续下去，能够持续多长的时间。最终我们就可以对这只股票长远的上涨有一个大致预测，从而在未来操作时更加稳健。

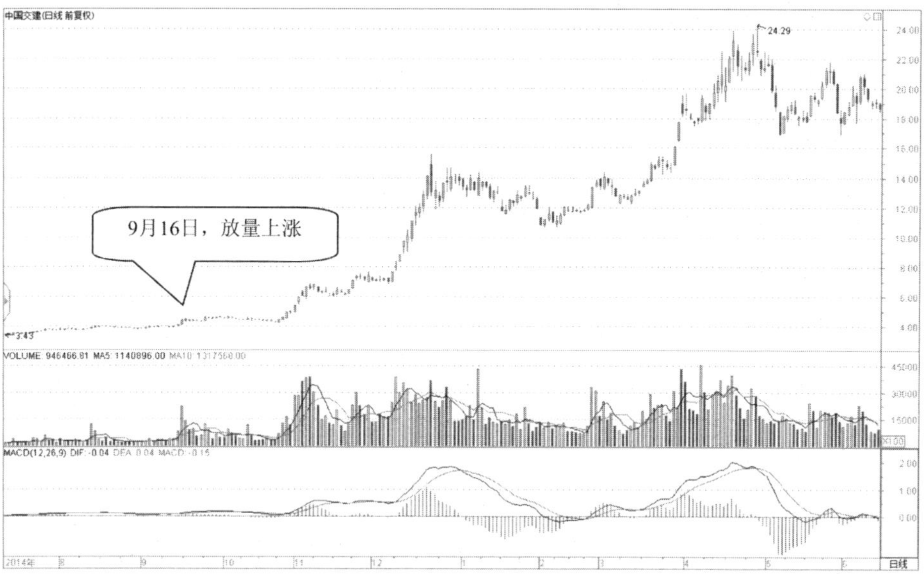

图5-13　中国交建日K线

2014年9月16日，中国交建（601800）股价强势放量上涨（如图5-13所示）。通过分析后我们知道，推动这只股票上涨的原因在于“一带一路”战略实施。类似这种国家战略只要提出后，必然会在之后很长一段时间内持续有后续政策推出，相关的股票也必然会受到市场的反复向上炒作。

因此在操作这只股票时，我们就应该把眼光放长远。一方面可以留有一定的底仓长期持有，另一方面也可以在每一轮强势上涨开始时进行短线波段交易。只要保持好宏观思路，我们就能在这只股票上反复进出，赚到巨大的收益。

5.7 潜规则七：重视持股vs.不重视持币

一年365天持仓，时刻参与。

管不住自己的手，不愿错过一根阳线。

踏空比被套更难受。

我们前边讲过，炒股高手的股票交易就像是老虎捕食。他们会在大多数时间中有策略地休息等待，用于分析整个局势，寻找合理的投资标的，调整自己的状态。最终真正买卖交易的次数是很少的。很多高手一年只抓住机会做一次交易。在这次交易中他会充分利用大盘的上涨趋势，买入很多预选好的股票，最终获得巨大收益。交易之后，他就会退出市场，冷静等待下一个机会。

不过在很多业余投资者眼中，炒股不应该是这样的。在他们眼中，只有把股市变成提款机才是真正的高手。这些炒股高手应该有一个炒股的秘诀，就像是一张可以无限取款的银行卡。只要他想，随时都能在市场上找到良好的投资标的，买入后赚钱离场。想要去欧洲旅游，做一笔交易，就把自己的旅游花费全部都赚来了。

我们需要认识到，那种能够把股市变成提款机的人，只存在于故事当中。

对于刚刚入市的新股民，总是抱有各种幻想。他们总是梦想把股市变成提款机。于是就会每天频繁地买卖交易，刻苦钻研各种技术，想要找到那张能够把股市变成提款机的“银行卡”。就像那句名言说的：当你在错误的道路上，只能越走越远。这些看上去非常“勤奋”的股民，从根本上就错了，越是刻苦，只能让自己亏损得更快，最终也只能亏光离场。

历史上几乎所有股市高手都一致认为，股市上真正可以操作的机会很少，投资者多数时间都应该耐心等待。为此，“股神”巴菲特还发明了一种打卡投资法。

进入股市之后，我们应该给自己发一张卡片。这张卡片上边只有20个孔位。我们每做一次股票的买卖交易，就在上边打一个孔。这样在生命中余下的时间里我们就少了一个孔。每个受到这样控制的投资者都会变得非常富有，因为他会在每一笔交易之前都仔细斟酌，抗拒投资游戏的诱惑，仔细做出最好的投资决策，将资金投入到有限的交易次数中。

因此，我们可以参照巴菲特的方法，给自己规定一个每年的最大交易次数，例如每月或每年做10次交易。如果能够长期这样坚持下去，我们就会不再做那些看上去比较好的交易机会，只专注于少数最好的交易机会，最终大大提高自己的盈利水平。

5.8 潜规则八：重视感觉情绪vs.不重视客观理智

享受冲杀沙场的自由感觉，讨厌规则束缚。

从哪里跌倒，就要从哪里爬起来。

过去有位投资高手曾说过一句名言："股市是一门艺术，而不是一门科学。"这句话不知道误导了多少业余投资者。既然高手都说股市不是科学，他们就抛弃股市分析方法，跟着感觉走，看哪只股票好就买哪只。最终这样盲目交易的结果必然不会好到哪去。

其实那个高手的话并没有错，错误在于我们对艺术和科学的理解上。就算是艺术，也是要建立在理性分析基础之上的，达芬奇作画、贝多芬作曲都是遵循了一定的原则，绝对不是完全跟着感觉走。我们的股票交易也是同样道理。

股票交易中，很多事情都是要凭借感官经验来判断的，例如判断一次突破到底算不算是有效突破的问题，很难有一个量化的衡量标准。不过这种感官判断至少要建立在理性分析的基础上，我们至少需要看过几百张真突破和假突破的走势图，才能从感官上判断哪些形态的突破更像是真突破，哪些形态的突破则像是假突破，最终凭感觉做出更加准确的判断。

很多股市高手在判断交易时，都是随心所欲，不会受一些条条框框的束缚。不过他们这种随心所欲是建立在自己之前进行了大量交易磨练基础上的。如果一个业余投资者刚刚入市就想这样随心所欲地进行交易，很难有好的结果。

我们可以把一个投资高手的成长分为三个阶段。可以看到其中第一个和最后一个阶段都是凭借感觉在交易，不过这两种交易有本质不同。

首先，一个新手刚刚进入股市，对于风险并没有正确的认识。这时他就会凭感觉交易。看到工商银行，觉得这家公司网点遍布全国，于是就买入股票。看到乐视网，觉得这家网站上视频不错，也买入股票。这个阶段也就是新手刚刚入市的盲目交易阶段。

其次，经过盲目阶段后，一部分投资者会开始寻找股票交易的规律，开始学习一些股票分析技术，并且将技术在实战中演练，想要找到能够在股市上获利的有效技术。这个阶段是投资者的成长阶段。能够经历盲目阶段进入这个阶段的投资者是很少的。

最后，经过对技术长时间的钻研和不断演练，其中有一部分投资者会逐渐发生蜕变，他们不再主动去使用某种技术，而是这些技术本身已经内化为这些投资者思维的一部分。只有这个时候，投资者才算是成长为真正的股票投资高手。他已经不用再刻意去想在什么情况下用什么分析方法，因为这些分析方法已经可以完全有感而发，随意自如。

小说《倚天屠龙记》里张三丰教张无忌学太极剑法的一段，与投资者的这种成长过程十分相似。张无忌看了一遍，忘了一小半；过了一会，忘了一大半；到第二遍上，张无忌还有三招没忘记；等他再经沉思玩味，终于忘得干干净净之时，张三丰才满意。

此时张无忌对于所学剑法，从照猫画虎转而化为有如本能一般，不受原来招式所限，随意出招自成章法，终于力克强敌。这样，张无忌所学会的，才是太极剑法的精髓。

5.9 潜规则九：重视创新低vs.不重视创新高

抄底思维，抄底抄到地下室。

成本意识太强，总想要最佳的价格。

只看价格，不看趋势。

2008年的熊市有个段子，说很多股民以为抄底抄到地板，谁知道地板下边有地下室；之后再抄地下室，发现地下室下边还有地狱；接着再抄地狱，发现地狱居然有18层。

这是很多业余投资者交易的真实写照。他们可能在牛市中赚了不少钱，到熊市开始的时候也成功逃顶。不过到了熊市的持续下跌行情中，却对牛市行情抱有幻想，不断抄底买入。最终越抄股价越低，倒在真正的底部到来之前。

要想理性确定一段熊市行情的底部区域，我们应该从以下几个角度出发去考虑。

第一，走势不再创新低。

在股票市场上，底部是涨出来的，从来都不是跌出来的。在股价持续下跌的熊市中，无论股价下跌至多低的位置，都不能说明底部已经到来，投资者也就不能抄底买入股票。只有到了股价真正见底开始上涨，不再创出新低时，我们回过头去才能够发现之前那段是一个底部。

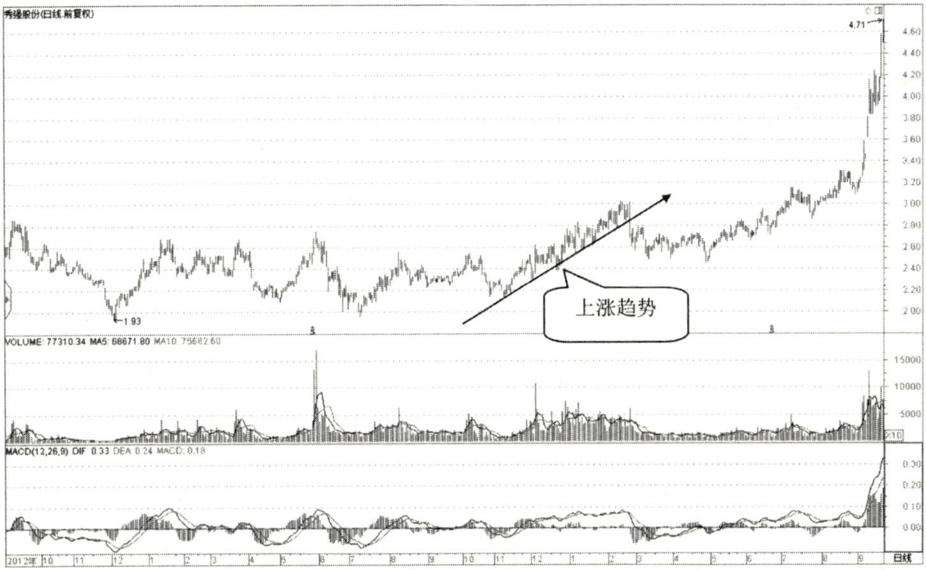

图5-14　秀强股份底部走势

2012年11月至2013年11月，秀强股份（300160）股价下跌至底部后持续横盘震荡，这段时间内我们不能够确认底部出现，也不能买入股票。

直到2014年初，该股股价开始持续上涨，逐渐形成上涨趋势。这时我们才能判断行情已经见底，开始抄底买入股票（如图5-14所示）。

第二，成交量稳健放大。

在股票持续下跌至底部后，市场上的成交量会萎缩至非常小的程度。这表示市场上交易十分冷清，很少有投资者再关注股市。这种清淡的成交量会导致股价在持续的下跌趋势中无法获得支撑，股票进入持续的无量空跌行情中。

直到真正的底部到来后，随着股价上涨，股票的成交量也会逐渐放大，形成放量上涨的配合形态。这说明随着股价上涨，越来越多的投资者开始重新关注该股，纷纷买入股票。这些买盘会推动股价向更高的方向上涨。此时市场会进入一个良性的上涨循环中，股价不断被向上推升，逐渐摆脱熊市下跌趋势，进入牛市上涨行情中。

从上一个案例中，我们就可以看到这种放量上涨的趋势形态。下边我们再看一个相反的案例。

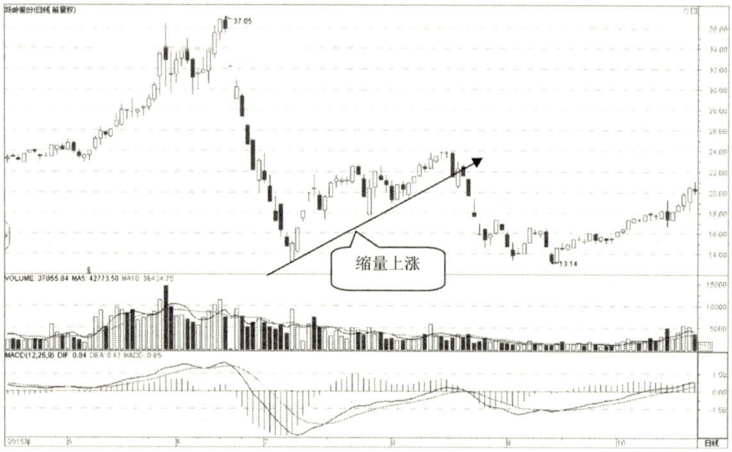

图5-15　跃岭股份下跌中途反弹

2015年7月至8月，跃岭股份（002725）下跌至底部后见底反弹，逐渐进入上涨趋势中。不过通过成交量指标可以看到，当股价上涨时，它的成交量却越来越萎缩，形成缩量上涨的走势（如图5-15所示）。

这样的形态说明这段上涨行情并没有得到市场的普遍认可，没有太多人在上涨的过程中跟风买入股票。缺乏足够的买盘支撑，这种上涨趋势很难持续。因此在这样的上涨行情里，我们就不能抄底买入股票。

第三，市场氛围变化。

大盘要想从熊市转变为牛市行情，需要的是一股持续做多的力量。只有这样的持续买入力量才能逐渐扭转熊市下跌局面，使股价进入稳健的上涨趋势中，从而推动牛市行情向上发展。

如果股价下跌至底部后虽然获得支撑，但是这些资金都只是持有短线交易思路，赚到就跑，这时股价即使短期内上涨，也很难进入长期上涨趋势，也就不会进入牛市走势中。这时也就不是抄底买入的机会。

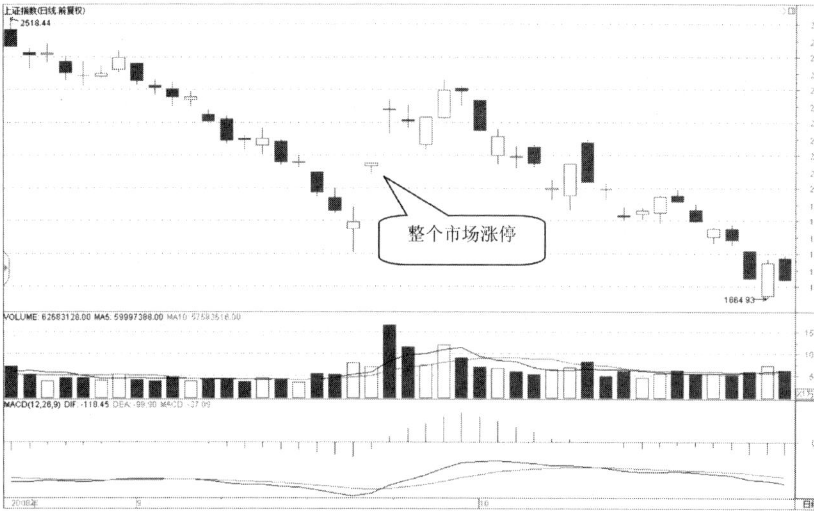

图5-16 上证指数涨停的行情

2008年9月19日，上证指数下跌至底部后，多个利好消息集中发布，将上证指数强势拉升至涨停板上，并且随后一个交易日指数继续大幅高开（如图5-16所示）。这种短期内暴涨的走势明显是短线资金的集中爆发，很难推动大盘长期上涨。因此对于这种机会，投资者不应该抄底买入。

5.10 潜规则十：重视行动vs.不重视准备

盘中4小时，盘后8小时。

我们一直强调，股票交易是一项非常辛苦的事业。除了盘中的4小时看盘外，每天开盘前和收盘后都要进行一系列的工作。只有在盘外做了充足的准

备，才能在盘中交易时从容应对各种变化，不会受到大盘环境的影响。

对于有志于成为高手的投资者来说，每天在盘外的工作包括以下几个方面。

第一，对于走势的复盘。

每天收盘后复牌查看当日大盘、自选股、热点股的走势图。这样可以帮助我们获得很多盘中被忽略的信息，避免交易失误。

第二，获取市场新闻。

每个交易日的早上查看新浪财经、和讯网等网络新闻，有些投资者收看中央电视台的《新闻联播》和《经济半小时》却是雷打不动的工作。

第三，获取市场消息。

每天盘外应该多留意各大股市论坛和炒股群里的消息。这些消息并不一定能够直接为我们带来价值，却是我们判断大盘氛围的重要依据。从中我们可以看到市场上其他投资者对当前市场的看法，对未来走势的预测以及对突发利好或利空的判断。

第四，总结交易得失。

每个交易日盘后，我们都应该回顾这个交易日中做了哪些交易，这些交易是赢是亏；导致交易盈利的原因是什么，导致交易亏损的根源在哪里；未来有什么打算。这样经常总结可以帮助我们在交易中有效提高自己的投资水平，最终进化成为一个成熟的投资者。

5.11 潜规则十一：重视随机应变vs.不重视系统建设

20次交易，有20种方法。

很多业余投资者会犯的一个重大错误就是交易时不按照同样的方法来。他们做20次交易可能是按照20种方法来进行交易。这样最终哪些方法有效，哪些方法无效很难搞清楚，也就没办法找到一个稳定的盈利方法。

而对于专业投资者来说，他们从一开始就坚持用同样的方法交易。即使这个方法有明显的漏洞，他也会在交易中不断演练，找到漏洞所在的地方，进行弥补。最终这种交易方法会被他越用越熟练，成为一套能够稳定带来盈利的方法。

例如在武侠小说里，有这么两个人，郭靖和杨康。

杨康聪明且勤奋。他总是学习各种武功招式，不过什么都不精通。看到更好的招式以后就会放弃原来所学，去追逐新的招式。

郭靖则显得非常愚笨。他一生只研究降龙十八掌，就算看到更厉害的招式也不动心，因为他怕自己学不会。经过几十年的不断磨练，降龙十八掌在他那里已经出神入化。

最后，杨康始终没能找到武林中最强的绝学，英年早逝。郭靖则凭借着自己的降龙十八掌，成为一代大侠。

对于刚刚入市的业余投资者来说，最好做守拙的郭靖，而不要学聪明勤奋的杨康。每一位股票投资者都应该记住一件事，股票市场上没有拿来就能赚钱的方法。所有从别人那里学来的方法都不会正好适合自己，都会存在一定的漏洞。只有将这些方法在实战交易的过程中不断演练，才能够改进存在漏洞，最终把这些方法变成自己的盈利工具。

5.12 潜规则十二：重视心法心理vs.不重视系统逻辑

不是没有恐惧，而是要突破恐惧！

我们讲到这里，多数的时间都在讲交易者心理层面的误区。于是很多业余投资者就陷入了另一个极端。他们在交易时只强调自己的心理强大，认为只要具备了强大的交易心理，就算没有什么方法也可以在股市上轻松获利。

甚至很多投资者都开始用国学和玄学去指导交易系统。这可不是什么好事。

学习股票分析方法和塑造股票交易心理对投资者来说，是不可或缺的两项工作。只分析方法，不重视交易心理，最终可能徒劳无功。而只重视交易心理，不重视分析方法，则完全是空中楼阁，盈亏全凭运气。

我们这本书强调交易心理是因为对于几乎所有人来说，交易心理层面的东西都是统一的。我们每个人做交易时都应该多学会空仓、控制好风险，亏损早止损。

建立了系统交易逻辑这一基础后，我们可以依据股票分析技术来塑造股票交易心理，发展出每个人独特的交易方法。我们每个人都有自己独特的一套方法。这些方法需要经过自己长时间的磨练才能逐渐形成，别人的方法不能拿来直接就用。因此我们在书里只讲解如何逐步改进自己的交易方法，而没有直接给出“必胜交易秘籍”之类的东西。炒股时间久了你就自然知道，那些所谓的“必胜秘籍”要么本身就是在骗人，要么写这些东西的人自己也没搞懂炒股是干什么。

第6章 股票交易的十大"钱规则"

100个专业投资者可能有1000种赚钱方法，不过有一些赚钱的规则是每一个专业投资者都必须严格遵守的。就像是"红灯停、绿灯行"这种基本交通规则一样，这些基本的赚钱规则强调多少次都不为过。

6.1 止损：散户的专利

我们可以一秒钟就清仓。

大资金清仓需要计划。

公募基金亏损的秘密：最低持仓比例限定。

我们大多数人都是散户投资者，相对于现在股市的成交量，即使千万级别的资金量也可称为散户。对于我们这些散户来说，在股市上有一个巨大优势就是我们可以在交易错误时果断认错，一秒钟就能清仓，止损抛出手中的股票。而且多数情况下，只要做出止损决定，我们手中的股票很快就能卖出去。

与我们相比，大资金则没有这样的便利。

例如一些公募基金，他们的持仓量都有比例限制。即使在熊市里，基金经理明明知道大盘会一直下跌，也必须要用大部分资金持有股票。如果他们持股数量太少，就违规了，会被管理机构追责。当然，公募基金的钱都是投资者的，基金经理不承担损失，也没有基金经理会为了投资者承担违规风险。

因此我们看到即使在熊市行情里，很多基金也都是重仓持有股票，基金的市值会随着大盘一同下跌。

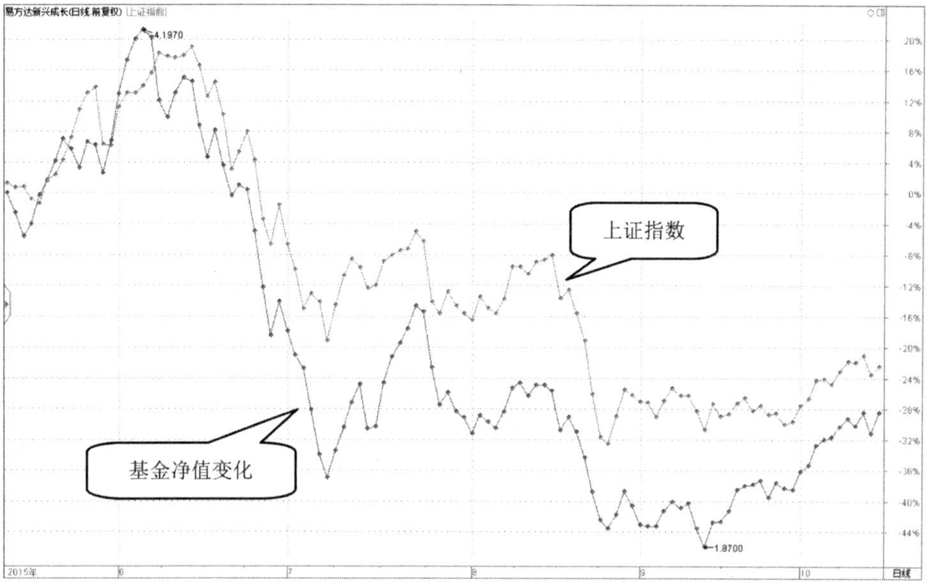

图6-1　易方达新兴成长混合基金净值变化

易方达新兴成长混合基金（000404）属于最近几年来基金市场上业绩比较优秀的品种。即使是这只基金，在2015年6月开始的暴跌行情中也难以幸免（如图6-1所示）。

对于我们普通散户来说，如果发觉到市场风险就可以马上抛出股票，并且长期空仓，等待合适的操作时机。这是公募基金不能比的。

而对于一些私募基金，虽然在持仓要求上不会像公募基金那样严格，不过因为他们的资金量巨大，无论买入还是卖出股票都难免造成大盘波动。如果他们想要在短期内止损卖出股票，必然会导致股价大幅下跌，从而在市场上引发更大范围的恐慌，使股价短期内暴跌。在这种暴跌的走势中，即使私募基金最终卖出了股票，卖出价格也很难满意。

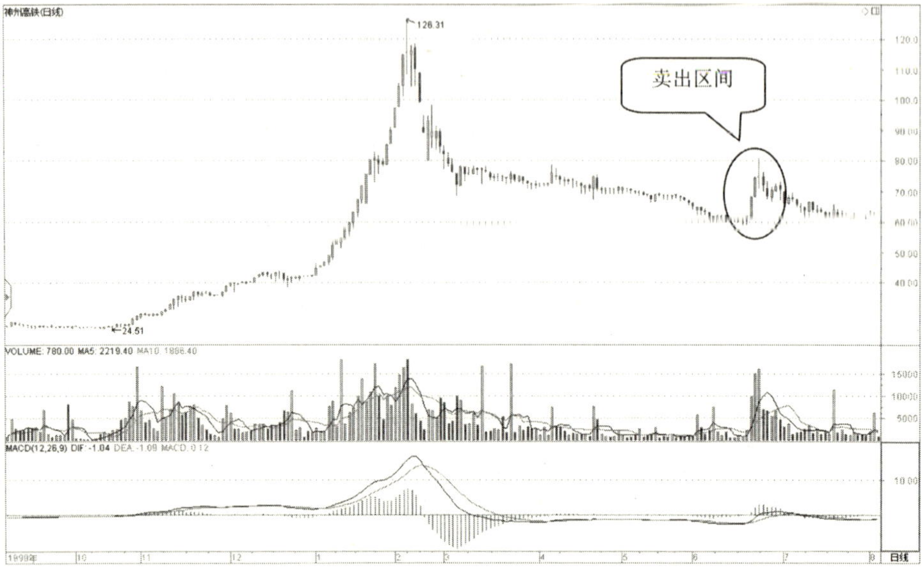

图6-2　亿安科技出货

亿安科技（000008，现名神州高铁）是我国历史上第一只百元股。这只股票的主力机构把股价拉升至高位后，没办法在100元上方卖出股票，只能将股价向下打压，吸引抄底买盘，最终在低价卖出股票，卖出价格在60元至80元之间（如图6-2所示）。

对于我们普通散户来说，很难在股市上掀起波澜。因此当我们想要卖出股票的时候，就可以毫不犹豫地一秒后变空仓，不用顾及这些抛盘会造成大盘暴跌。

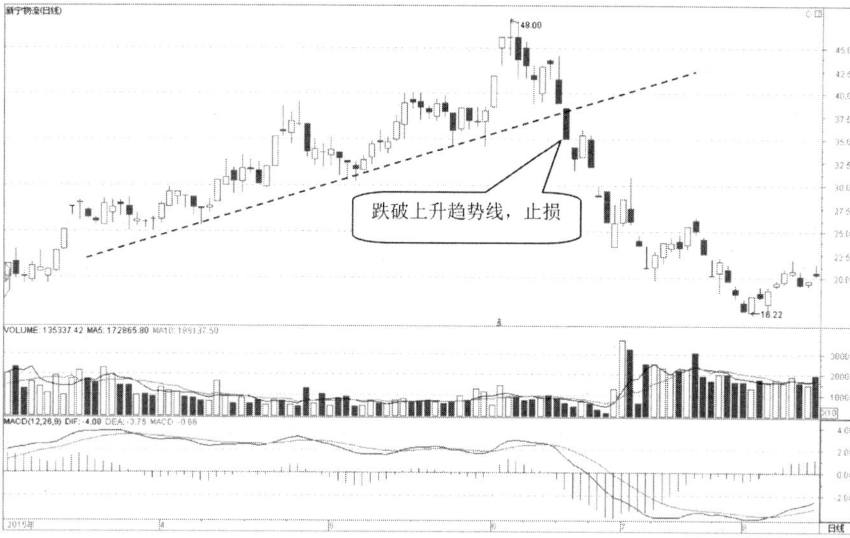

图6-3　新宁物流止损操作

2015年6月19日，新宁物流（300013）股价跌破之前的上涨趋势线（如图6-3所示）。这是上涨趋势结束的信号。此时我们应该果断止损卖出股票。这个交易日该股的成交额是2.28亿元。对于我们几百万的小额资金，在这时卖出不用考虑对市场的压力。而对于资金以亿为计量单位的机构来说，要想卖出股票的同时又不造成市场恐慌就非常困难了。

6.2 亏损：赚的更多就可以了

没有一个人的交易可以做到没有亏损的。

没有任何一个策略可以做到没有亏损的。

但可以做到赚的比亏的多

亏损在很多人眼里是非常可怕的东西，避之不及。而对于专业投资者来说，交易中的亏损是不可避免的，因此会将亏损看成是交易中必然产生的附属物，以平常心看待。

要知道，没有一个人的交易可以做到没有亏损的，也没有任何一个策略可以做到没有亏损的。但高手与低手，有效策略与失败策略的区别在于赚钱是否能比亏钱多。这样长期交易下来，确保交易中赚的比亏的多，就是一个有效的交易方法，执行交易方法的人就是交易高手。

要想确保交易中的盈利多过损失，仅仅以一颗平常心看待交易的亏损还远远不够。我们需要做的是发生亏损时，仔细分析这笔交易过程的前因后果，从中找出导致亏损的原因，改进自己的交易系统。

我们可以通过突破20日均线买，跌破20日均线卖这样一个简单的交易方法，说明在亏损中逐渐改进交易方法的过程。

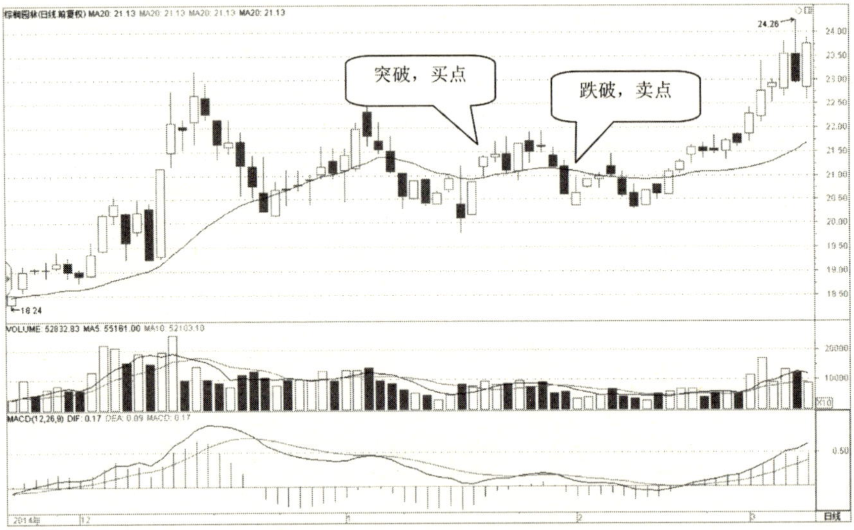

图6-4　棕榈园林的亏损交易

2015年1月21日，棕榈园林（002431）股价向上突破其20日均线，这时投资者可以买入股票。1月30日股价跌破20日均线，这时应该卖出股票（如图6-4所示）。最终这笔交易是亏损的。

股票交易亏损很正常，我们应该从这次亏损中找到亏损的原因。最终我们发现，如果过去股价在20日均线下方，多次反弹到20日均线遇阻的话，那么等股价突破20日均线后，能够上涨的可能性很大。如果在过去的行情里股价与20日均线一直纠缠在一起，就像这个案例中一样，那么即使突破20日均线也不是有效的看涨信号。

于是在之后的行情里，我们开始寻找那些过去在20日均线遇到阻力，之后能够突破20日均线的股票买入。

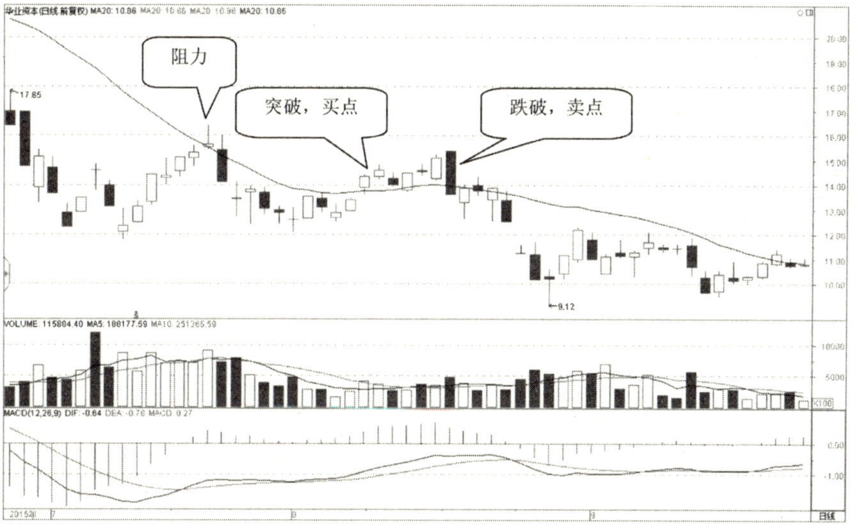

图6-5　华业资本交易亏损

这是按照调整后方法进行的一次操作。华业资本（600240）的股价曾经在20日均线位置遇到阻力。不过我们按照突破均线买，跌破均线卖的方法，最终仍然是亏损的（如图6-5所示）。

通过这个案例我们总结出，此时股价还处于持续下跌趋势中，即使突破20日均线也是小幅反弹，无法作为买入信号。因此，我们应该在买入方法里再加上一条，只有大盘在上涨趋势里，才是有效的操作机会。而判断市场处于上涨趋势的量化标准则是需要再添加一条120日均线，如果股价在120日均线上方，就说明市场处于持续的上涨趋势中。这时发现类似的机会可以买入交易。

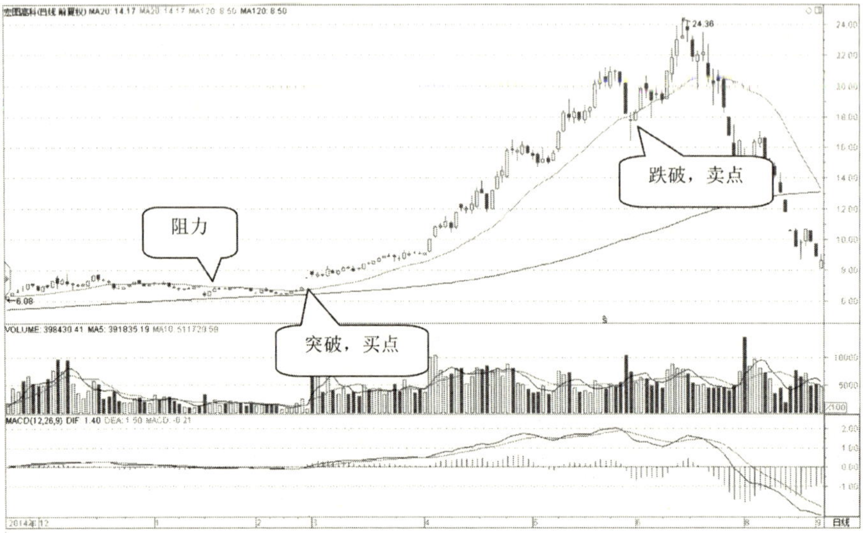

图6-6　宏图高科交易盈利

宏图高科（600122）就是根据这种方法进行的一次操作。这次操作中我们可以获利巨大。为了取得这样的巨大盈利，之前所有小幅亏损都是值得的。亏损只是交易的成本，就像一个生意需要付出成本一样。

6.3 预测：不做预测，只做准备

我们无法知道前方的道路情况，但我们知道要去的方向。
为路上可能发生的，做好准备。

在股市上做交易，我们永远不可能知道未来会发生什么，但我们知道未来的行情只会有上涨、下跌、横盘这三种方向。我们需要做的是为未来可能产生的各种情况都做好准备，而不是盲目凭经验判断未来行情，就只做一种打算。

而很多投资者则正好相反，他们非常喜欢预测。例如喜欢预测下午大盘会在3232点止损，预测一个月后大盘会上涨到5000点，预测明天600XXX一定能够涨停。这种预测对我们的股票操作是非常危险的。

当我们持币等待买股时，不要预测未来行情一定会上涨。而是应该有一个判断标准，如果未来行情突破某个位置，就标志着上涨行情开始，可以买入股票；如果未来行情无法形成有效突破，则说明上涨行情暂时还没有展开，这时就需要继续持币观望。

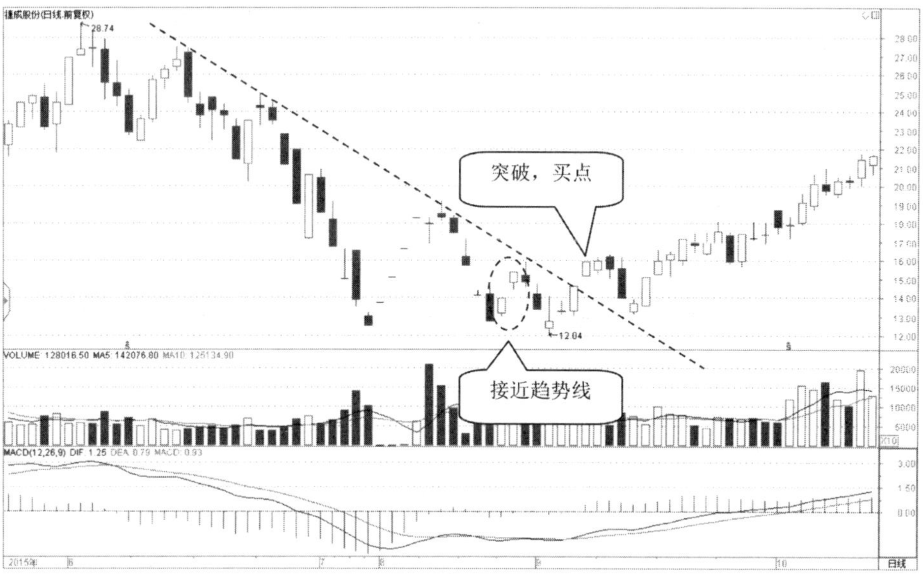

图6-7 捷成股份的买点确认

2015年8月27日和28日，捷成股份（300182）以连续涨停的形态接近下跌趋势线（如图6-7所示）。这时我们不需要预测未来行情发展方向，而是应该对各种走势做出判断。如果未来股价突破下跌趋势线，就标志着下跌结束，上涨趋势开始，此时我们可以积极买入股票。如果未来股价无法突破趋势线，则说明下跌趋势还在继续，我们就应该继续持币观望。

最终股价经过再一次回落后，在9月9日突破趋势线。此时我们可以积极买入股票。

当我们持有股票准备卖出时，同样不需要预测未来股价什么时候会下跌，只需要对未来可能的各种走势做好准备。当股价下跌至什么位置时，说明下跌趋势开始，应该卖出股票；当行情表现出什么走势时，又说明上涨行情还在继续，可以继续持有股票。

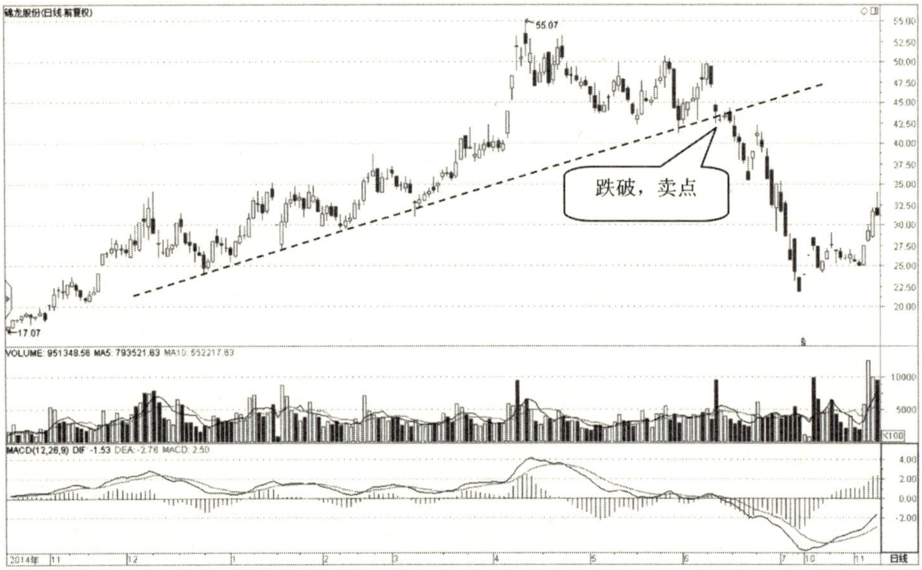

图6-8　锦龙股份的卖点确认

2015年上半年，锦龙股份（000712）股价沿着一条上升趋势线持续上涨（如图6-8所示）。这个过程中，我们不用预测上涨趋势什么时候结束，只需要对未来行情可能的发展方向做好准备。如果股价一直保持在上涨趋势线上方，标志着上涨行情继续，这时可以继续持有股票。如果股价最终跌破上涨趋势线，标志着上涨趋势结束，这时应该卖出股票。

最终到6月11日，股价跌破上涨趋势线，卖出时机确认。

6.4 纪律：纪律，纪律

很难相信，这是保命的第一法则。

制定纪律容易，遵守纪律难。

纪律，做你所说的，说你所做的。

股票交易获得成功本身是一个战胜自己的过程。在炒股的过程中，要想获得稳定盈利，需要战胜自己人性中必然存在的恐惧、贪婪、短视、盲从等等各种负面心理。而帮助我们战胜这些负面心理最有效的工具就是纪律。

在发展出指导交易的股票交易管理系统后，需要纪律保障系统的执行。把它放在电脑边上，每天严格遵守，可以帮助我们在暴跌行情中保持冷静，暴涨行情中减少冲动，从更宏观的角度看股市，坚持独立思考的原则。只要能够长期遵守交易的纪律，我们的交易心态就会慢慢发生改变，逐渐向着交易高手的层次进化。

股票交易过程中，下面的这几条纪律将成为你的账户防火墙。

第一，仓位控制纪律。

仓位控制纪律也就是投资者在不同的行情中，应该将自己的仓位水平控制在不同的水平上。

具体来说，熊市中一定要将仓位控制在10%以下。

牛市的初始阶段，可以将仓位增加到50%左右。

到了牛市疯狂上涨的时期，可以将仓位增加到80%左右，但不要满仓。

到牛市上涨遇阻时，应该减少仓位至50%。

最终行情见顶下跌，进入熊市趋势时，再将仓位控制到10%以下。

第二，分笔交易纪律。

为了进一步控制风险，我们买入和卖出股票时应该选择分笔交易的方法。也就是看到买点出现时，先用少量仓位试探，等信号进一步确认后再逐渐加仓。最终上涨趋势完全确认时买入全部股票。

卖出股票时，看到股价有走弱的迹象可以先减仓，之后随着股价走弱，逐步卖出股票，最终下跌趋势完全确认时，就卖出手中剩余的全部股票。

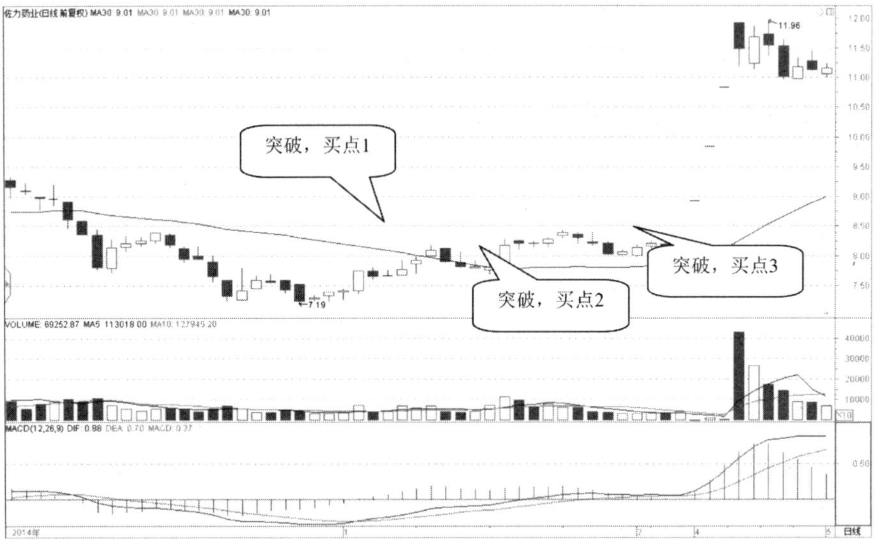

图6-9　佐力药业日K线

2015年1月13日，佐力药业（300181）股价突破20日均线，这时可以建仓买入，不过第一笔买入的仓位应该控制好，不要太多。

1月20日，股价回落至20日均线附近获得支撑继续上涨。这个形态是对上涨趋势的进一步验证，此时可以积极加仓买入股票。

2月2日，股价再次回落至20日均线附近获得支撑上涨。这是对上涨趋势的进一步验证，此时可以继续加仓买入，完成建仓操作（如图6-9所示）。

第三，止损纪律。

我们这本书里强调止损纪律已经很多遍了。不过根据我过去多年跟学员交流的经验判断，止损这项纪律强调多少遍都不为过。因为就算强调很多遍，仍然有人会在交易时不遵守这项纪律最终被套牢。

止损是避免我们在股市上大幅亏损的重要手段。我们必然是因为一只股票要上涨才买入股票，如果买入后股票的价格持续下跌，就说明我们的判断有误。做了错误的事最好的解决办法就是承认自己的错误，马上结束错误的交易。只有这样才能冷静分析导致错误的原因，下次不再犯。

如果拒不止损，而是对未来的行情继续抱有幻想，那只能是用一个更大的错误掩盖原来的错误。这么做一两次可能因为运气好，最终挽回损失。但绝大多数情况下都会导致更大幅度的损失。最终只能是越套越深，炒股炒成股东。

有时候，止损操作可能让我们踏空后市行情。不过这并不是止损的方法本身有问题，而是我们进行止损的方法出现了偏差。下边就是一个这样的案例。

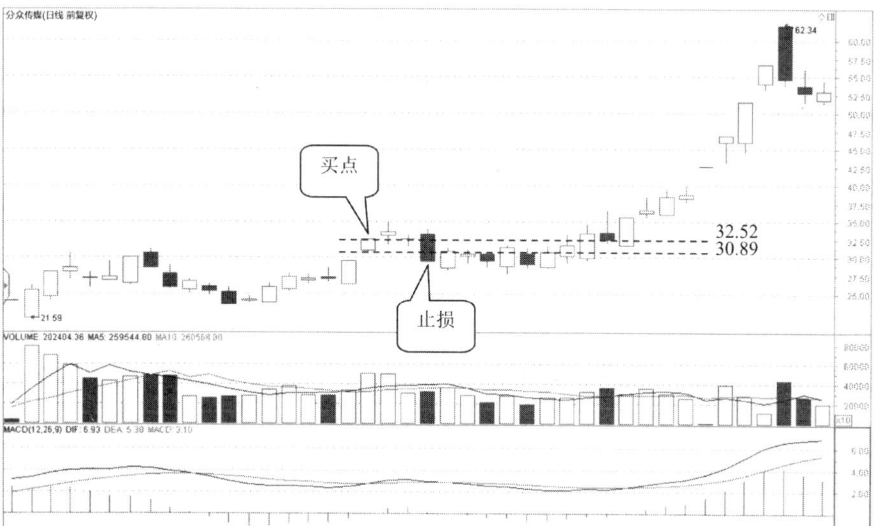

图6-10　止损导致踏空

2015年10月16日，分众传媒（002027）股价强势向上突破，出现买入时机。这个交易日我们积极买入股票，买入价32.52元。买入同时，我们设定一个向下浮动5%的止损位，即30.89元。

三个交易日后，股价跌破30.89元，这时应该止损卖出股票。这次卖出股票就导致我们踏空后市行情。股价经过底部整理之后，开始持续上涨（如图6-10所示）。

对于这个案例中的交易失误，我们并不能说止损的方法本身有问题，只是我们使用这个方法时存在一定的偏差。为了解决这种踏空的问题，我们可以从两个方面去改变止损策略。

首先是降低止损价格，也就是增加止损价位与买入价位之间的浮动空间，例如将向下浮动的价格比例增加到8%。

其次是承认这种误差，也就是将这种踏空后市看成是止损带来的必然负面效应。我们使用任何分析方法都不可能100%正确，止损也是一样。如果承认了这种负面效应存在，我们就可以在踏空后，股价继续上涨时重新买入股票。这样也可以得到未来股价持续上涨的利润。

纪律，就是做你所说的，说你所做的。我们的纪律一旦制定，必须要在随后的交易过程中严格执行。而我们指定纪律的目标，则是要规范自己的交易行为，让自己的买入和卖出交易都更加理性。

6.5 规则：规则，规则

规则是保命的第二法则。

计划你的交易，交易你的计划。

如果说交易纪律是我们交易中保命的“内功”，那么交易规则就是我们交易中保命的“招式”。我们做股票交易的过程中，只有坚持按照一定的规

则交易，并且在交易过程中不断完善自己的规则，才能使自己的盈利水平持续提高，最终成长为一名专业的投资者。就像华尔街名言说的一样：“计划你的交易，交易你的计划。”

对于专业的投资者来说，完整的交易规则并不只是买卖这么简单，应该包括以下几个方面。

第一，适合操作的时机选择。

如果大盘都处于下跌趋势中，并不适合交易股票。只有大盘进入上涨趋势中时，才会出现合理的买入时机。因此我们首先应该有一个标准来衡量当前的整个大盘趋势处于上涨趋势还是下跌趋势中。

第二，适合操作的股票选择。

对于短线投资者来说，应该选择市场上的热门品种。而对于长线投资者来说，不仅要选择市场上的热门品种，还应该充分考虑到这种热门题材是否能够持续下去。我们应该建立一套完整的量化体系来判断某只股票是否是当前市场上的热门品种，不能只凭感觉确定。

	代码	名称	涨幅%↓	现价	涨跌	涨速%	量比	涨跌数	连涨天	3日涨幅%
1	880459	运输服务	3.70	1298.08	46.34	-0.14	3.13	14/11	2	5.30
2	880424	旅游	1.81	2058.06	36.56	-0.06	1.90	10/9	2	4.66
3	880372	食品饮料	1.74	1686.91	28.78	0.01	1.40	27/21	5	4.07
4	880497	综合类	1.17	1648.67	19.11	0.02	1.64	17/12	5	4.68
5	880355	日用化工	1.13	1676.41	18.70	-0.06	2.30	3/4	8	4.25
6	880380	酿酒	1.07	1174.64	12.46	-0.26	1.47	23/12	2	2.39
7	880471	银行	0.77	1489.94	11.41	0.04	2.12	15/0	2	1.49
8	880482	房地产	0.69	2071.66	14.17	0.01	1.47	54/75	2	4.72
9	880414	商贸代理	0.65	1544.02	10.02	0.01	2.15	10/8	5	3.79
10	880351	矿物制品	0.65	1534.72	9.88	-0.04	1.12	5/6	2	2.92
11	880400	医药	0.65	1958.56	12.60	0.00	1.30	69/75	5	2.89
12	880473	保险	0.16	1387.71	2.21	-0.11	1.19	3/2	2	0.87
13	880465	交通设施	0.13	1785.05	2.24	0.01	1.42	14/19	2	1.25
14	880387	家用电器	0.09	1836.69	1.61	-0.05	1.21	12/22	2	1.39
15	880301	煤炭	0.08	512.43	0.39	-0.01	1.33	22/13	3	2.44
16	880476	建筑	0.07	1595.05	1.09	0.04	1.22	18/44	2	1.94
17	880360	农林牧渔	0.01	1545.26	0.10	0.00	1.19	20/37	5	3.29
18	880344	建材	-0.01	1059.54	-0.11	0.02	1.15	28/42	-1	3.49
19	880421	广告包装	-0.06	2575.97	-1.61	-0.01	0.86	8/12	-1	4.04
20	880390	汽车类	-0.09	1625.38	-1.49	0.06	1.22	40/61	-1	1.77

图6-11　板块涨幅排行榜

板块涨幅排行榜是我们选择热点股票的有力工具（如图6-11所示）。如果一只股票所在板块连续三日出现在涨幅排行的前三位置上，说明这个板块必然就是市场上的热点品种。进一步如果该股的涨幅也在板块中领先，那么这只股票无疑就是大盘的热点品种。

第三，合适的买点选择。

如果投资者确定当前是一个适合交易的市场氛围，并且已经有了几只目标股票后，下一步就是要确定具体的买入时间点。这是多数投资者最关心的问题。

在确定具体的买点时，投资者一定要有一个固定的方法，即使是非常简单的方法也可以。就像是我们前边讲到的一样，突破20日均线就买，这样的方法如果能在实战中不断改进，也能发挥很好的效果。

第四，卖出的时点选择。

对于卖出时点的选择，可以与买入时点对应。例如按照突破20日均线买入，就按照跌破20日均线的形态卖出。也可以不与买入的时点对应。例如按照突破20日均线买入，可以等MACD指标死叉时卖出。

无论哪种方法，只要投资者在实战交易的过程中多演练，多改进，都会逐渐成为一套获利的重要交易工具。

第五，修正规则的规则。

我们的交易规则需要在实战交易的过程中不断演练，发现其中的漏洞并进行修正。这样发现漏洞并修正的过程不能随意进行，也应该遵循一定的规则。具体来说，我们可以通过两个方面确定修正规则的时机。

首先是交易失败的次数。例如我们按照同样的规则交易10次，其中有5次以止损离场，说明这个规则存在漏洞，需要进行调整。市场在告诉我们现在的市场状况发生了变化。我们应该通过结果总结，而不是随意去感觉，要用数据说话。

其次是资金回落的幅度。例如我们按照同样的规则交易一段时间后，发现自己的账户总资产回撤了10%。这时就说明交易规则与市场节奏不匹配，需要进行调整。

6.6 出场：会卖的才是师傅

忘掉进场的价格吧！

出场技术与入场技术同样重要。

二大出场法：1.亏损出场；2.盈利出场。

有道是“会买是徒弟，会卖才是师傅”。我们掌握了选股和买入技术，只能算是股票交易入门，只有掌握了完善的卖出股票技术，才能够实现买卖随心，真正成为炒股的高手。总结起来，我们卖出股票的时候，需要注意的地方包括以下三个方面。

第一，忘掉进场价格。

买入股票后，我们账户上的钱已经变成了股票。这时除非要计算止损价格，否则进场价对我们完全没有意义。我们买入时，是在买入那些未来能够上涨的股票；卖出时，同样应该卖出那些未来会持续下跌的股票。因此，我们卖出股票时唯一要考虑的是这只股票未来会不会下跌，会下跌多少，而不是考虑自己之前是以多高的价格买入它。

前面章节谈到过“锚定效应”，在交易中，买入后需要忘掉进场时的价格，而关注出场条件。在券商提供的交易平台中，显示的成本价，恰是一个大的误导。

第二，分笔卖出试探。

卖出股票的时候，同样有风险。这种风险来源于踏空风险。也就是如果我们卖出股票后，股票价格上涨，那么我们就会失去赚到更多钱的机会。为了尽量避免这种踏空风险出现，我们卖出股票时最好先抛出少量仓位进行试探。之后等下跌趋势逐渐确认时，再逐步卖出手中的股票。这样如果股票继续上涨，就不至于完全踏空后市。

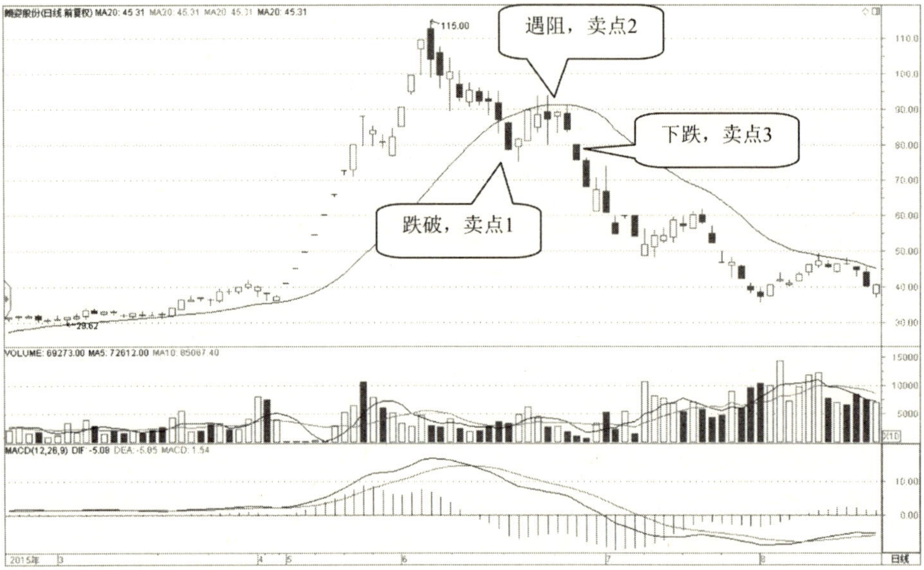

图6-12　朗姿股份日K线

2015年3月至4月，朗姿股份（002612）股价突破20日均线后一直沿着20日均线上涨。6月16日，股价跌破20日均线。这时是卖出信号。为了不踏空后市，投资者可以先卖出一部分股票。

随后股价反弹，不过反弹到20日均线附近遇到巨大阻力。这种遇阻行情是对下跌信号的确认，也是继续抛出股票的时机。

6月26日，股价跳空下跌，下跌趋势完全确认。此时投资者应该抛出手中的所有股票（如图6-12所示）。

第三，盈利和亏损下的不同出场策略。

出场的方法有很多，归根结底其实就两种，一种是盈利时怎样出场，另一种是亏损时怎样出场。

当我们盈利时，可以根据行情的走势确定出场策略。一旦行情走弱，上涨趋势停滞，下跌行情开始，我们就应该卖出手中的股票出场。

当我们亏损时，应该根据买入价格确定止损位来出场。一旦交易的亏损比例达到了止损位，就应该果断卖出股票，结束这笔交易。

6.7 等待：交易的精髓

等待！

等待机会，等待信号！

交易的精髓在于等待。

对于股票交易高手来说，大多数时间都在等待。他们会等待大盘调整到最佳的时间段，等待出现合适的目标股票，等待目标股票出现最佳的买入时机，然后再果断买入。因此对于炒股高手来说，一年中真正可以交易的机会并不多。

反而是很多新入门的业余投资者，对市场上的各种信息都充满好奇，不愿意放过任何一个赚钱的机会，拼命交易。最终买入大量股票，自己的交易也越来越乱。

根据深圳证券交易所发布的《2015年个人投资者状况调查报告》显示，亏损投资者2015年的交易频率平均为6.0次/月，人均持有3.9只股票，48.8%

的亏损投资者采取过止损策略；而盈利投资者交易频率平均为5.8次/月，人均持有4.5只股票，65.2%的盈利投资者采取过止损策略。

从投资亏损的原因来看，交易更频繁，持有股票数量较少，不采用止损策略，更容易导致投资者亏损。而分散投资、减少频繁交易、采取止损策略的投资者更容易获得正收益。

因此，对于刚刚开始股票交易的新手来说，我建议在学习各种炒股秘籍之前，先把自己的交易频率降下来，管住自己的手。这样一方面可以减少交易手续费的支出，另一方面也可以迫使自己放弃那些看上去比较好的交易机会，只在最好的机会出现时才出手交易。

6.8 资金：永远不要孤注一掷

亏50%，需要赚100%才能回本！

1%与10%，到底谁赚的多，谁亏的多？

无论多么看好，单只股持仓不大于50%。

投资大鳄索罗斯有句名言，让很多投资高手都深以为然：承担风险无可厚非，但永远不要孤注一掷。

我们用一个简单的数学题就能明白这个问题。如果用10%仓位持有一只股票，亏一半，相当于5%，那么剩下95%资金只要盈利5.26%就能回本。如果用100%仓位持有一只股票，亏一半，相当于50%，那么剩下50%资金必须盈利100%才能回本。翻翻股票的走势图就可以知道，下跌50%的股票遍地都是，上涨100%的股票却凤毛麟角，即使上涨100%的股票也是波折上升的。

下边这张表显示了如果你亏掉了账户的一部分，要赚回多少才能做到不赚不赔。

损失资金	要想恢复到起初资金水平需要的回报率
10%	11%
20%	25%
25%	33%
30%	43%
40%	67%
50%	100%
60%	150%
70%	233%
80%	400%
90%	900%

通过这张表可以看到，我们亏掉的越多，要想恢复到原来的账户资金大小就越难。这就给我们更多理由，让我们尽可能地保护自己的账户。

切记，在每一笔交易中只用账户的一小部分来冒险，你就可能从连输的灾难中生存下来，避免账户的大笔损失。

因此，我们所有投资者，无论多么看好一只股票，单只股票的持仓量都不能超过50%。因为在我们这个股票市场上，你永远不可能确定某只股票明天不会出现重大利空消息，导致股价连续跌停，最终市值跌去一半。最悲伤的故事，就是牛市里停了牌，等复牌时市场却已转熊多时了。

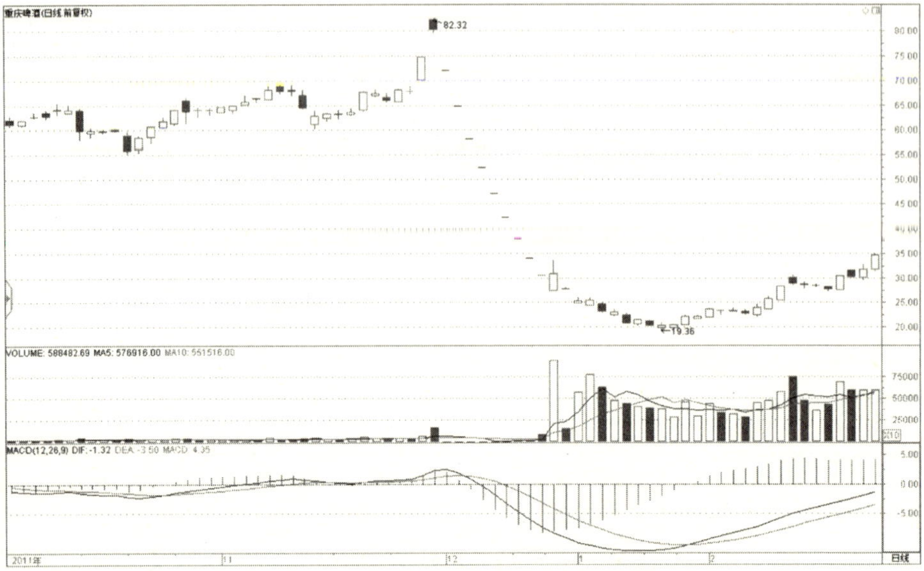

图6-13　重庆啤酒连续跌停

重庆啤酒（600132）就是一个忧伤的故事。2011年11月25日这只股票停牌之前，还是具备乙肝疫苗概念的龙头股，股价连续大幅上涨。12月8日复牌后，这只股票就开始了连续铁停。几天后股价就跌去一半还多（如图6-13所示）。

因此我们在牛市行情中，可以重仓持股，不过一定是重仓持有多只股票构成的一个投资组合。这样就算其中某只股票因为意外暴跌，我们也不至于大幅亏损。

另外，我们作为个人投资者，可能还有其他的事业，投入股市的时间和精力都比较有限。这样在买股时，持有的股票数量也不宜过多。一般来说，对于还有自己主业的业余股票投资者来说，持股数量不要超过5只，否则很难照顾过来。

6.9 团队：做彼此的教练

团队的力量，做彼此的教练。

谁是你的风控官？

虽然说股票交易是一个人的事，我们要为自己的资金负责，不过成长到一定的阶段后我们就会发现，自己做股票交易很容易就会进入死胡同。我们自己给自己制定的交易规则和交易纪律越来越多，每一次交易之前需要考虑的问题也越来越多，最终就会变得越来越吃力。

到了这个阶段，股票交易已经不是仅凭一个人就能完成的工作了。这时我们需要建立一个团队。在这个团队中，大家应该彼此信任，借助团队的力量不断专精某一个方面。

有的人专门负责调研，收集信息和选择股票，所有信息都汇集到这个人手中，他负责从中选出合理的投资时机和投资标的。

有的人专门负责买卖股票的操作，他会专注研究一个交易系统，精准判断每次买入和卖出股票的时间点和投入仓位。

有的人专门负责验证和风险控制，每一笔交易的风险控制都交给这个人负责，由他来检查这笔交易是否违反了风险控制纪律。

此时我们的股票交易已经开始由个人行为向一个专业的股票交易管理系统进化了。如果我们的团队运行流畅，就可以继续招募合伙人，最终建立一个真正的私募基金。

在我们的股票市场上，很多业余的散户投资者都是凭借自己一个人的精力，同时操作10只股票。而对于专业的投资团队来说，可能10个人只专注操作1只股票。

谁是你的风控官？我们每个人都需要有一个交易伙伴。在交易的过程中，我们难免会因为连续的盈利或者亏损而出现头脑发热的状态，导致无法理性开展交易计划。这时就需要有一个风控官，在你头脑发热的时候，限制你的交易。

6.10 准备：没准备，不交易

盘后的准备是盘中行动的基础。

技术的准备、学习的准备、身体的准备。

预则立，不预则废。

没准备，不交易。这是我们所有人在入市交易时都应该坚持的一个原则。

每个交易日盘后，我们都需要在资金、技术、心态方面做好充足的准备。这种盘后充足的准备是盘中能够做出正确买卖决策的保障。我们需要在盘后做的准备主要包括以下几个方面。

第一，技术的准备。

我们需要在盘后时段总结过去交易的得失，不断完善自己的交易技术。只有这样才能在盘中交易时有足够的信心按照自己的技术去买卖交易，不受其他信号干扰。

第二，学习的准备。

股票交易是一个不断学习和完善的过程。我们交易的过程，也就是一个不断学习，不断完善自己交易心态、交易技术和整个交易体系的过程。只有在实际交易的过程中不断学习和改进，才能适应市场环境的不断变化。我们对股票交易的学习过程没有止境，一定要做好持续学习的准备，不要期待哪一天能找到什么必胜的交易秘籍就不用再学习了。

第三，身体的准备。

只有调整好自己的身体状态，我们才能够在交易的过程中有个平静的心态。每个交易日盘后，我们都应该平复自己的心态。如果当日交易盈利，应该平复自满的心态；如果当日交易亏损，则应该平复懊恼的心态。只有通过调整后，保持一颗平常心开始下个交易日的买卖交易，才能更加从容地执行自己的买卖交易策略。

以上几种准备是我们在每笔交易之前都必须要做好的工作。预则立，不预则废！只有做好了准备，再开始交易才能游刃有余。如果没有做好准备，就算行情上涨也不要参与交易。做好交易的准备，正是本书第三部分，正略中要阐述的内容。

第三部分
正略，系统的交易体系

计划你的交易，交易你的计划。

理想状态下的最佳交易系统是无聊的、乏味的、机械的、有序的、单调的、风险确定的。

你越接近理想状态，就越容易获利，并在市场里生存得越久。

三正交易核心理念

- 在交易过程中，交易者唯一能够控制的因素就是**自己**。
- 大部分的交易者都忽略了**自己**是交易系统最重要的环节。
- 成功的交易者必须**首先了解自己，接受自己，肯定自己，发展自己。**
- **知道自己的优势在哪里?**

正己

正略

- **计划你的交易，交易你的计划。**
- 理想状态下的最佳交易系统是无聊的、乏味的、机械的、有序的、单调的、风险确定的。
- 你越接近理想状态，就越容易获利，并在市场里生存得越久。
- **切记：刺激最终会带来麻烦。**

正人

- 市场就是人的集合，推动价格的是人的情绪。
- 你在和电脑背后的人做交易，不是电脑。
- 大部份交易者都在做技术分析，小部分成功的交易者同时做市场心理分析。
- **大众的盲点就是利润。**

计划你的交易，交易你的计划

我们反复强调的一句话是：“计划你的交易，交易你的计划。”

通过对市场和自己的深度分析，我们已经建立了一个交易计划。下一步，就是要将这个计划在交易中严格执行下去。只有在交易的过程中不断验证，我们才能找出自己交易策略中不足的地方，并且在以后合适的时机进行改进。

实战交易的过程中，很多散户投资者都做不到这一点。

他们要么没有交易计划，无论买入还是卖出都完全凭自己的感觉来进行操作。买入的时候不知道为什么要买，卖出的时候也不知道为什么要卖。最后赚钱了不知道自己是怎么赚钱的，没办法将赚钱的方法坚持下去。亏钱了也不知道自己是怎么亏钱的，没办法在下次回避。

按照我的经验，整个股票市场上超过80%的个人投资者都处于这种状态。他们长期这样交易下去，盈亏只能听天由命，很难获得持续稳定的收益。

另外还有一些投资者虽然有了交易的计划，不过在交易中很难将这个计划执行下去。买入的时候还好说，当买入信号出现后他们会买入股票。而到了卖出的时候，执行交易计划就变得难度很大。如果交易盈利了，这些投资者会被贪婪的情绪支配，看到卖出信号还想要赚更多。如果交易亏损了，他们又会被恐惧的情绪支配，希望股价反弹能够挽回损失。

我们还是以“突破20日均线买，跌破20日均线卖”这个简单的交易策略来说明问题。

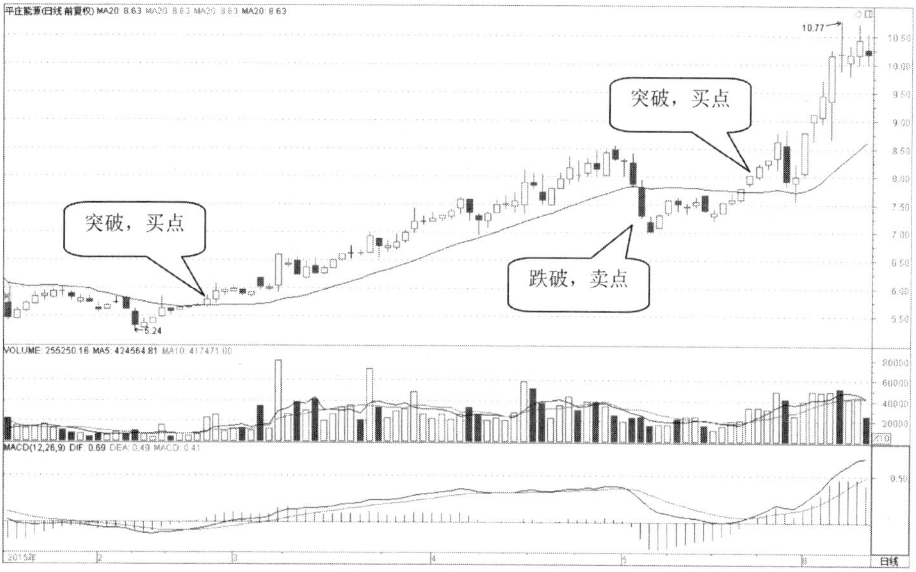

平庄能源的买卖交易1

2015年2月25日，平庄能源（000780）股价突破20日均线，发出买入信号。这时大多数投资者都会买入，没什么问题。

到了5月6日，股价在高位回落，跌破20日均线。这时候投资者就会有分歧了。很多投资者因为获得了巨大收益，会飘飘然起来，总想要赚更多，于是这时就会给自己找各种理由不愿卖出股票。而严格按照计划交易的投资者则会在这个时候坚决卖出股票。

随后的走势说明不按照计划交易的投资者看上去是“对”的，因为股价结束调整后开始重新上涨。投资者坚定持股，可以继续获得随后的上涨收益。而严格按照计划交易的投资者则需要在5月22日，股价再次突破时，重新买入股票。

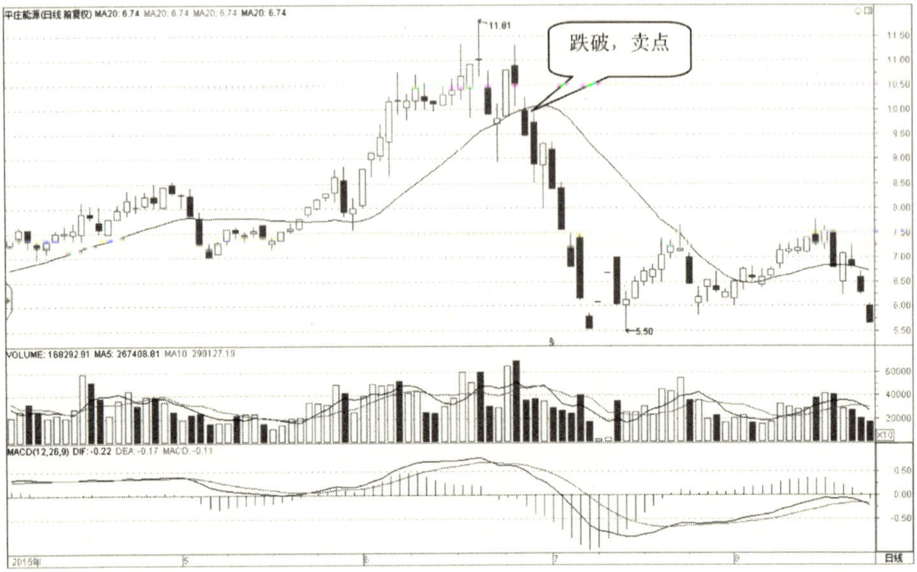

平庄能源的买卖交易2

如图上图所示，行情继续向后发展。6月26日，股价再一次跌破了20日均线。这时那些不按照计划交易的投资者因为有了前次经验，会更加坚定地继续持有股票。但随后的行情则让他们大幅损失，被深度套牢。

如果严格按照制订好的计划来交易，就可以在6月26日早早地卖出股票，回避随后的下跌。

通过这个案例我们就能够看出来，如果严格按照交易计划来执行卖出策略，虽然在中间可能损失一定的收益，最终却能够避免利润大幅回吐。如果不按照计划执行卖出策略，虽然不会损失中间一段的收益，最终却会被深度套牢。

这也就是说，我们做股票交易一定要在盘前制订计划，并且在盘中严格执行。“计划你的交易，交易你的计划”，就是这个道理。

最佳交易系统的状态

一个理想的交易系统，应该是越无聊越好，越机械越好。也就是说，我们交易中所需要考虑的所有因素，都应该是在交易之前就已经计划好的。这样我们在盘中买卖股票时，只需要看行情到某个位置，就执行某一种策略就可以了。整个买卖的过程非常机械化，会让人感觉有些无聊。

还是以“突破20日均线买，跌破20日均线卖”这个简单的交易策略为例。我们可以给这个策略加一个先决条件。当整个大盘持续走强的时候，再执行这个策略。如果大盘走弱或者持续横盘，为了避免频繁出现的错误信号，就不执行这个策略。

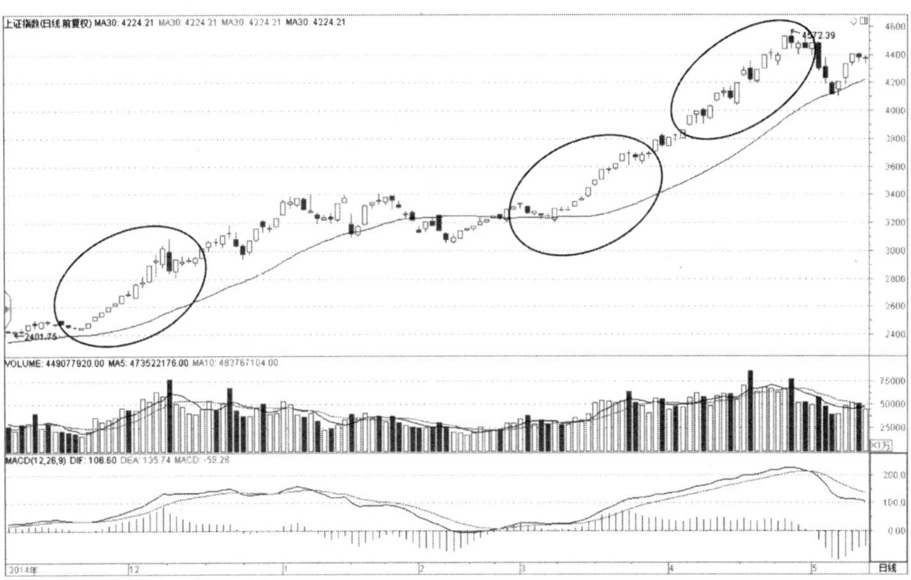

上证指数走强的标准

在这个策略执行的条件里，我们需要对“大盘持续走强”有一个量化的描述。例如上证指数在它的30日均线上方，同时5日均量线在10日均量线上方，就算是走强。否则就不算是走强。

根据这个条件，我们知道图中画圈的部分很适合操作，其他时间段要么指数走势不够强，要么成交量萎缩，都不是合适的操作时机。

因此我们可以说，理想状态下的最佳交易系统可能是无聊的、乏味的、机械的、单调的。同时因为我们在这个过程里屏蔽了自身情绪的影响，这样的系统又一定是低风险且有序的。

你越接近理想状态就越容易赚钱

美国著名数学家西蒙斯使用数学分析的方法，构造了很多交易模型，并把这些模型输入计算机，完全由计算机来进行自动化买卖交易。就算是交易模型出现了问题，也有一个完全自动化的模型改进程序来找出问题所在，改进这些问题后继续交易。他管理的大奖章基金成立二十多年时间里，年平均投资回报率达到35%，比股神巴菲特的20%还要高。

西蒙斯的交易策略是一种理想的状态。他本人可以受到市场环境影响，赚钱的时候可以忘乎所以，亏钱的时候可以战战兢兢。但是计算机不会如此。对计算机来说，交易无论盈亏都只是数字，它会按照事先设定好的策略机械化执行。

因为市场环境不同，交易规则不一样，同时数学水平也确实有差距，我们很难像西蒙斯一样建立完全理想化的交易系统。不过我们可以向这样的方向去努力。在交易的过程中，我们应该把整个交易策略尽可能做到数量化。在盘中只要按照这样的量化标准去衡量走势，做出相应策略就可以了，以减少主观判断带来的负面效应。

例如我们制定策略时，应该将行情走强的说法具体为突破××价位，将成交量放大的说法具体为换手率达到 ××%，将适当建仓的说法具体为买入

××00手。只有这样，才能保证在盘中交易的过程中严格按照制定好的策略来执行，避免因为短暂的心理波动而错过买卖时机。

切记：刺激终会带来麻烦

理想的交易策略是无聊的、乏味的、机械的、单调的，因此很多人并不喜欢这样。他们在股市中喜欢追求刺激。梦想中的股神应该是看一眼走势就知道哪天能上涨到什么价位，然后潇洒地买入，最终获得暴利离场。

遗憾的是，很多现实中的股神确实每天都在坚持这样无聊的、乏味的、机械的、单调的交易策略。他们会在盘前把当天的策略记在小本子上：股票A，突破12.34元，加56手；股票B，跌破7.89元，减10手。

类似这种操作系统，其中每个数字都是在盘后时段通过精确计算得到的。盘中完全没有自由发挥的余地，只要按照制订好的计划去做就可以了。

无论在股市中还是生活中，追求刺激最终都会带来麻烦。而且在股市中的麻烦要比生活中的麻烦更大。它不仅会造成金钱上的损失，还会打击人的自信心，让投资者持续消沉下去。

越是做机械化的交易，就越容易获利，并在市场里生存得越久。

第7章 指引策略建立的系统交易思想

股市中很多重要的投资理论都蕴含着古老的智慧，例如K线图理论中蕴含着古代阴阳调和智慧、波浪理论中蕴含着潮汐的自然原理，而江恩理论则蕴含了时间和空间的法则。我们的三正交易核心理念中，遵循自然的智慧，发展出正己、正人、正略的系统交易思想。

7.1 欹器的古老智慧

7.1.1 欹器中的投资智慧

索罗斯曾经说过：投资本身没有风险，失控的投资才有风险。在金融市场里，绝大多数的散户都是没有经过学习就进入的，在付出金钱的代价后，才回过头来补习。

投资市场最不缺乏的就是聪明人，缺的永远是坚守纪律的赢家。投资应该遵循三条“金科玉律”：第一条，保住你的本金；第二条，保住你的本金；第三条，记住前两条。但似乎人总是忘记前边的约定，由于失控导致亏损。

7.1.2 欹器

在三正系统交易思想中引入欹器的智慧作为引子来说明，指引我们的交易系统的建立。让我们来认识欹器。

欹（qī）器又常被称作歌器，形似沙漏。欹字是奇+欠的组合，意为歪斜而后张口吐。

早在春秋战国时期的《荀子·宥坐》篇中，就有关于欹器的记载。

孔子观于鲁桓公(前711年–前694年在位)之庙，有欹器焉。孔子问于守庙者曰：“此为何器”？

守庙者曰：“此盖为宥坐之器”。

孔子曰：“吾闻宥坐之器，虚则欹，中则正，满则覆。”

孔子顾谓弟子曰："注水焉。

弟子挹水而注之，中而正，满而覆，虚而欹。

孔子喟然而叹曰："吁！恶有满而不覆者哉！"

子路曰："敢问持满有道乎？"

孔子曰："聪明圣知，守之以愚；功被天下，守之以让；勇力抚世，守之以怯；富有四海，守之以谦。此所谓挹而损之之道也。"

（注："宥坐"即"右座"，类似于"座右铭"的意思。）

图7-1　孔子观欹器图（图片来自网络）

这段话的意思是孔子到鲁桓公的庙里参观，看见一个奇怪的器皿，问守庙人这是做什用的。守庙人告诉他："这是欹器。"孔子说："我听说过这种器皿。当它空着时，便会倾斜，倒入一半水便会端正，而灌满了水时就会倾覆。"于是他让弟子往里注水。果然，当它空着时，便会倾斜，倒入一半水便会端正，而灌满了水时就会倾覆。孔子感叹说："哪里有满了而不翻倒的东西呢！"

《荀子》中这段关于孔子观"宥坐之器"的记述，被后来的很多人所推崇。据记载，晋朝的杜预和南朝的祖冲之都曾制过类似的欹器，以此教育子弟"满招损，谦受益"的道理。

7.2 为什么是"三"

我们三正系统交易理念的形成，是以正人、正己、正略为核心的。正人、正己、正略的三个维度，系统地概括了人与市场互动的过程，形成了循环，不断演进进化，是股票交易的三大核心要素。自己、市场、策略，这三个要素相互演化，恰好组成了稳固的三角形系统思维逻辑。正人、正己、正略的系统交易思想，就是股票交易的最核心的要素，称之为"三正"。而三，在哲学里和自然界里，普遍存在。

7.2.1 哲学中的"三"

老子在《道德经》的开篇就说："道生一，一生二，二生三，三生万物。"

所谓"三生万物"，说明世界本该是丰富多彩的，而不是简单、机械式的对称存在。

7.2.2 自然界中的“三”

在自然界中，“三”是最稳定的一种结构。

一条凳子有三个支点是最稳固的。两个支点没办法固定，四个支点就有可能不平。

我们的世界是由三维组成的。任何东西都是处在这样一个XYZ的三维坐标系中。

我们看到的所有色彩是由红黄蓝三基色组成的，这三个基色可以搭配出我们看到的所有颜色。

我们听到的声音同样是由音调、响度、音色三个元素共同决定的。

7.2.3 传统文化中的“三”

我国的传统文化中，对于“三”这个数字也是极为推崇的。

我们有“一而再、再而三”的说法。一旦某个习惯或者事情连续三次，就很可能会形成习惯，未来将能够一直持续下去。

《左传》中也有“一鼓作气，再而衰，三而竭”的表述。在古代作战中，第一次击鼓振作了士气，第二次击鼓士气低落，第三次击鼓士气就枯竭了。连续三次，往往就会形成由量变到质变的转化。

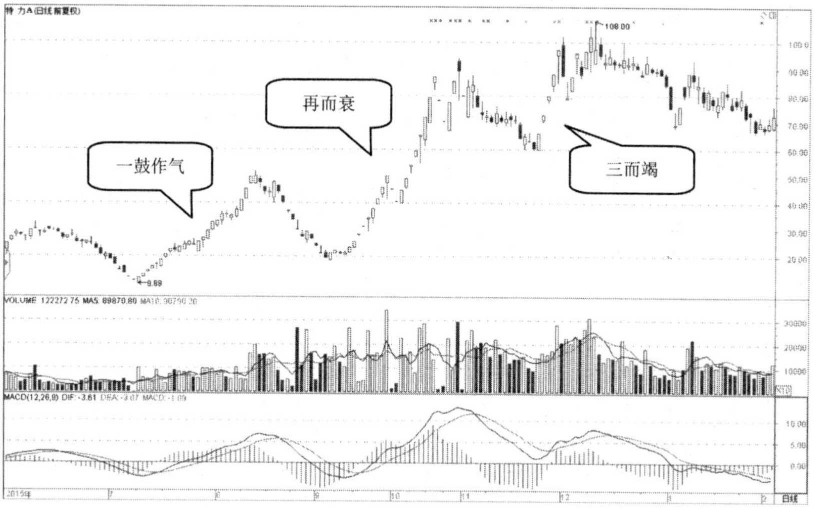

图7-2 特力A一波三折的走势

“一鼓作气，再而衰，三而竭”的道理，在很多股票的走势中都有体现。例如特力A（000025）就是一个明显的例子。该股上涨过程中一波三折，一鼓作气，再而衰，三而竭。

7.2.4 投资中的“三”

我们在股票投资的过程中，同样要解决“三”的问题。这是我们所有人投资哲学的核心。历史上曾经出现的很多投资大师，虽然他们理论的具体内容不同，但是都要解决这个“三”的问题。

首先我们要知道我们是在股票市场上做交易。而股票市场是由无数人组成的。所以认识这个市场上的人就是所有交易策略的第一个问题。我们三正系统交易核心理念中的正人篇，就是解决这个问题。

其次，我们要在市场上做交易，就必须认识自己。我们三正系统交易核心理念中的正己篇，就是解决这个问题。只有让自己具备一个成功交易者的特点，才能最终成为一个成功的交易者。

现在，“我”和“市场”两个因素都有了，最后就是要建立沟通这两个要素的桥梁，也就是“交易”。我们的股票交易一定要按照策略来进行。所以最终沟通“正人”和“正己”的第三个部分，我们叫作“正略”。

如果我们只知道市场是怎样的，自己应该怎样，却不知道如何进行具体的买卖操作，这样的交易体系是不完整的。只有用“策略”将以上两点沟通起来，我们才能建立一个完整的交易系统。这也就是我们正人、正己、正略的完整架构。

在这里，我们要认识到，系统交易和交易系统是两个不同的概念，系统交易里包涵了交易系统，交易系统是系统交易的一部分。以“三正”为例，交易系统只是“正略”，而系统交易则包括“正人、正己、正略”。

7.3 “正”字的能量

三正系统交易理念中的“正”，蕴含着“从一从止、守一而止”的含义。

7.3.1 认识什么是“正”

在实际交易的过程中，我们可以通过两个名字来解释“三正”中的“正”。

首先是“正确”

这是三正系统交易的方法论。

“正”代表着量化和择时。

“确”则代表着确认和确定。

将“正”和“确”联系在一起，就表示我们可以在量化和择时的基础上，进行确认和确定的交易。

其次是“修正”

这是三正系统交易的核心基础。“修”是要我们修身和修心，“正”则是要求我们正德和正心。将“修”和“正”联系在一起，就表示我们在交易中应该修身、修心、正德、正心。

修正是一种生命的常态，就像河流到达大海的过程，有97%的长度都是弯曲的，因地制宜，顺势而为。最能体现“正”的精髓的是水。所谓的端正，端的就是一碗水。

7.3.2 “正”是什么

我们可以从以下五大维度出发，解决“‘正’是什么”这个问题。

维度一：“正”是行动

“正”是正好、正是、正在。如果一件事情能够达到一个动态的非静止状态，那就是正。

例如我们常说的正午，表达的是一种时间上的状态。

我们说的正东、正西、正南、正北，表达的是一种方位上的状态。

维度二：“正”是平衡

“正”就是不歪。我们在骑自行车的时候，就是在寻找平衡的“正”的状态。

这种“正”要求我们要寻正、守正、归正，努力寻找那个平衡的点。

维度三："正"是量化

"正"代表着一种计数的方式。

我们计数时，会写"正"字。

我们写一个数字，前边需要加"正号"。我们计算概率，要说它有"正期望值"。

我们画图形，会用到正三角形、正方形。

维度四："正"是品格

"正"是正气、正义、公正，是一种正能量。

我们说显性的三正，是说正人、正己、正略。而隐形的三正，则是说正心、正德、正在。这里的隐形三正，就代表着一种品格上的"正"。

维度五："正"是标准

"正"是斧正、纠正、改正。

我们所从事的股票交易，是一种踏着错误前进的工作。只有在交易的过程中持续识错、认错、纠错，才能最终获得成功。纠错的能力也是我们交易过程中最重要的能力之一。

在交易纠错的过程中，又有正向纠错与负向纠错的区别。只有进行正向的纠错，我们才能让自己的交易系统越来越完善，实现在市场上持续盈利。

7.4 "三正"的核心理念

7.4.1 正人

首先我们应该知道，股票市场本身就是人的集合。股票价格的涨跌表面上看是由于市场上资金进出造成的，从根本上说，则是由资金背后的人所推动的。是人的情绪导致了他们作出买入和卖出操作，最终推动了价格的上涨和下跌，形成了我们交易的股票市场。

我们做股票交易，从表面上看是在电脑上发出买入和卖出指令，实际上也是在与电脑背后的人在交易。我们只有了解了电脑背后的人，而不是把操作思路局限在电脑上，才能最终获得成功。

因此，大部分投资者都只是在电脑上做技术分析，他们最终能够长期获利的可能性很小。小部分投资者在做技术分析的同时，也在分析电脑背后的人，做市场心理分析。

以上讲到的这些只在电脑上做技术分析的大部分投资者，他们的交易方式必然是有盲点的。对于我们来说，他们的盲点也就是我们最终取得利润的根源。

7.4.2 正己

在股票交易的过程中，只有我们的判断与市场走势相符，并且制定了合理交易计划的时候，才能够盈利。这个过程中，对于市场我们只能去尽量认识，对于走势我们只能接受，无法施加影响。而我们真正能够控制的因素只有自己。因此，我们自己才是交易系统最重要的环节。

大部分交易者在买卖股票的过程中，都忽略了这一点。他们根据市场走势指定交易系统，根据市场走势修正这个系统，最终却忽略了自己在这个交易系统中的重要作用。这类交易者的交易最终很难获得成功。

要想获得成功，交易者必须以自己为核心，了解自己、接受自己、肯定自己、发展自己。

只有明确认识到自己的优势在哪里，以自己为核心去建立并发展自己的交易系统，才能够最终取得成功。

7.4.3 正略

“计划你的交易，交易你的计划”——这是所有成功交易者都认可的投资理念。当开始一项交易之前，你必须对交易有一个明确的计划，不打无准备之仗。这个计划一旦确立，就应该在交易的过程中严格执行，不要临时起意修改自己的计划。

理想状态下的最佳交易系统一定要符合以下几个特点。

无聊的：你交易中的所有事项在交易之前都已经确认了。

乏味的：你的所有聪明才智在已经确认交易计划的前提下，都会变得没有用武之地。

机械的：所有的交易过程只是机械地执行已经制定的计划。

有序的：因为有计划存在，所以整个交易过程都会非常有序。

单调的：你的整个交易生涯都将在制定计划、执行计划的循环中单调地进行。

风险确定的：交易风险从来不会引起你的恐慌，因为所有风险在计划中都已经有所估算。

你的交易过程越是接近以上这个理想状态，你就越容易在股市上获利，并且能够在股票市场上生存得越久。

最后要切记：刺激最终会带来麻烦。这一点无论在生活中还是股票交易的过程中，都是如此。

第8章 建立策略的具体步骤

现在，这本书的最后一部分，让我们来建立你的交易计划。

到底什么是交易计划呢？

有坚如磐石的交易纪律是成功交易者最重要的特征。制定交易计划，将它坚持下去，是交易纪律的两个主要部分。一个交易计划确定什么是应该做的，为什么做，以及如何做。它包括你的交易个性、个人的期望、风险管理规划和交易系统。

你为什么需要一个合适的交易计划？

首先，交易计划可以限制你的坏交易，减少你的损失。

其次，交易计划可以防止“头脑发热时刻”的非理性决策。

最后，一个优秀的交易者知道运气不会永远在身边。

如果你没有交易计划，就不可能知道自己在做什么。你没有办法来评估你的结果，所以你永远无法知道如何停止糟糕的交易。

如果你不能做计划，你就是在计划失败。

下边，让我们开始吧。

8.1 正确认识市场，正确认识交易

建立交易策略的第一步是要根据我们对市场的认识，对自己的整个股票交易有一个宏观规划。只有这个宏观的大方向对了，才能保证具体的交易也是正确的。

8.1.1 描述交易目标

两个核心问题：

●你想在股票交易中获得什么？

____

____

____

●描述你的交易动机和动力？

____

____

____

你想要在股票交易中得到什么？看上去是废话。每个人炒股当然是来赚钱。不过仔细分析我们会发现，事实并不是如此。很多人只拿几万元进入股市来炒股，就算达到股神巴菲特的水平，一年20%的利润，最终也赚不到多少钱。那么，他们来股市真正想要获得的是什么呢?

有的人来股市是为了赚钱，获得更高的收益。而另外一些人则不是。有的人来股市是为了体会不一样的成就感。有的人来股市只是把炒股当成一种娱乐。

无论怎样，当我们设定交易目标时，都应该遵循SMART原则。SMART原则是目标管理中，我们指定目标时必须谨记的五项要点。

S即specific，代表“具体的”，即目标的设定一定要切中特定的指标，不能笼统；

M即measurable，代表“可度量的”，即目标一定是数量化或者行为化的，同时验证这些指标的数据或者信息都是可以获得的；

A即attainable，代表“可实现的”，即设定的目标在付出努力的情况下可以实现，避免设立过高或过低的目标；

R即relevant，代表“相关性”，即实现此目标与其他目标的关联情况；

T即time－based，代表“有时限”，即注重完成目标的特定期限。

8.1.2 制订交易计划

一个核心问题：

●为了达到你的目的，你制订的计划是什么？

____

____

____

在明确交易目的的基础上，我们应该制订一个大致的交易计划。这个计划应该以满足我们的交易目的为标准。

制订交易计划的时候，我们可以遵循一个大致的规律（如图8－1所示）。

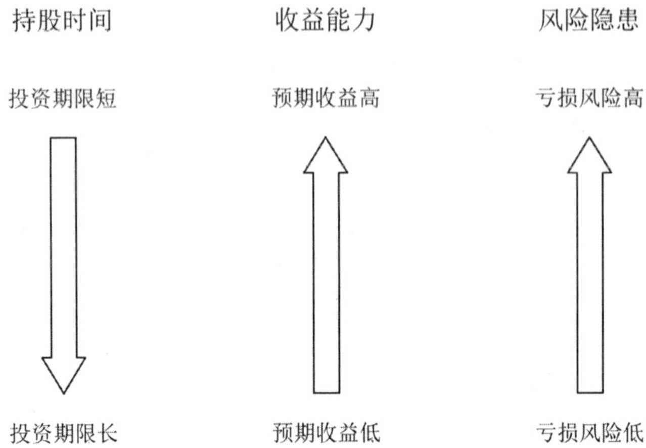

图8-1　持股时间和收益、风险之间的关系

我们持股的时间越长，投资就越稳健，但是短期内获得巨大的收益的可能性就更小。这样的投资方式适合追求长期收益的稳健型投资者。

我们持股时间越短，投资可能获得的收益越高，但是发生损失的可能性也就会越高。这样的投资方式更适合追求短线刺激的投资者。

对于真正想要在这个市场上赚取收益的投资者，应该平衡风险和收益的关系，选择折中的波段交易方法。

8.1.3 规划交易时间

一个核心问题：

●每天/周/月/你有多少时间（取最适合的）致力于满足交易的各种要求和管理交易系统？

______

______

______

对于有些人来说，股票投资是毕生追求的事业。他们会每天投入十几个小时做股票交易，周末都拿来学习和整理资料。

而对于另一些人来说，股票投资只是业余的爱好。他们买入股票后，可能很长时间都没时间看盘，一个月也只能看盘1～2次。

我们开始炒股之前，需要衡量自己有多少时间来进行股票交易。根据投入股票市场的精力不同，具体在制定操作策略时也会有所不同。

比如有些全职上班的投资者，每天的工作非常忙，每天只有中午大约半小时和晚上1～2个小时的时间来看盘操作。这些时间如果按照盘前准备、盘中盯盘、盘后复盘这个步骤来做，显然并不现实。因此这种投资者可以用技术指标做一个量化的交易系统，同时只操作少数的几只股票。这样就可以利用每天晚间的时间段来确定买点、卖点，修正系统的漏洞。盘中时段只要抽出一点时间来执行制定好的策略就可以了。

而很多职业股民则有大量的时间来炒股。他每天可以拿出10个小时以上的时间来看盘交易。而且周末也会挑出一天做整体的投资总结。因此这类投资者可以建立一个完整的股票分析体系。从盘前收集市场信息、准备交易计划，到盘中看盘和买卖交易，最后到盘后复盘和总结交易的得失。

8.1.4 确定交易时段

一个核心问题：

- 你每天在什么时间段交易？

股票价格在每天不同时间段波动的特点不同，开盘和尾盘阶段往往波动比较剧烈，而盘中的波动则会比较平缓。同时股票价格在一周内的波动也会有一定规律。周一或者周五往往是交易频繁，股价波动比较大的时间。周二至周四的波动则会相对平缓。

我们可以利用股价波动的这个特点，根据自己设定的交易计划来确定每天集中买卖股票的时间段。

例如有些投资者确定了按照指标信号交易股票后，最好选择在每天收盘前10分钟买入或者卖出。这段时间股票的技术形态已经基本可以确认，不会再有太大变数，买入或者卖出的风险都是比较小的。

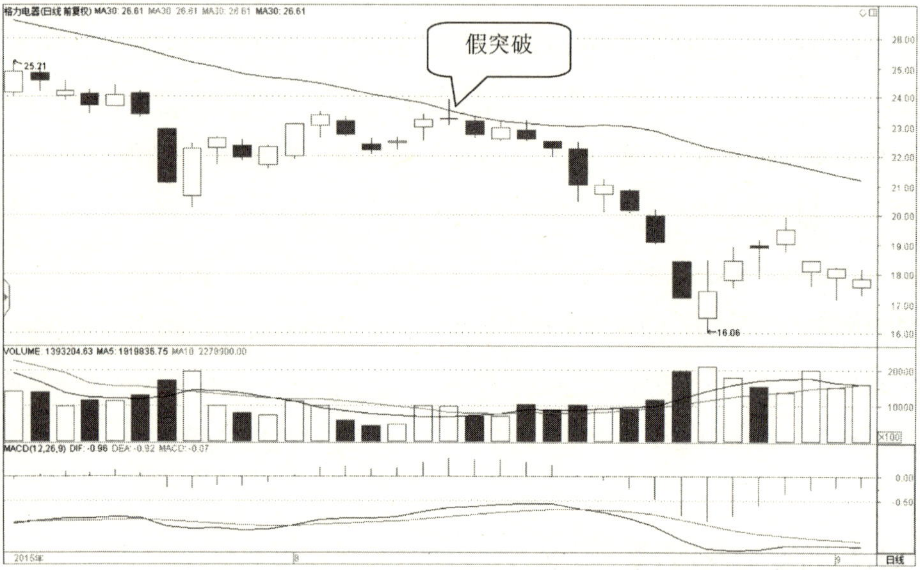

图8-2　格力电器盘中对均线的突破

2015年8月11日盘中，格力电器（000651）股价强势上涨，突破了20日均线。我们如果按照“突破20日均线买入”这个原则，当日盘中应该买入股票。不过为了安全，我们需要在收盘前10分钟再交易。

当日到了收盘前，股价已经持续下跌到20日均线以下（如图8-2所示）。这时候这只股票已经没有了买入的理由，我们也就不应该进行买入操作。如果这一日不买入，也就可以回避掉之后的套牢风险。

对于每天还有主业要忙的交易者来说，固定在每天14：50至15：00拿出十分钟来买卖股票很难长期坚持下去。为此，我们可以在交易信号出现后的第二天早上预先下单，等开盘后进行买入或者卖出的操作。

对于全职股民来说，不用非等到收盘前进行买卖交易。因为盘中有大量的时间看盘和下单，可以根据行情的变化进行分仓交易。也就是信号刚刚出现时就买入部分股票，如果收盘前信号能够确认，则可以继续加仓买入。

图8-3　宁波华翔分时走势

2015年10月9日刚刚开盘，宁波华翔（002048）股价就完成了对20日均线的突破。这时我们可以在盘中先买入股票，建立一部分仓位。随后股价持续上涨，截至收盘前，已经完全确认了突破的形态。这时我们就可以积极加仓，完成整个买入过程（如图8-3所示）。

通过这样分仓操作，一方面可以降低交易的成本。例如上边图里的买点1买价明显要比收盘前的买点2低很多。另一方面我们也可以回避风险。就算行情最终回落，形成假突破的走势，我们也只有先进入的一部分仓位遭遇亏损，避免亏损幅度过大。

8.1.5 理顺交易的准备开作

一个核心问题：

●你每日交易前的准备工作是什么？

每天开始交易之前，我们都需要整理自己的交易思路，确认当日行情向不同方向发展时，我们应该采取怎样的交易策略。例如当行情上涨到某个点位时买入，或者行情下跌至某个点位时卖出。我们盘前不能只准备上涨或者下跌一种策略，而是应该对上涨、下跌、横盘等不同行情统一考虑，制定当日交易的策略。

根据具体交易投入的精力和操作计划不同，我们每天开始交易之前需要做的准备也有所不同。

对于还有本职工作的业余交易者来说，只能在前一天的晚间制定下一个交易日的买卖交易策略。这样就很难做到充分收集市场信息，只能按照自己固定的指标系统来参与交易。因此在交易准备阶段的工作也就比较简单，只需要确定当前关注股票的指标状态，并且明确下个交易日出现看涨或者看跌信号时需要采取的策略就可以了（如图8-4所示）。

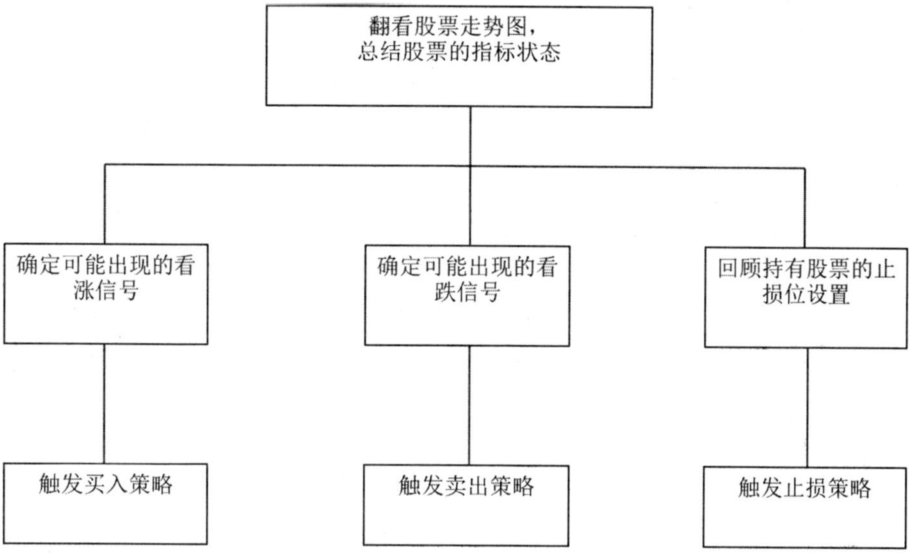

图8-4　简单的交易策略制定

而对于全职交易的投资者来说，每日交易前的准备工作就要复杂得多。每日交易前，首先要收集各方面的市场信息，从国内到国外、从宏观经济到微观个股、从机构观点到股民言论全方位的信息都要通盘考虑。

在汇总以上信息的基础上，需要对当日大盘的走向有一个基础的判断。想好如果大盘上涨，是因为什么理由上涨，我们应该采取什么样的策略，是追高强势股还是逢高减仓。如果大盘下跌，又是因为什么理由下跌，我们应该采取什么样的策略，是抄底弱势股还是杀跌卖出。

分析大盘之后，还要具体到自己关注的个股上。确定好股票运行至什么位置后买入，运行至什么位置卖出。

最后也是最重要的一点，要回顾自己过去制定的止损策略，看看当日有哪些股票已经接近了止损位，需要在盘中跌破止损位时果断卖出。

整个准备的过程如图8-5所示。

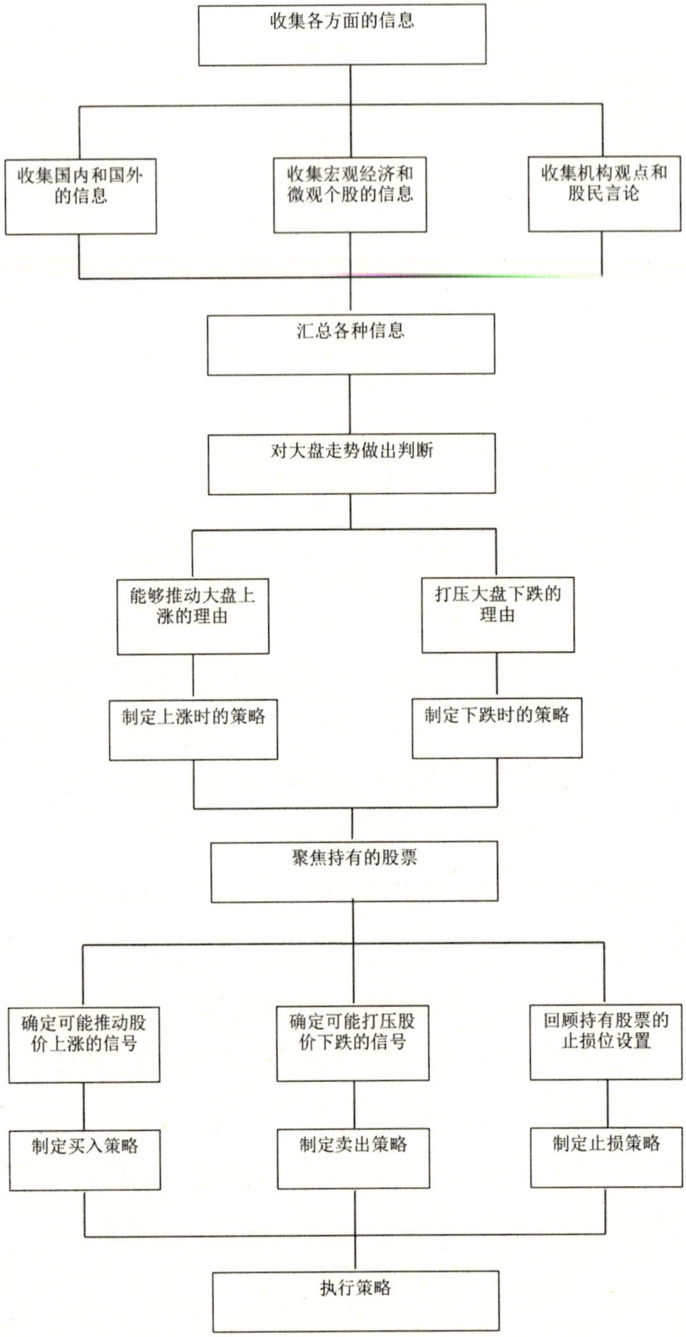

图8-5　职业交易者的盘前准备过程

对于职业交易者来说，在每个交易日开始之前，都需要重复以上准备过程。只有这样才能够在盘中交易时段无论遇到什么事都有应对计划，从容进行交易。

我们市场上还有很多交易者不会每天都看盘，甚至很长时间才交易一次。对于这类交易者，我们建议长期持有几只优质蓝筹股票。同时每过一段时间，最好打开自己的账户观察这些股票的涨跌情况。如果某只股票在短期内涨幅太大，就可以先卖掉一部分确认收益。卖股票获得的资金可以补入账户里那些滞涨的股票。

因为在一轮完整的牛市行情里边，所有股票都会有表现机会。通过这样操作，可以使我们的收益水平大大提高。

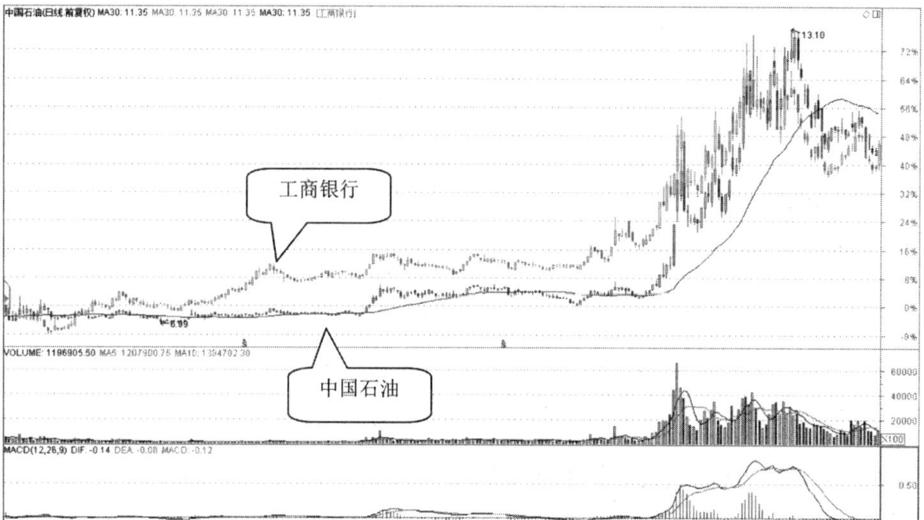

图8-6　中国石油和工商银行走势

中国石油（601857）和工商银行（601398）是两只可以长期持有的股票。2014年，工商银行的涨势要明显强于中国石油。因此在这一年的下半年，我们就可以卖掉一部分工商银行，买入中国石油的股票。

到了2015年的牛市里，中国石油开始补涨，涨幅超过了工商银行（如图8-6所示）。通过这样的调仓操作，我们可以最大化赚到这轮牛市里的利润。

8.1.6 设定交易的利润

一个核心问题：

●你每月/每年计划赚取的净利润是多少？

____

____

____

在制定交易计划的基础上，我们应该给自己设定一个利润目标。只有这样才能让我们的交易更加有目的性，不至于盲目开展。

我们交易设定的目标利润应该与自己投入的精力成正比。对于不怎么看盘的业余投资者，也不要期望自己能够获得太高的收益。平均下来每年10%至20%的收益是一个比较合理的水平。

对于投入全部精力做股票交易的投资者，则可以期待获得一个更高的收益率。例如每年平均30%至50%。不过也不应该设定太高。过高的期望可能会让交易心态发生变化，不利于长期稳定盈利。

还有一类特殊的投资者，他们投入股市的精力比较少，但是胜在可以承担较高风险。因此他们每年的预期收益率可以设定在50%以上。同时为了实现这样的收益率，他也会让自己的本金处于风险之中。对于自身风险承受能力的衡量，是我们在下一节会讲的内容。

8.2 摆正你的位置，管住你的交易

我们在股票市场上赚到的预期收益除了与自己投入的精力成正比外，还与自己的风险承受能力有关。

8.2.1 估算自身的风险承受能力

两个核心问题：

- 你对风险的态度是怎样的？

____

____

____

- 你有能力承担多大的风险？

____

____

____

我们对于风险的承受能力是由自己的心态和实力两个方面共同决定的。我们确定自己的风险承受能力时，这两方面的因素缺一不可。

有的人愿意承担风险，并且因为主业的收入很高，炒股只是副业，所以他也有足够的实力来承担。这种投资者做一些短线暴涨股，这样短期内获得巨大收益的可能性也就更高。

而对于很多全职股民来说，虽然他们也愿意承担风险，但是客观条件使他对风险的承受能力很差。他几乎全部家产都在股市里，而且每个月都要从

市场上取钱出来生活。对于这些投资者来说，亏损是非常可怕的事情。因此我们建议他尽量稳健操作。

还有一些人虽然有能力承担巨大风险，但是从心理上不愿承担风险。他们虽然股市上没投入多少钱，不过每次亏损都会让他很不自在。所以这类投资者也应该尽量做稳妥的交易。

在衡量自己的风险承受能力时，只要主观意愿和客观条件中有一个无法承担高风险交易，我们就不具备承担高风险的能力（如图8-7所示）。

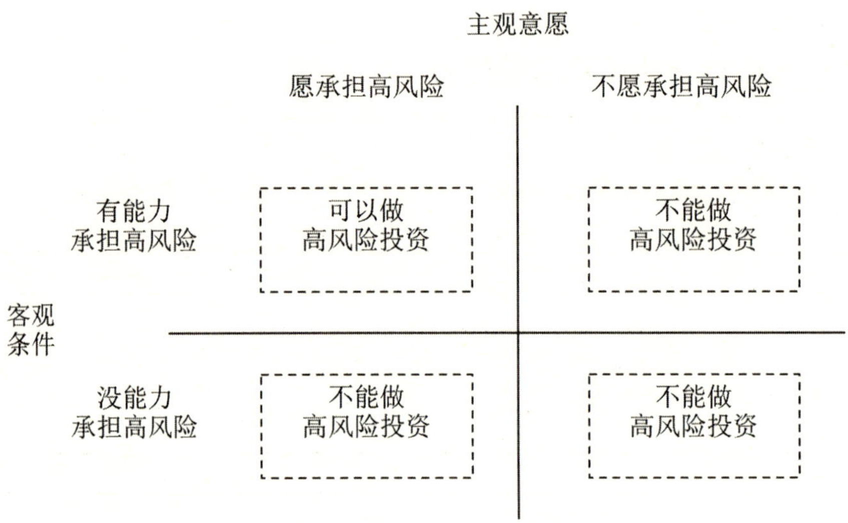

图8-7　风险承受意愿和风险承受能力

如果我们愿意承担高风险，且有能力承担高风险做股票投资，那么这样投资给我们带来的好处是股票盈利时可以使账户资金迅速增值，坏处则是股票亏损的时候账户资金会快速缩水。这一点很容易理解。

8.2.2 设定账户的回撤比例

一个核心问题：

●你在交易账户损失多少比例的情况下会停止交易？为什么？

之前我们就讲过，当我们的账户资金回撤到一定比例时，说明交易系统出了问题，不适合在当前的市场环境做交易。这时候应该撤出市场。

要想确定这个具体的回撤比例，就要考虑我们自身对于风险的承受能力。对于那些能够承担风险的交易者来说，可以将资金回撤比例制定得高一些，例如30%左右都是可以接受的。因为对他们来说，交易高风险的股票，吃下两个跌停板是很正常的事情。同时如果交易获利，这些亏损掉的金额很容易也能赚回来。

而对于不愿意承担风险或者没有能力承担风险的交易者来说，账户回撤比例应该设置得更低一些，例如整体账户回撤10%至20%的水平，就应该尽量离场，回避风险。暂时退出之后，等把心理和交易策略都调整到最佳状态后再开始交易。

8.2.3 明确单笔交易风险

一个核心问题：

●你为每笔交易设定多少风险比例？

对于投资组合中的每一笔持股，我们也应该确定一个风险的比例。这个比例与账户整体回撤比例不同，它是衡量我们整个交易体系正确与否的重要标准。如果某一笔交易的亏损达到一定的比例，就说明我们这次交易失败，此时应该果断卖出股票。

例如有些投资者对整体账户资金的回撤比例可以容忍到30%。不过对于其中的某一笔交易，却不能这样。因为他是使用指标的看涨或者看跌信号来指导自己的交易。如果某一笔交易的损失比例达到10%以上，就足以说明这笔交易失败。这个时候应该果断卖出手中的股票、

对于进行组合持股的长线投资者，虽然对于整体账户的资金回撤比例设定为20%，不过因为他选择的是长期价值投资方法，对于其中的某一笔交易，可以设定的下跌比例更高一些，可以达到30%甚至更多。只要整体账户资金没有深度回落，就可以对自己的投资组合抱有希望。

而对于以交易为生的全职股民，整体账户资金回撤比例和每一笔交易的损失比例都应该设定得比较严格。当整体账户回撤超过10%，或者某一笔交易损失超过10%的时候，就必须果断停止自己的交易，暂时退出这个市场。

8.2.4 分时段确定风险

一个核心问题：

●给定多长时间内，你愿意接受多少的总体资金回撤？

____

____

____

除了账户整体的风险承受能力、每一只股票的风险承受能力之外，我们还应该给自己设定一个阶段性的风险承受能力。特别是对于短线交易者来说，更是如此。

在很多时候，某一个短时间内大盘持续下跌，可能还没有达到我们设定的整体账户回撤比例，或者单笔交易还没有达到我们设定的损失比例，但是这时候大盘已经达到了恐慌的状态。这样的情况下，我们同样应该卖出手中的股票，回避风险。

一般情况下，我们应该允许的阶段损失比例在一个交易日内不应超过3%，在一周内不应超过10%。

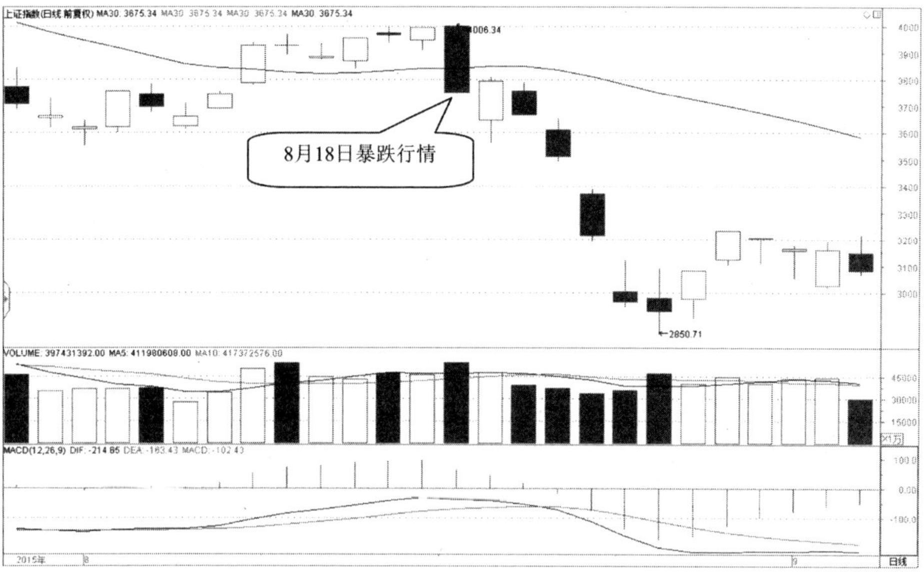

图8-8　上证指数单日暴跌

2015年8月18日，上证指数一个交易日内下跌了6.15%。这会造成我们的账户在一个交易日内就深度回撤。此时我们应该果断卖出股票，回避风险。

8.2.5 管理组合，回避风险

两个核心问题：

•你一次最多持有多少只股票？

•你将如何管理你的风险？

在投资市场上有一个普遍的观点是组合投资可以分散投资风险。

当我们只持有一只股票时，如果大盘普遍下跌，这只股票会有下跌的风险。如果这只股票出现了利空，引发大量抛盘，它同样会有下跌风险。

如果我们持有10只股票，一旦大盘普遍下跌，这只股票会有下跌的风险。但是如果其中某一只股票出现了利空，引发大量抛盘，就只有一只股票有下跌的风险，而另9只都不会下跌。要知道10只股票几乎不可能会同时因利空而下跌。

所以通过持有更多股票，我们可以有效回避风险。投资学中，将持股数量和投资风险之间的关系画在一张图里，如图8-9所示。

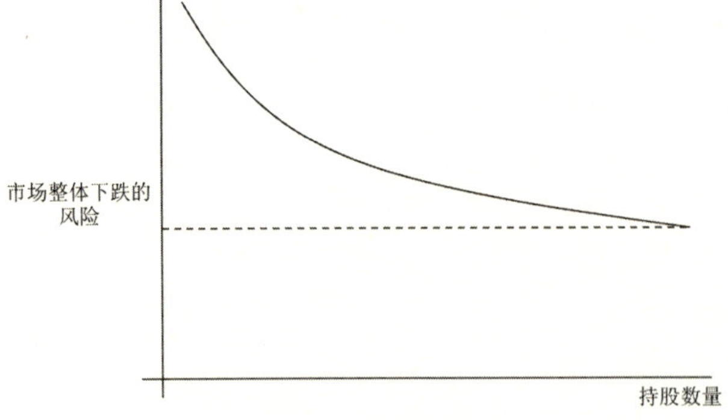

图8-9 投资风险和持股数量的关系

当我们持有的股票数量逐渐增加时，所需要面对的风险会越来越小。最终如果我们持有的股票数量多到极端，将市场上所有股票都持有一些，那么整个投资组合的风险也就与市场整体下跌的风险相当了。

“不要把鸡蛋放在同一个篮子里”，这句投资名言就是这么来的。

不过凡事都没有绝对。很多投资者在分散投资风险时，走向了另一个极端。他们手中的本金只有几万或者十几万，每天固定看盘的时间不到1小时，却同时持有了30甚至50只股票。这样做的结果就导致他们对每只股票都没办法深入分析，很多股票买入后甚至都被遗忘了。最终这样的组合投资不仅没能给他们赚钱，反而大大增加了交易的风险。

因此我们说，投资组合可以分散风险，但一定要适可而止。按照普遍的经验，如果你是个人投资者，没有一个专门的团队帮你分析操盘，那么持股的数量最好控制在3只左右，不要只持有一只股票，也不要持股超过5只。这样你就可以在分散风险的基础上，又不至于让自己的精力过度分散，做到每一只股票都能深入研究。

巴菲特就经常引用大作家马克•吐温所著《傻瓜威尔逊》里的一句话。“傻瓜说：‘不要把所有的鸡蛋放在一个篮子里。’而聪明的人却说：‘把鸡蛋放在一个篮子里，然后看管好那个篮子。’”

8.3 计划你的交易，交易你的计划

我们明确了交易的计划和承担的风险之后，就需要规划每一笔交易的具体策略了。在开始一笔交易之前，我们应该从以下几个方面去考虑，制订一份完善的操盘计划。

8.3.1 明确交易的类型

一个核心问题：
●你的交易系统是什么类型？

市场上有各种各样的买卖信号。我们可以将这些买卖信号划分为三种不同的交易系统类型，适合不同的投资者来使用。

第一是突破型交易。

也就是行情刚刚实现突破，有上涨的趋势的时候，就积极买入股票。当行情刚刚跌破，有下跌趋势的时候，就尽快卖出股票。这种买入信号可以在上涨的第一时间买入，降低买入成本，适合追求利润最大化的投资者。

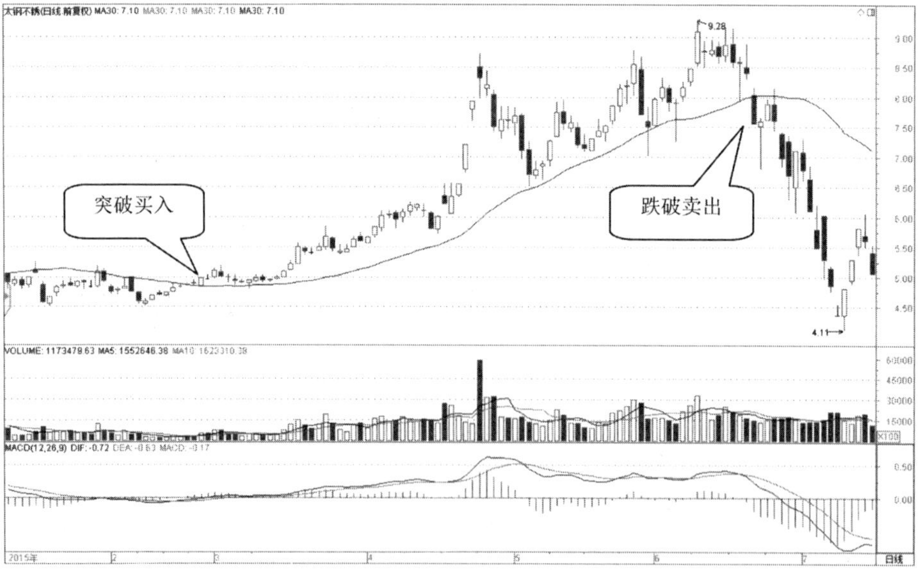

图8-10　太钢不锈的突破型交易

在太钢不锈（000825）的这次交易中，我们突破30日均线买入，跌破30日均线卖出（如图8-10所示）。这就是一种典型的突破型交易方法。

第二是趋势型交易。

也就是我们在股票的上涨趋势确认时买入股票，等股票的下跌趋势确认后卖出股票。这种操作方式可以有效降低风险，买入后不容易被套牢，卖出后也不会踏空，是一种比较安全的交易方式，适合希望控制交易风险的投资者。

图8-11　太钢不锈的趋势型交易

同样是太钢不锈这段走势，同样是按照30日均线来交易。我们如果做趋势型交易，应该等到上涨趋势完全确认后再进场交易，等到下跌趋势确认后离场（如图8-11所示）。

第三是反趋势交易。

也就是我们可以在下跌趋势进行至尾端，大盘普遍跌出投资价值的时候买入股票。等上涨趋势进行至尾端，大盘陷入疯狂的时候卖出手中的股票。巴菲特所说的“在别人疯狂时我恐惧，在别人恐惧时我疯狂”，就是这种反趋势交易方法。反趋势交易需要耐心等待大盘的宏观波动周期，因此比较适合长线投资者。

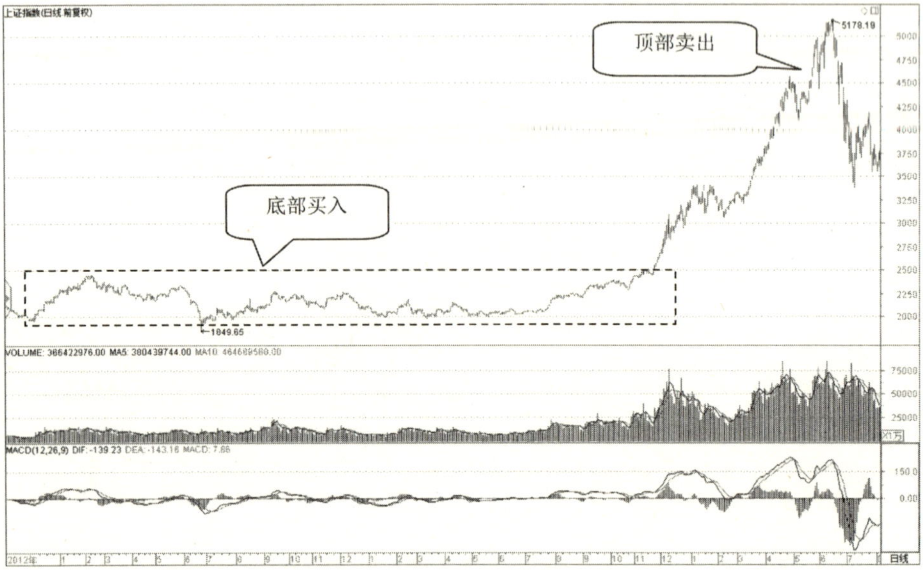

图8-12 反趋势型交易

从2012年至2014年，大盘都在2000点至2500点的区间里反复震荡。这样的震荡过程中，很多大盘蓝筹股都已经凸显出投资价值。我们可以在这个过程里买入股票。到了2015年年中，大盘已经逐渐陷入了疯狂的状态。这时我们就应该卖出手里的股票，回避风险（如图8-12所示）。

8.3.2 规划交易的周期

一个核心问题：
●你的交易周期是怎样规划的？

____

____

____

不同交易者交易的目标不同，使用的策略不同，具体的持股时间段也会有差异。

例如有些投资者喜欢承担风险，也能够承担风险，他的持股时间就可以相对短一些，大约在1周至1个月左右。

对于做价值型投资的投资者，持股时间要更长一些，超过1年都是常见的事。

而对于波段交易者，持股时间适中，大约在1个月至半年左右。

这样的划分标准是我们看盘交易时的一个参照。例如短线交易看K线时，只要在图里同时显示30根左右的日K就可以了。中线波段交易需要看的K线数量就多一些，同时每根K线显示的也就会更窄一些。到了做长线反趋势交易，可能就很难区分出来具体的K线形态了（如图8-13所示）。

图8-13　不同交易的时间框

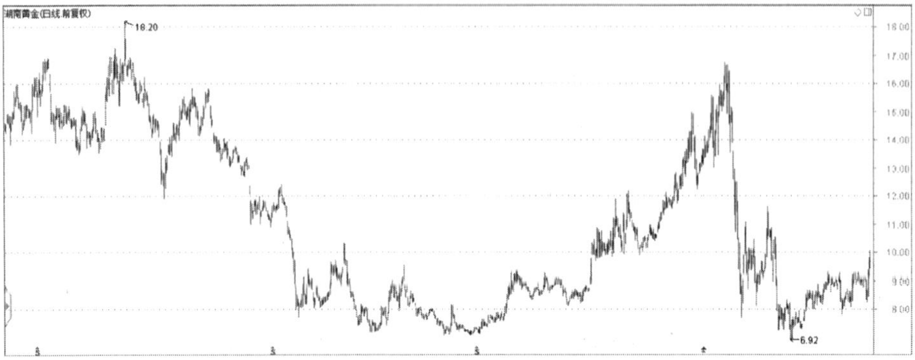

图8-13　不同交易的时间框（续）

需要注意的是，这里讲到的只是看盘分析的时间框，而不是具体的持股周期。我们买入股票后，应该等到卖出信号出现，或者止损条件达成的时候卖出股票，而不是机械地局限于持股时间。同样一种交易策略，可能在不同情况下持股的时间有很大差别。

例如，在上一节的图8-11里边，“突破30日均线买入，跌破30日均线卖出”这个策略总共持股时间超过了三个月。

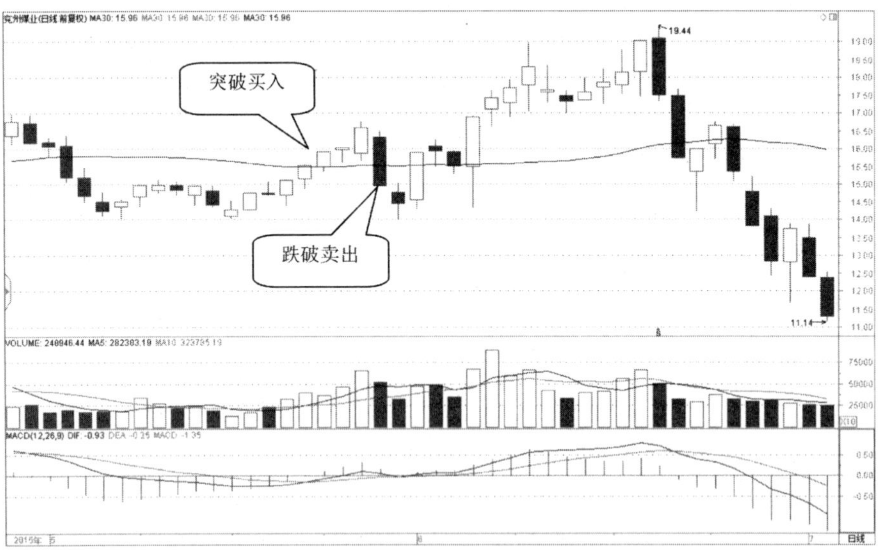

图8-14　兖州煤业日K线

在兖州煤业（600188）这个案例里边，我们同样是突破20日均线后买入。只持股三日后股价就跌破30日均线应该卖出。这次操作只持续了4个交易日（如图8-14所示）。

8.3.3 确定指标的买卖信号

两个核心问题：

●你使用什么技术指标？

____

____

____

●详细描述什么情况下触发交易信号。

____

____

____

三正系统交易体系是一套所有交易技术都能通用的交易策略。也就是说，无论你根据K线、成交量、技术指标还是新闻消息做股票交易，都可以使用这套交易策略。即使如此，我们在这里选择交易指标时，也不能乱用一气，应该注意以下几个基本原则。

第一是指标与走势的相符性。

每只股票的走势都有各自的特点。同样一个指标，使用在不同股票上会有完全不同的效果。我们使用某个技术指标分析股票走势时，首先应该翻看股票过去的走势图，查看这个指标在这只股票上的历史成功率如何。如果成功率高，就可以使用，如果成功率很低，有两个办法：一是修正指标，二是换一只股票操作。

图8-15 新钢股份的30日均线

我们希望按照“突破30日均线买入，跌破30日均线卖出”这个策略，操作新钢股份（600782）这只股票。不过观察它的历史走势图发现，股票很多次没有下跌到30日均线就开始上涨了，也就是走势与指标线不相符（如图8-15所示）。

图8-16 新钢股份的20日均线

我们对指标线进行修正。当调用20日均线时，我们发现股票走势与20日均线非常相符，多次回落到20日均线附近获得支撑。因此我们之后对这只股票操作时，可以将交易策略改成“突破20日均线买入，跌破20日均线卖出”（如图8-16所示）。

第二是指标与指标的搭配性。

股票市场上的技术指标多种多样。我们做股票交易的时候，可以选择多个技术指标同时观察。将指标的信号相互验证，就可以提高判断的准确率。

使用多个指标搭配的时候，也应该有目的性地选择，找出那些构造原理类似的技术指标来搭配使用，让它们之间相互验证才有意义。以下我们列举几个常见指标的搭配。

例如均线指标表示股价涨跌趋势，MACD指标显示涨跌的速度快慢，这两个指标可以很好地搭配。这种组合适合中线波动交易者使用。

BOLL指标显示股价波动的剧烈程度，KDJ指标线显示推动波动的能量强弱。这两个指标也能很好地搭配在一起。这种组合适合短线交易者使用。

成交量指标显示每日的交易活跃度，筹码分布指标则显示不同价位上的交易活跃度。这两个指标可以相互验证。

第三是同一指标的周期性。

这一点在使用K线形态构建交易策略时尤其突出。我们的看盘和分析交易时都是以日K线图为核心的。如果能够配合其他周期图的买卖形态，可以有效提高交易的准确率。

对于短线交易的投资者，可以将日K线图与5分钟K线图结合起来分析。在5分钟K线图里，我们能够看到很多行情短线波动的蛛丝马迹。

而对于中长线投资者，可以将日K线图与周K线图结合起来分析。通过周K线图，我们可以过滤掉很多日K线图中的骗线和无效信号，提高交易的准确率。

8.3.4 设定下单的数量

一个核心问题：

●根据你设定的每个单位风险，每次你的下单手数是多少？

我们应该对自己每一笔交易的下单手数有一个严格规划。这个规划是通过计算得出来的。

上一节里边，我们确认了自己能够承担的整体账户回撤比例，同时也确认了单笔交易可能承担的亏损幅度。那么就可以有一个公式：每笔交易投入仓位＝整体账户回撤比例/单笔交易可承担的亏损幅度。

这个公式非常容易理解。比如我们的账户资金是100万元，可以承担5%的资金回撤比例，即损失5万元。这时买入一只股票，我们给它设定的止损比例为10%。为了将这只股票10%的亏损控制在5万元之内，那么购买这只股票的资金量最多只能是50万元，也就是50%的仓位水平（5%/10%＝50%）。

当同时持有多只股票做组合投资时，计算会复杂一些，不过原理是相同的。

如果这时我们平均仓位买入五只股票，那么每只股票能够承担的最大损失就只有1万元。假设我们给其中一只股票的止损比例为10%。为了将这只股票10%的亏损控制在1万元之内，那么购买这只股票的资金量最多只能是10万元，也就是10%的仓位水平。另一只股票设定的止损比例假设为20%，为了将这只股票20%的亏损控制在1万元之内，那么购买这只股票的资金量最多只能是5万元，也就是5%的仓位水平。

8.3.5 设定风险报酬比

三个核心问题：

●你会在哪里设置止损？

___

___

___

●你会在哪里设置止赢？

___

___

___

●你的风险报酬比例是多少？

___

___

___

我们做股票交易，不能看到有获利的可能就马上进场交易。所谓“未料胜先料败”，我们买入股票之前，还需要多想想这笔交易有没有亏损的可能，最多可能会亏损多少。

具体来说，我们买入一只股票的时候要设定一个止损位置。不出意外的话，止损比例就是这笔交易的最大亏损比例。同时，还要设定一个预计的盈利比例，也就是根据我们的买入理由，这笔交易有可能会上涨到多高的位置上。

在此基础上，用盈利比例除以亏损比例，就是这笔交易的风险报酬比。所谓风险报酬比，即我们每承担一个单位的风险可能获得的收益大小。

例如我们的一次买入操作，盈亏的可能性相等，止损比例为10%，可能的获利比例是20%，那么风险报酬比就是2。这笔交易是合算的。即使这一笔交易损失，如果长期坚持这样做交易，整体来看必然是获利的。

相反，如果我们的一次买入操作，同样盈亏的可能性相等，止损比例为10%，可能的获利比例只有5%，那么风险报酬比就是0.5。这笔交易就不合算，不能进行。即使这一笔交易获利，如果长期坚持这样做交易，整体来看必然是亏损的。

此外，我们分析风险报酬比时，还应该考虑盈亏的可能性大小。

再一个案例，如果我们的一次买入操作，盈利可能性大概是亏损可能性的3倍，即25%可能亏损，75%可能盈利。亏损时的止损比例为10%，盈利时的获利比例有5%，那么风险报酬比就是1.5（<75%×5%>/<25%×10%>）。这笔交易同样是合算的，可以进行操作。

相反，如果我们的一次买入操作，盈利可能性大约只有亏损可能性的1/3，即75%可能亏损，25%可能盈利。不过当亏损时，止损比例为5%，一旦盈利，盈利比例将达到30%。那么对于这笔交易，风险报酬比就是2（<25%×30%>/<75%×5%>）。这仍然是一笔值得尝试的交易。

8.3.6 想好连续交易策略

两个核心问题：

●在一单交易盈利后，什么时候你再进场？

●在一单交易亏损后，什么时候你再进场？

我们的股票交易是连续进行的。很多业余投资者当上一笔交易结束后，无论盈亏，都会迫不及待地进行下一笔交易。当交易盈利时，他们会急于乘胜追击，刚刚卖出就马上寻找新的股票买入；而当交易亏损时，他们又会急于挽回损失，匆忙开始下一笔交易。

这是一种非常畸形的交易方法。我们的股票交易无论盈亏，每次交易结束后都需要有一段时间来回顾上次交易的得失。这样才能做到有节奏地买卖股票，从容实施交易策略。

如果交易盈利时，我们可以用一个晚上的时间来总结这笔交易盈利的经验，进一步优化自己的交易策略。也就是说，盈利的交易结束后，至少要等到下个交易日再买入新的股票。

如果交易亏损时，则需要停顿的时间更长一些。这时不仅要找出自己交易策略中存在的漏洞，还需要时间来平复自己的心态。等到心态和策略都调整到最佳状态后，再开始新的交易。这个过程往往需要一周或者更长的时间。

股票市场上交易盈利的机会永远都存在。从来没有谁是因为错过某个上涨机会而发生损失，却有很多人因为盲目追入了错误的机会而最终破产。我们只有踏准自己的节奏，按部就班进行股票交易，才能在这个市场上长久生存下去。

8.3.7 严格的停止交易纪律

一个核心问题：

●什么样的情况下你会强制停止你的交易？

我们前边已经反复讲过止损的纪律。这里需要设定的停止交易纪律，可以看做是对于整体账户的一次止损操作。我们制定交易策略时，应该有一个严格的停止交易纪律。也就是达成某一些条件时，将手中持有的所有股票全部清空。这种停止交易的条件至少应该包括以下几个方面。

第一，整体亏损比例（参照上一节设定账户回撤比例的内容）。当我们的账户资金整体回撤达到一定的幅度时，就应该强制停止交易。

第二，连续亏损的次数。如果我们的股票交易连续5笔最终以亏损结束，就应该强制自己停止交易。

8.3.8 测试和修正系统

一个核心问题：

●你计划实施多长的周期来测试并修正这个系统？

我们做好一个交易系统后，需要有一段时间来对系统进行实地的测试和交易。在测试过程中，我们需要用小仓位进行试探交易，测试这个交易系统能够带来多大的盈利幅度，其中还有什么样的漏洞，便于以后进一步完善。

对于采用不同策略的交易者，具体的测试周期也会有所不同。

例如一些短线进出的交易者，每次交易可能只持续几个交易日。因此他只用一个月左右的时间就能测试出自己的系统能否获得稳定收益。

如果投资者是做波段操作，每次持股大约1个月左右。因此需要几个月至半年的时间来测试自己的交易系统能否获利。

对于做长线价值投资的交易者，持股时间都很长。因此这些投资者如果要测试自己的系统，往往需要一整轮牛市和熊市才能完成。

股票市场上没有什么必胜的交易系统，也没有让你一天就能变成股神的秘笈。只有按部就班建立自己的交易系统，并且不断在实战中测试和修正，才能最终建立起自己的稳定盈利模式。

第9章 显性和隐性的三正

正人、正己、正略是我们建立交易体系的过程。我们把它叫作显性的三正。在这个显性的三正策略下边，还隐藏着一个隐性的三正思想，包括：正心、正德、正在。隐形三正是显性三正能够被顺利执行的保障，而显性三正则是隐性三正在实际交易中的具体表现。

9.1 正心：交易如同人生的修行

9.1.1 股票市场的诱惑

整个股票市场上充满各种诱惑，这些诱惑体现在以下几个方面。

第一，金钱的诱惑。

“如果购买了那只股票，现在我就是百万富翁了。”

这是最直接的一种诱惑。当我们发现一只股票在不长时间内股价就连续翻倍时，难免会幻想自己如果当初购买了这只股票那该多好。

第二，成功的诱惑。

“如果我这次赚了大钱，别人就会把我看作是股神一样尊重。”

股票市场上的各种“股神”总是在光环的包围下。当我们看到股神的成功时，难免就会幻想自己如果交易成功，也有机会成为股神。

第三，自我实现的诱惑。

“只要能在股市上赚大钱，就相当于我在智力上超过了市场上所有人。”

股票交易是一种比拼心理和智力的游戏。如果能够在股票市场上获得成功，给自己带来的满足感是其他任何交易都无法比拟的。

以上的各种诱惑都会影响我们的交易心态，让我们无法按照既定的计划去执行买入或者卖出的操作。

9.1.2 交易体系的自我约束

当我们面对股票市场上的各种诱惑时，不要将希望寄托在自己坚强的心智上。事实证明已经有无数在其他行业非常成功的人，到了股票市场上就会迷失自己，陷入追涨杀跌的怪圈，最终亏损离场。

比如伟大的物理学家牛顿，就因为在股市上陷入了疯狂炒作的陷阱中，最终严重亏损。

那是在1711年，有着政府背景的英国南海公司成立，发行了最早的一批股票。从每股128英镑左右开始上涨，涨幅惊人。看到如此好的行情，牛顿投入7000英镑购买了股票。仅仅两个月后，股价就翻了一倍。牛顿马上后悔了，马上追加本金投入股票。

几个月后，股价继续疯狂上涨，最高上涨到了1000英镑。牛顿最初购买的股票增值了8倍。于是他彻底陷入疯狂之中，又加仓投入了大量资金。没过多久，“南海泡沫”破灭，南海公司总资产严重缩水，许多人血本无归，牛顿也几乎亏光了自己投入的2万英镑。

这件事以后，牛顿感慨地说：“我能计算出天体运行的轨迹，却难以预料到人们的疯狂。”

牛顿能够发现万有引力和三大运动定律，奠定近代物理学的基础，我们绝对不能说他不聪明或者心智不全。由此可见，想要不被市场诱惑，除了要有坚定的心智外，我们还需要有一个完善的交易体系来进行自我约束。

古希腊有一个传说中的海峡女巫，名叫塞壬。塞壬是河神埃克罗厄斯的女儿，是从他的血液中诞生的美丽妖精。在神话中的塞壬是一个人面鸟身的海妖，拥有天籁般的歌喉。

后来，塞壬因为与缪斯比赛音乐落败而被缪斯拔去双翅，失去飞翔的能力。失去翅膀后的塞壬只好在海岸线附近游弋，有时会变幻为美人鱼，用歌声诱惑过路的航海者而使航船触礁沉没，船员则成为塞壬的腹中餐。

塞壬居住的小岛位于墨西拿海峡附近，在那里还同时居住着另外两位海妖斯基拉和卡吕布狄斯。也正是如此，那一带海域早已堆满了受害者的白骨。其中只有一个例外，那就是英雄奥德赛船长。

当奥德赛船长率领船队经过墨西拿海峡的时候，他已经事先得知塞壬那令凡人无法抗拒的致命歌声。于是命令水手用蜡封住耳朵，并让船员将自己用绳索绑在船只的桅杆上，并告诉他们，经过海峡时无论自己下达怎样的命令都不可以解开绳索，所有命令无效。

当来到海峡时，奥德赛船长和他的船员们果然听到海峡女巫天籁般的声音，但没有船长指令，船员必须按照提前指定的航线行驶。这时，奥德赛船长就发疯似的要求船员解开绳索，并命令他们驶向歌声传来的那个方向；船员们知道在经过海峡时，船长的命令无效，而且绳索也不可以解开。最终，他们安然渡过了海峡。

股票市场就是一个海妖遍布的海峡，在这个市场上到处都是女巫的歌声。不过这里没有奥德赛船长。我们要想安然渡过这个海峡，只有按照事先确定好的计划来操作，所有在市场上发出的命令都无效。

9.1.3 在交易的过程中修行

要想真正做到正心，我们在股票交易之前就应该明确知道自己能做什么，想要什么，并建立一个严格的交易体系来约束自己。只有在盘中严格按照事先设定的交易体系来进行买卖，才算是真正遵循自己的内心，不会因为市场环境变化而发生偏差。

长期按照交易体系来做交易后，我们会进入一种无招胜有招的境界。这就像是武术“太极”的套路一样，进可攻，退可守，攻守兼备。不做预测，只跟随市场趋势作出变化。市场不变我也不变。不管市场怎么变，我们都知道用什么方法来应对这个市场。

在佛教的哲学中，“放下”同样是这样一种境界。放下也就是达到一种“空”的状态。空就是无限大，空就是无敌的。交易的空就是用不变的自己来应对无限变化的市场。根据市场的变化来找到交易机会。一次交易的买入和卖出就是缘起缘灭。

讲到这里我们可以发现，股票交易与感悟人生其实是相同的。无论是交易还是人生，我们都需要建立起一个明确的方向，按照这个方向坚持下去。我们不要计较一两次的得失，重要的是正确执行自己的规则。在交易的过程中，我们就会自然感悟一些交易和人生的哲理。慢慢地，这些哲理就会融入到我们的人生观中，将我们的交易和人生融为一体，做到知行合一。

9.2 正德：海纳百川，厚德载物

9.2.1 海纳百川，融汇各种交易理论

《周易》里说：“地势坤，君子以厚德载物。”意思是说大地的气势厚实和顺，君子应增厚美德，容载万物。如果你是君子，接物度量要像大地一样，没有任何东西不能承载。

我们说的正德也是这个道理。

“厚德载物”的第一个境界是在交易理论上的包容。

我们讲过，股票市场上的分析理论有很多。这些理论都有它们各自的特点和长处。我们平时学习的时候，应该“厚德容载万物”，广泛涉猎市场上各种各样的股票分析理论，取其精华的部分为我所用，最终融会贯通变成一套自己的分析体系。

然而我们看到的很多投资者却不是如此。他们学了K线就开始觉得技术指标反映太滞后，学了指标又觉得K线的信号失败率太高，学完价值分析就把K线和指标都抛到脑后了。这是一种非常不可取的心态。

9.2.2 贯穿牛熊，稳定盈利

“厚德载物”的第二个境界是在时间广度上的包容。

因为我们广纳百家之长，我们就能够应用不同的方法来应对不同时间出现的各种走势。

在牛市中，我们可以使用一部分分析方法来应对市场，到了熊市中，我们又能够利用另一部分分析方法来应对这种不同的市场。

对于主板市场的牛市，我们可以有一定的分析方法来应对，对于创业板市场的牛市，我们又可以有另一些方法来应对。

所谓正德，就是要把自己的碗做得尽可能盛更多的水。这样无论面对什么市场、什么行情，我们都能够有相应的对策来应对，从而才能够做到贯穿牛熊，长期稳定盈利。

9.2.3 厚德载物，从交易者到回馈社会

伯纳德·巴鲁克曾经说过：“我年轻时人们称我是投机客,赚了些钱后人们称我是投资专家,再后来称我是银行家,今天我被称为慈善家。但这几十年来,我从头到尾做的是同样的事。”

当我们把牛市和熊市都融会贯通，无论牛熊都有稳定的盈利模式以后，自然就会成为一个优秀的投资家。这之后，我们会很自然地回馈社会，从一个交易者向慈善家的方向转变。历史上成功的投资家中，几乎无一例外都有着慈善家的身份。

例如2006年6月25日，沃伦·巴菲特在纽约公共图书馆签署捐款意向书，正式决定向5个慈善基金会捐出其财富的85%，约合375亿美元。这是美国和世界历史上最大一笔慈善捐款。

再比如根据《时代杂志》的统计，截至2007年，索罗斯在美国计划投入7亿4200万美元用于慈善事业，加上其他地区，总共已投入总额超过60亿美元。在比尔·盖兹和沃伦·巴菲特开始捐款前，索罗斯的慈善捐款曾多年蝉联全球第一。

9.3 正在：活在当下

9.3.1 股票交易中的正在

正在就是说我们要“活在当下，顺势而为”。

面对股票走势行情的时候，我们应该把最近阶段的市场趋势放在首位。在最近一段时间持续下跌的趋势里边，无论长期看这种趋势处于高位还是低位，我们都应该尽量回避风险。面对最近一段时间持续上涨的行情，无论长期看这种趋势处于高位还是低位，我们则可以积极做多买入。我们分析走势，应该重点关注最近的股价运行趋势，而不是这只股票历史上有多么辉煌。

当我们面对自己的交易策略时，同样应该坚持“活在当下”的理念。

我们应该根据最近的交易盈亏来作出调整。如果最近一段时间交易连续盈利，可以坚持按照当前策略交易。如果最近几笔交易连续损失，那么一定是我们的交易策略出了问题。这样的情况下我们应该坚决调整自己的交易策略。无论过去这个策略为我们带来了多高的收益，最近的走势都说明策略有问题，至少不适合当前的市场环境，需要作出调整。

9.3.2 抛弃主观想法，活在当下

“活在当下”说起来很容易，但做起来其实是很难的。因为在实际交易的过程中，我们很多人都是活在“自己的世界里”，被“自己的认识”蒙蔽双眼，无法认识当下。

例如有的投资者偏爱某一个行业，无论什么行情都想买这只股票。还有的投资者偏爱某种走势的形态，无论什么情况下，看到这种走势形态都会买入。

这种偏爱，从本质上来讲都是我们“自己的世界”。在多数情况下，我们“自己的世界”与“当下的世界”都是不一致的。因此如果我们一直活在“自己的世界”里，就是与市场整体趋势相违背，即使偶尔会有侥幸的时候，但早晚都会受到市场的惩罚。

其实，对于一个有主观能动性的智慧生命来说，总会有自己的各种显意识和潜意识，严格做到“活在当下”几乎是不可能的事情。人在接受信息的时候，总是会选择对自己有利的，屏蔽对自己不利的。这本质就是“自己的世界”在作怪。如果保持我们一贯的思维方式，炒股最终很难获得成功。

要想在股市中真正“活在当下”，要从忘记过去开始。就像是狗熊掰棒子一样，炒过的股票、用过的方法，炒过就是炒过，用过就是用过，无论盈亏，都不要纠结在这上边，一直放不下。只有放下了过去交易中形成的“自己的世界”，才能真正“活在当下”。

9.3.3 每天坚持复盘，复盘你自己

通过每天坚持复盘，静态地再看一遍市场，做好交易日志，可以帮助我们对当前市场行情作出更加准确的判断，抛弃过去的固执看法，实现“活在当下”。

通过复盘，我们可以从宏观角度上连续观察当日趋势在整个长期趋势中所处的位置，对当前大盘的趋势有一个更加深入的认识。只有走势从宏观上进入上涨趋势后，才是真正的强势市场，这时可以积极进行交易。一旦走势从宏观上进入下跌趋势，就是弱势市场，这时应该尽量空仓等待。一切都要用走势来说话，不要主观判断。

通过复盘，我们可以详细分析当前市场上有哪些强势的板块，以及这些板块的炒作现在已经进行到了什么样的程度，未来有没有继续操作的价值。只有能够连续上涨的板块，才是当前市场上的强势板块。我们应该凭借股票的涨幅来选择强势板块，而不是自己的主观认识。

通过复盘，我们还可以总结自己当日买卖交易的得失，判断自己的交易体系当前存在哪些问题，未来应该在哪些方面去改进。如果交易连续盈利，就说明当前状态很好，可以继续坚持。如果交易亏损，就说明当前交易有问题，需要改进。买卖的实际盈亏是判断交易状态的唯一标准。

最后，复盘你自己！这是非常重要的一点，在交易时一只眼睛盯着市场，一只眼睛盯着自己。在股票市场里生存，我们唯一可以控制的关键因素就是自己。在股票交易中，你的情绪变化，计划的执行，账户的盈亏感受，交易系统的检视修正等。当我们一次次经历“正”的过程后，了解自己、接受自己、肯定自己、发展自己，最后不断进化自己，必将得到从“痛苦”到豁然开朗的“喜悦”，踏上交易的进化突破之路。

结语：传灯

交易很简单，有人帮你点一盏灯，就能豁然开朗。

交易很困难，没人帮你点这盏灯，只能摸黑探索。

我们指在通过这本书，“提倡正人、正己、正略”的系统交易思想，把股票交易当成人生修炼的一个场。启发的过程就是点灯的过程。灯亮，原来一切都在这里。

传灯，是“正心、正德、正在”的隐性三正的要求，我们选择分享而不是保留，公开我们的思考成果，就是一个能量加持的过程。我们相信，交易路上一路同行是幸福的，通过这本书结缘，共同勉励，相互支持，也期待你的反馈。

感谢你的支持和宽容，当你读完最后这一段后，如果觉得有所收获，希望你把它推荐给更多人，把这盏灯传下去。让更多交易者能够有豁然开朗，让“三正系统交易思想”成为我们交易路上的伙伴。

附录：交易时间规划指南

<table>
<tr><th></th><th>流程步骤</th><th>时间</th><th>内容</th><th colspan="2">步骤</th></tr>
<tr><td rowspan="6">1</td><td rowspan="6">交易前</td><td rowspan="5">8：30
–
9：00</td><td rowspan="3">检查</td><td>设备</td><td>1.查看交易设备的运行情况
2.登录交易账户，检查是否能正常登录
3.打开交易软件，查看软件数据、软件版本是否需要更新
4.备用网络及设备状况，配备的可交易备用4G设备（手机或iPad）是否充满电、费用是否充足</td></tr>
<tr><td>身体</td><td>5.身体状况：是否晚睡，是否疲惫，是否睡眠不足
6.情绪状况：是否低落，是否饮酒，是否情绪不佳</td></tr>
<tr><td>计划</td><td>7.回顾操作计划
8.回顾昨天复盘情况和总结</td></tr>
<tr><td>浏览</td><td colspan="2">1.浏览昨晚主要市场的走势
2.浏览今日市场的重要信息和新闻
3.浏览主要媒体的头条报道
4.浏览自选股里的新闻和公告</td></tr>
<tr><td>记录</td><td colspan="2">1.记录今日可能对市场产生影响的关键信息、新闻和事件
2.记录今天盘前的感受、情绪
3.记录现在大盘处于什么走势</td></tr>
<tr><td>9：00
–
9：15</td><td>锻炼</td><td colspan="2">1.10分钟休息和身体锻炼：深蹲、原地高抬腿跑、瑜伽、仰卧起坐、平板撑、原地拉伸
2.准备好水、零食、烟
3.闭目养神，深呼吸</td></tr>
</table>

续表

<table>
<tr><th></th><th>流程步骤</th><th>时间</th><th>内容</th><th colspan="2">步骤</th></tr>
<tr><td rowspan="3">1</td><td rowspan="3">交易前</td><td>9：15
–
9：25</td><td>集合竞价</td><td colspan="2">1.9：15大盘开盘情况
2.9：15自选股开盘情况
3.关注股指期货当月连续的走势
4.关注此阶段的市场情绪</td></tr>
<tr><td>9：25
–
9：30</td><td>开盘前5分钟</td><td colspan="2">1.快速察看沪指、深指、创业板指的开盘价
2.快速察看板块开盘价
3.快速察看个股和自选股开盘价
4.观察是否高开、低开
5.快速察看异动监控里集合竞价的信息
6.与昨日对照上涨与下跌板块
7.上涨与下跌个股家数
8.开盘时涨停与跌停家数
9.快速确定市场情绪温度
10.快速回顾昨日交易总结里的信息
11.有无目标股进场信号</td></tr>
<tr><td>9：30
–
11：30</td><td>开盘交易</td><td>看盘看什么?</td><td>1.关注股指期货走势（设定时间框）
2.关注集合竞价时涨停和跌停的个股
3.关注板块的上升和下降
4.关注同概念的个股联动表现
5.今天大盘领涨和领跌的板块
6.今天大盘领涨和领跌的个股
7.感觉今日市场情绪的变化
8.大盘分时运行在均线的上方或下方
9.涨停与跌停的个股
10.上涨家数与下跌家数</td></tr>
</table>

续表

<table>
<tr><th></th><th>流程步骤</th><th>时间</th><th>内容</th><th colspan="2">步骤</th></tr>
<tr><td rowspan="3">2</td><td rowspan="3">上午盘</td><td>9：30
–
11：30</td><td>开盘交易</td><td>看盘看什么?</td><td>11.大盘成交量和个股成交量
12.资金流入流出
13.知道今天的强势板块和强势个股
14.知道今天的热点概念和热点个股
15.主要股指和个股的支撑与阻力位置
16.异动监控</td></tr>
<tr><td></td><td></td><td>特别时间</td><td>9：30- 9：45 此时代表市场累积一晚的情绪和消息的释放消化
10：00 此时是否产生今日高点
10：30 经过1小时的交易，市场达到均衡，定调今天一天走势的概率
10：30-11：30正常交易时段</td></tr>
<tr><td></td><td></td><td>盘中锻炼</td><td>1.深蹲
2.扭腰
3.拉伸
4.原地跳</td></tr>
<tr><td rowspan="3">3</td><td rowspan="3">正在盘中</td><td rowspan="3">11：30
–
13：00</td><td rowspan="3">中午休盘</td><td colspan="2">11：30-11：50正在盘中快速总结</td></tr>
<tr><td colspan="2">11：50-12：30午餐，午休</td></tr>
<tr><td colspan="2">12：30-13：00 浏览盘中调整</td></tr>
<tr><td>4</td><td>下午盘</td><td>13：00
–
15：00</td><td>开盘交易</td><td>看盘看什么?</td><td>1.关注股指期货走势（设定时间框）
2.关注板块的上升和下降
3.关注同概念的个股联动表现
4.今天大盘领涨和领跌的板块
5.今天大盘领涨和领跌的个股
6.感觉今日市场情绪的变化
7.大盘分时运行在均线的上方或下方</td></tr>
</table>

续表

<table>
<tr><th></th><th>流程步骤</th><th>时间</th><th>内容</th><th colspan="2">步骤</th></tr>
<tr><td rowspan="3">4</td><td rowspan="3">下午盘</td><td rowspan="3">13：00
-
15：00</td><td rowspan="3">开盘交易</td><td>看盘看什么？</td><td>8.涨停与跌停的个股
9.上涨家数与下跌家数
10.大盘成交量和个股成交量
11.资金流入流出
12.知道今天的强势板块和强势个股
13.知道今天的热点概念和热点个股
14.主要股指和个股的支撑与阻力位置
15.异动监控</td></tr>
<tr><td>特别时间</td><td>13：00-14：30正常交易时段
14：30-15：00交易的最后半小时，决定今天的持续性
14：45-15：00尾盘是否有异动</td></tr>
<tr><td>盘中锻炼</td><td>1.深蹲
2.扭腰
3.拉伸
4.原地跳</td></tr>
<tr><td>5</td><td>交易后</td><td>15：00
-
17：30</td><td>复盘记录</td><td colspan="2">1.记录沪指、深指、创业板指的点位、涨跌点数和涨跌比例
2.记录两市的成交量
3.记录上涨家数和下跌家数
4.记录涨停家数和跌停家数
5.记录今天涨幅前五的板块
6.记录今天跌幅前五的板块
7.记录今天涨幅前五板块里的涨停个股及涨停时间
8.记录活跃板块和概念的涨停个股及涨停时间
9.看一遍板块排行</td></tr>
</table>

续表

<table>
<tr><th></th><th>流程步骤</th><th>时间</th><th>内容</th><th>步骤</th></tr>
<tr><td rowspan="4">5</td><td rowspan="4">交易后</td><td rowspan="4">15：00
–
17：30</td><td>复盘记录</td><td>10.看一遍板块排行里的涨停个股
11.看一遍涨停的个股
12.看一遍跌停的个股
13.看一遍全部股票涨跌情况
14.看一遍交易龙虎榜
15.看一遍自选股票池与今天走势的关联性
16.选出目标板块和目标个股，进入自选股票池</td></tr>
<tr><td>画线作业</td><td>1.大盘指数K线的技术位置
2.大盘的成交量变化
3.大盘指数的均线位置
4.个股K线的技术位置
5.个股的成交量变化
6.个股的均线位置
7.大盘和个股的技术指标位置
8.大盘和个股的支撑和压力位置
9.个股的筹码峰和换手率</td></tr>
<tr><td>修正计划</td><td>1.记录今天的交易及账户盈亏
2.记录今天持仓个股的表现，与大盘的匹配度
3.今天的交易心得感悟和收获
4.今天的交易亮点
5.今天的交易改进计划
6.今天的想做未做的交易，什么原因?
7.明天的交易计划</td></tr>
<tr><td>一句总结</td><td>用图表、文字、数据简短地记录今天的交易总结</td></tr>
</table>

续表

<table>
<tr><th></th><th>流程步骤</th><th>时间</th><th>内容</th><th>步骤</th></tr>
<tr><td rowspan="3">6</td><td rowspan="3">交易外</td><td>17：30
–
19：00</td><td>休息晚餐</td><td>1.休息
2.晚餐</td></tr>
<tr><td rowspan="2">19：00
–
22：00</td><td>锻炼休闲</td><td>1.饭后10000步计划，有氧运动
2.心率至少5分钟达到100～120
3.散步
4.慢跑
5.平板撑
6.仰卧起坐
7.深蹲</td></tr>
<tr><td>学习</td><td>1.19：00 看一遍东方财富的核心内参
2.浏览并记录核心内参里的涨停揭密
3.晚间新闻汇总浏览
4.睡前阅读
5.音乐
6.聚会……</td></tr>
</table>

注：每日交易时间规划指南为建议指南，交易者需根据个人不同的情况进行调整。